잃어버린 퍼즐

잃어버린 퍼즐

안원구 지음

초이스북

들어가는 글

잃어버린 퍼즐

젊은 나이에 공직사회에 발을 디딘 후 비교적 순조로운 삶을 살아오던 내게 MB정부의 지난 4년은 그야말로 청천벽력(靑天霹靂)이었다.

국가에 봉사하겠다는 청운의 꿈을 안고 대학을 졸업하자마자 공무원이 된 나에게 지난 30여 년은 자부심과 사명감으로 살아온 세월이었다. 지난 시절에도 작은 부침(浮沈)이 없었던 것은 아니지만 지금처럼 내가 믿고 살았던 삶의 가치를 지키기 위해 온몸으로 저항하고 싸워야만 하는 일을 겪었던 적은 없었다.

MB정권이 들어서면서 나는 영문도 모르고 정쟁(政爭)의 소용돌이 속으로 휩쓸려 들어갔고 '살아 있는 권력'의 거대한 힘에 맞서 지난한 싸움이 시작되었다. 이 싸움에서 나는 많은 것을 잃었고, 동시에 많은 것을 얻었다. 그리고 그 혹독했던 시간들은 내게 세상이 얼마나 복잡하고 다양한지를 체험하게 하고 귀중한 깨달음을 가져다주었다. 동·서양의 역사와 철학을 읽으면서 시대마다 다양한 인간사를 경험했고, 물리와 화학을 읽으면서 삶의 근본을 생각하는 계기가 되었으며, 각계각층의 저마다 다른 사정을 겪은 사람들과 함께 지내며 현실 경제의 허와 실에 대해 고민했다.

최근 몇 년은 전례가 없을 정도로 우리 사회 곳곳에 반목과 질시가 극성을 부리고 있다. 세대 간, 계층 간, 정파 간, 기업 간, 심지어 문화예술계에 이르기까지 곳곳에 갈등과 알력이 끊이지 않고 있다. 그 갈등의 내막을 들여다보면 사안의 본질은 간데없이 허상만 붙들고 시시비비(是是非非)를 따지며 편 가르기만 일삼고 있다는 생각을 지울 수가 없다.
MB정권의 지난 4년은 수많은 젊은이의 꿈과 희망을 딛고 어렵게 성취한 이 땅의 민주주의가, 역사의식 및 정치철학 부재의 대통령으로 인해 탄압받고 퇴보하는 불행한 역사로 점철되고 말았다. 이러한 오욕의 역사 현장에서 직·간접적으로 연루되어 지금은 내 운명이 되어버린 사건들의 명암(明暗)을 있는 그대로 증언하고자 한다. 그리하여 진실을 밝히는 데 조그마한 역할이라도 하고자 한다.

이 글을 쓰는 동안 복받치는 울분에 눈시울이 뜨거워지기도 했고, 때로는 반드시 진실을 밝혀 정의를 세우겠다는 의지가 결연해지기도 했다. 그렇게 지난 4년의 세월을 다시 한 번 살아낸 듯 힘겨웠다. 그러나 나의 개인적인 감정은 잠시 미뤄두고 극도로 자제하려 애썼다. 책의 내용도 추정과 추론이 아닌 나와 직접적으로 연관된 사실만을 기록하고자 했다. 나의 많은 메모 내용과 정보들은 심증에도 불구하고 아직은 객관적 증빙이 미진(未盡)해 훗날을 기약하고자 한다.

코끝을 할퀴는 겨울 한파도 무게조차 느끼지 못하는 나비들이 팔랑거리며 봄을 불러오면 슬그머니 자취를 감추고, 기승을 부리던 더위도 때가 되면 뒤이어 오는 가을에 어김없이 자리를 내줘야 하는 게 자연의 섭리이다.
진실도 순환하는 계절처럼 때가 되면 반드시 마주쳐야만 하는 것이라고 생각한다.

정쟁에 휘말려 본의 아니게 대다수의 국세청 후배들에게 심려를 끼친 점이 내내 마음에 걸린다. 세무행정은 고도의 전문성이 요구되므로, 정권이 바뀌거나 청장이 바뀐다고 그 본질이 변질되어서는 안 된다. 공직자란 인사권자 개인이 아닌, 오로지 국민을 위하여 국가에 봉사하는 의무만 있을 뿐이다. 이것이 공직자의 근간인 동시에 영혼이란 점을 마음에 새기길 바란다. 나를 마지막으로 이러한 불행은 끝을 내고 후배들은 법과 상식이 통하는 환경에서 국세청 본연의 업무를 할 수 있기를 소망한다. 후배들을 위해 나 또한 어디에서든 힘을 보탤 것이다.

끝으로 어려운 시간을 한마음으로 함께 싸워준 가족들과 눈이 오나 비가 오나 단 하루도 변함없던 아내에게 이 기회를 빌려 마음속으로만 담고 있던 고마움을 전한다.

북악산 기슭에서
안 원 구

차례

잃어버린 퍼즐 •5

제1장
노무현 대통령은 MB가 죽였다?
휴가 중의 호출 •19
태광실업 세무조사 •20
대통령의 전화 •24
천신일을 묵살하다 •26
대통령의 칭찬 •29
그날, 부엉이바위 •31
박연차 게이트 재수사, 왜? •36
노무현 전 대통령 수사 일지 •37 '나는 지난여름에 국세청이 한 일을 알고 있다' •38

제2장
도곡동과 BBK, 다스 그리고…
포스코건설 정기 세무조사 •43

11 MB 파일의 실체 •46

SD 파일도? •49

'도곡동 땅' 실소유주 •53

부메랑이 된 '도곡동 땅' •58

땅! 땅! 땅! 이명박 대통령은 땅을 좋아해? •61

다스, BBK, LKe, EBK는 한 몸 •64

도곡동 땅과 다스 •64 LKe(BBK+EBK)와 옵셔널벤처스 •68 옵셔널벤처스와 주가조작 •69 MB의 주장과 드러나는 진실 •70

BBK수사 •74

17대 대선과 검찰발표 •75 BBK 사건의 앞날 •76

김경준과 조우 무산 •77

제3장
직위 이용해 그림 강매?

한밤중의 긴급체포 •83

단 한 번의 소환도 없이 •83 검은색 승용차의 미행 •85 검찰이 도청도 하나 •88

검찰수사와 국세청 조사 •92

부인하시겠지만 •92 이현동과 노환균의 만남 •95

누더기 공소장 •96

1심서 12개 공소내용 중 10건이 무죄! •97

범죄 공작소 •98

유죄Ⅰ:친구에게 돈 빌리면 죄 •98 천천히 갚아도 된다, 그래가 되겠나 •99 채무면제로 둔갑한 차용금 •102 유죄Ⅱ:돈을 줬다고만 하면 죄 •103

과세전적부심에서 인용되다 •104　국세청 감찰, 세무사를 압박하다 •105
검찰, 법원, 정해진 길을 가다 •107　죄 없음 입증, 피고인이 해야 •110　검찰 편에 선 대가는? •112　죄송하다, 나중에 말씀드리겠다 •113
이상한 재판부, 수상한 국세청 •114
국세청 감찰이 법정도 감찰 •115　어이없는 재판부 •117
의심스러운 검찰 •120
속보이는 속기사 실수 •121 일본특수부 검사 증거조작 사건 •122

제4장
민간인 불법사찰의 원조 '국세청'
불법감금 •125
안원구를 확실히 쳐라 •131　민간기업 불법사찰 •134
감찰, 감찰, 감찰… **•140**
삼화왕관 CEO **•147**
압수수색 **•152**
아내의 분노 •155
보복성 세무조사 **•156**
국세청 에피소드 •159　언론사 세무조사 •164　내가 본 역대 국세청장들 •166

제5장
한상률과의 악연
한상률의 기만 •177

13

인수위 방해 •179　유임로비 •182　차장직 제의와 3억 원 •185

집요한 사퇴 압박 •189

청와대의 뜻 •189　업무성과 조작 •192

학동마을 •195

한상률 수사 vs. 안원구 수사 •200

의혹투성이 한상률 수사 •201　신성해운 의혹 •201　뇌물 수수 •205　학동마을 그림 •208　참고인과 피고인이 뒤바뀐 대질신문 •214　극명한 대비 •221　인지수사 VS. 고발수사 •221　긴급체포 VS. 불구속 •221　손보기 수사 VS. 봐주기 수사 •222

검찰의 왜곡, 의도된 브리핑 •223

언론의 양극화 보도 양상 •228

제6장
감옥에서 세상을 읽다

접견금지 명령 •233

감옥 스케치 •237

불편한 동거–민간인 사찰팀 •242

토사구팽(兎死狗烹) •242　임태희 비서실장의 위로금 •244

범털–천신일, 주수도, 박연차 •248

장군 진급과 골프장 허가가 동시에 가능한 인물 •250

세상에 눈뜨다 •253

한 평에 누워 사람을 읽다 •261

제7장
내가 꿈꾸는 대한민국

국민의 정부 청와대 입성 •271
동진정책(東進政策) •271　민심과 정보 •273　청년실업 문제와 대학 교육에 대해 •277　진정한 국익 … 인천공항 개항 •279

빛 좋은 개살구 •282

DJ는 선생님, 노무현은 친구 •284

참여정부 청와대 •286
청와대 인트라넷 e지원 시스템 •287　혁신과 지방분권, 4대 권력기관을 국민에게 •290　감사원 정책감사 시스템화 •293

국가와 사회를 향한 나의 제언 •295
검찰이 변해야 나라가 바로 선다 •297　진실을 밝힐 수 없다면 정의도 실현할 수 없다 •297　검찰공화국 •300　검찰을 향한 나의 고언 •301　재벌, 그들만의 잔치 끝내야 •303　햇볕정책 •305　바람정책 •306　금융권, 폐쇄적 환경 개선해야 •307　기형적인 금융감독기구 재정비 필요 •308　외국계 자본은 무조건 선(善) 인식 버려야 •309

금융기관 인사에 권력 개입 차단할 제도적 장치 마련 •310
민자 사업에 국민연금 투자 •311　정치권과 결탁된 권력형 주가조작 사건 •313　복지정책, WHY가 아닌 HOW로 해결 •313　그 외 사회 현안에 대해 •314　보수와 진보 개념 정립 •314　친미 일변도에서 벗어나 중국과의 관계 개선 시급 •316　환경문제와 기축통화, 두 마리 토끼 잡는 탄소배출권 •317

변화의 기로에 선 국세청 •317
수평적 동업자 •319　갑—을 관계 개선 •320　세무서 문턱 낮춰야 •321　신중한 조세범칙 •322　마일리지제도 도입 •323　해외진출 자본소득 과세

15 •323 증권거래세와 상장주식 양도소득세 •324 영업 외 소득에 과세권 확대 •325 공인 가치평가 기관 설립 •325 국세청의 정치적 독립 •326 현역 때 시도했던 일들 •327

상생(相生)의 사회로… •331

부록
BBK 검찰 수사결과 전문 •355
서랍 속에 묻혀진 '사퇴의 변' •341
눈물로 얼룩진 항소심 최후 진술 •345
한상률 전 국세청장에 대한 검찰 수사결과에 대한 입장 •351

차 례

제1장

노무현 대통령은 MB가 죽였다?

"자고 나니 청천벽력 같은 소식. 노무현 전 대통령이 자살했다는 보도. 슬프고 충격적. 검찰이 너무도 가혹하게 수사를 했다. 노 대통령·부인·아들·딸·형·조카사위 등을 마치 소탕작전을 하듯 공격했다. 결국 노 대통령의 자살은 강요된 거나 마찬가지."
"이번처럼 거국적인 애도는 일찍이 그 예가 없을 것이다. 국민의 현실에 대한 실망, 분노, 슬픔이 노 대통령의 그것과 겹친 것 같다. 앞으로도 정부가 강압 일변도로 나갔다가는 큰 변을 면치 못할 것이다."

고 김대중 대통령의 일기 〈인생은 아름답고
역사는 발전한다〉 중 노무현 대통령 서거와 관련하여

제1장

노무현 대통령은 MB가 죽였다?

휴가 중의 호출

"안 국장, 나 청장이요. 지금 사무실로 나왔으면 하는데…."
2008년 7월 하순, 여름휴가의 마지막 날인 토요일 오후에 집에서 쉬고 있는데 한상률 청장으로부터 전화가 걸려왔다.
근무도 안하는 토요일 오후에 청장이 왜 사무실에 나와 있으며, 휴가 중인 사람을 왜 불러내는지 언짢았다. 불현듯 '혹시 사표를 내라는 건가' 하는 생각이 들자 울화가 치밀었다.
아내에게 "오라니까 가긴 가는데 무슨 얘기가 나올지 모르겠다, 자칫하면 (사표 내라고 하면) 멱살잡이할지도 모르겠다"고 귀띔을 한 뒤 집을 나섰다. 3개월 전인 4월 1일, 나는 대구지방국세청장에서 서울지방국세청 세원관리국장으로 좌천되는 이례적인 인사를 겪으며 한상률 청장과의 관계가 급속도로 나빠진 터였다.

평상시 한 청장의 방에 들어갔다 나오면 왠지 모를 모욕감이 느껴졌다. 그는 자신의 집무 책상에 앉고 맞은편에 우리를 앉게 했는데 책상 밑이 막혀 있어서 다리를 제대로 뻗을 수가 없으니 불편하기 짝이 없었다. 잘 모르는 사람이 이 모습을 보면 취조를 받는다고 여길 정도의 분위기였다.

그날도 그 자리에 앉을 것을 생각하니 더욱 기분이 나빠지며 사퇴 얘기만 나오면 바로 한바탕하리라 단단히 벼르며 청장 방에 들어섰다.

웬일로 한 청장은 집무 책상이 아닌 회의용 탁자에 앉아 있었고 나에게도 앉으라고 권했다.

태광실업 세무조사

내가 자리에 앉자마자 한 청장은 뜻밖의 얘기를 꺼냈다.

"부산의 태광실업 박연차 회장이 노무현 대통령의 자금줄이다. 그쪽(노무현 대통령)을 치려면 태광실업 베트남 신발 공장의 계좌를 '까는'(계좌를 확보해 거래 목록을 열람한다는 뜻)것이 관건이다. 그런데 박연차 회장이 베트남에서 국빈 대우를 받고 있어서 계좌 확인에 어려움이 많다. 안 국장이 베트남 국세청 사람들과 잘 알고 있으니 베트남에 가서 협조를 얻어내 달라"는 요지였다.

국제조세관리관 시절 해외에 나가 있는 우리 기업의 고충을 듣고 현지 국세청과의 협조를 위해 청장을 모시고 베트남에 간 적이 있다. 또 베트남 국세청장이 방한했을 때도 영접한 적이 있었으니 내가 베트남 청장과 긴밀한 관계를 맺고 있다고 짐작한 한 청장이 나를 태광실업 조사에 투입하려고 불러낸 것이었다.

나는 국제조세관리관 신분으로 중국과 국제조세협약을 맺기 위해 중국에 방문한 적도 있다. 국제조세협약이란 양국 간의 세금 부과 기준을 정하는 회의이다. 양국 모두 자국에 유리하도록 주도권을 잡으려고 눈에 보이지 않은 기 싸움이 팽팽했다. 당시 중국 국세청 직원들은 우리를 영빈관 같은 곳에 초대해 만찬을 베풀며 독한 '마오타이주(茅台酒)'를 자꾸 권했다. 나는 그들이 주는 술을 다 받아 마셨고 한국 스타일로 폭탄주를 제조해 분위기를 이끌면서 적극적으로 우리 측의 입장을 자연스럽게 설득하는 자리로 활용했다. 술잔이 돌고 격의 없는 대화가 이어지면서 중국 국세청의 부국장급 두 사람이 먼저 실려 나갔고 그들은 끝까지 흐트러지지 않고 자리를 지킨 우리 측에 깊은 인상을 받았다고 했다. 다음 날 회의에서 우리 측 주장이 다 받아들여져, 중국과의 국제조세협약을 성공리에 마칠 수 있었다. 나중에 한상률 청장이 중국을 방문했을 때 중국 국세청 직원들이 내 안부를 물으며 대단하다고 치켜세웠다고 한다. 한국에 돌아온 한 청장은 국장들과 밥 먹는 자리에서 "일을 하려면 안 국장처럼 해야 한다"며 뜬금없는 칭찬을 했다. 아마도 한 청장은 중국 국세청 직원들로부터 좋은 평가를 들었던 당시 기억을 되살려 내가 베트남 청장을 회유할 수 있을 것이라 기대했는지도 모르겠다.

나는 개인적으로 박연차 회장을 잘 모른다. 딸이 청와대 어디에 근무한다는 소문, 친분이 있는 한 대학총장으로부터 박연차 회장이 노무현 대통령과 가깝다고 하는 얘기를 들은 정도가 내가 아는 박연차 회장의 전부였다. 베트남에 신발 공장을 가지고 있는지, 관심도 없었고 알지도 못했다. 게다가 태광실업은 부산 지역 기업이고, 재계 순위도 600위권 밖에 있는 회사였다. 세무조사는 엄연히 해당 지역 조사국에서 하는 것이고 부산 기업이라면 부산지방국세청 조사국에서 하는 게 정상이었다. 그런데 본청 소속도 아니고 업무도 관련이 없는 서울지방국세청 세원관리국장이 조사업무에 투입되는 것이 내 상식으로는 이해가 안 돼, 서울지방국세청 세원관리국장이 어떻게 조사업무에 참여할 수 있느냐고 반문했다.

한 청장은 "청장이 하라면 하면 되는 것이고, 필요하다면 서울청장에게 지시해 공식적인(세무조사) 명령을 내려주겠다. 그 동안 태광실업 계좌 확보를 위한 방법이나 강구하면서 기다리다가 명령을 받으면 바로 들어가라"고 말했다.

이렇듯 소극적인 저항을 하는 나에게 한 청장은 엄지손가락을 치켜세우며 이렇게 덧붙였다.

"내가 대통령과 일주일에 한두 번 독대를 하고 있다. 이번에 일을 잘해내면 대통령에게 조사 결과를 보고해서 당신의 명예를 회복시켜주겠다."

'일개 국장의 명예회복을 위해 대통령과 독대해 보고하겠다?' 의문이 들었지만 상사의 지시인지라 내가 무엇을 어떻게 해야 할지를 물었다. "며칠 후 베트남 국세청장이 방한할 예정이다. 잘 환대해 환심을 사서 장차 있을 태광실업 베트남 조사가 원활히 진행되도록 협조를 구해야 한다"며 베트남 청장 부부를 위한 선물 두 세트를 준비해달라고 했다.

한 청장과 내가 마련하는 별도의 개인 선물로 하라기에 적지 않은 사비를 들여 베트남 사람들이 좋아한다는 홍삼 제품과 최고급 한국산 화장품 세트를 남녀용으로 각각 준비해놓았다.

8월 초, 응옌 반 닌 베트남 국세청장이 11일 열리는 한·베트남 국세청장 회의차 내한했다. 한·베트남 국세청장 회의는 국제조세관리관실 소관이고 선물교환은 회의 직후에 전달하는 것이 관례인지라, 준비해놓은 선물을 청장 비서관에게 주며 청장

노무현 대통령은 MB가 죽였다?

님께 잘 전달하라고 했다. 이는 국세청장 회의 후 통상적으로 전달하는 20만 원 상당의 선물 수준을 훨씬 벗어난 것이었다.

대통령의 전화

한·베트남 국세청장 회의가 있던 당일, 퇴근해 집에 막 도착했는데 전화가 왔다. 국제협력담당관이 두 차례나 전화를 해 "환영 만찬에 참석해야 하는데 어디 계시느냐, 청장님 지시이니 빨리 오시라"고 재촉했다.

한 청장은 베트남 청장 내한과 관련해 선물 준비 외에는 별다른 주문을 하지 않았다. 세원관리국장(그것도 서울지방국세청의)이 낄 자리도 아니었기에 만찬 당일에도 여느 때처럼 퇴근했던 것인데, 느닷없이 빨리 오라는 것이었다.

국빈을 대접하는 자리이니 술을 마실 게 분명했다. 아내에게 운전을 부탁해 만찬장인 필동 한국의 집으로 갔다. 방문을 열고 들어서니 이미 거나하게 판이 벌어져 있었다. 국제조사과장이 색소폰 연주를 하며 분위기를 띄웠다. 베트남 측에선 청장을 비롯해 예닐곱 명이 있었고 우리는 한상률 청장, 국제조세관리관, 국제조사과장, 국제협력담당관, 그리고 내가 뒤늦게 합류했다. 나는 앉자마자 베트남 청장이 건네주는 폭탄주 서너 잔을 연거푸 받아 마셔야 했다.

한참 몇 순배가 돌고 있는데 한 청장의 휴대전화가 울렸다. 한 청장이 전화기를 보더니 반사적으로 일어나면서 나를 보며 엄지손가락을 치켜세웠다. 엄지손가락을 치켜세운 채 전화를 받으며 밖으로 나갔다.

'대통령과 자주 독대를 한다더니 대통령 전화라는 얘기인가? 독대가 사실인 모양이군. 그렇더라도 나에게 그런 제스처를 취하다니….'

대통령과 독대해서 세무조사 결과를 보고하고 명예를 회복시켜준다는 얘기는 곧 태광실업 세무조사를 대통령과 국세청장이 의논하고 있다는 뜻이며, 태광실업 세무조사가 기획조사임을 말해주고 있는 것은 아닌지. 만일 한 청장이 (실제로 독대하지 않으면서 독대하는 양) 대통령을 팔았다면 부하인 나를 속이는 것이 된다. 두 경우 모두 문제의 소지가 충분했다.

전화를 받고 다시 방에 들어온 한 청장에게서 별다른 얘기는 없었다.

만찬 다음 날 아침, 베트남 청장 일행은 포스코 견학을 위해 국제조세관리관실 직원과 함께 포항으로 떠났다. 한 청장은 베트남 청장 일행이 오후에 서울에 도착하면 이후 일정을 수행하라는 지시를 내게 내렸다. 베트남 청장 일행을 수행해 저녁식사를 한 후 태권도 무술을 소재로 한 공연을 관람했다. 청장 수행원들에게도 넥타이와 스카프 등 선물을 주었다. 청장 부부에게

노무현 대통령은 MB가 죽였다?

준 개인적인 선물도 그렇고 수행원들에게까지 전례 없는 선물 공세를 펼친 것이다. 베트남 청장 일행은 8월 11일 한·베트남 국세청장 회의를 마치고 돌아갔다.

나는 태광실업의 베트남 신발공장 관련 계좌 확보를 위한 조사 투입 지시를 기다리고 있었다. 한 달쯤 지났을 때 홍콩을 통해 태광실업 계좌를 확보했다는 이야기가 들려왔다. 이미 계좌를 확보했으니 내가 베트남까지 갈 이유는 없어졌다. 한상률 청장이 더 이상 나를 찾지 않았음은 물론이다.

나중에 들은 얘기지만 홍콩 계좌를 확보하게 된 과정도, 박연차 회장 밑에 있는 직원들의 개인 비리를 캐내 이를 덮어주는 대신 태광실업의 홍콩 계좌를 알아낸 것으로 마무리했다는 것이다.

천신일을 묵살하다

참여정부 때 임명돼 이명박 정부에서도 유임된 한상률 청장은 충성을 다하겠다는 의미로 지난 정부, 특히 노무현 대통령과 관련된 사람이나 기업을 겨냥해 전방위 세무조사를 실시했다. 노무현 전 대통령이 즐겨 찾았다는 삼계탕집 토속촌, 노무현 전 대통령이 디스크 수술을 받은 우리들병원, 노무현 전 대통령과 부산상고 동기 정화삼 사장이 운영하는 제피로스 골프클

럽 등이 한 청장의 사냥감이 되었다. 국세청에서는 정기 세무 조사였다고 변명하지만 국민이 보기엔 오해하기 십상인 조사였다. 내가 알기로도 그 무렵, 서울지방국세청 조사4국에서는 전 정부의 비리를 찾기 위해 무기중개상에 대해서 전방위 조사가 계속되고 있었다. 그러나 이들에게서 노무현 전 대통령과 관련된 별다른 혐의를 밝히지 못하자 태광실업 박연차 회장 조사에 '올인'한 것으로 보인다.

태광실업의 세무조사에 대해선 두 가지 원인 설이 있다. 하나는 미국산 쇠고기 수입을 발표해 촛불시위라는 엄청난 국민 저항을 받은 청와대가 노무현 전 대통령과 386세력을 촛불 배후 세력으로 간주해 이들에게 치명적인 상처를 주기 위한 방법을 찾고 있었는데, 한상률 청장이 이러한 VIP의 심기를 알아채고 정권 입맛에 맞는 세무조사 칼날을 빼들었다는 설이고, 또 다른 하나는 이른바 '하명설'이다. 이명박 정부는 출범 초기부터 전 정권의 비자금 은닉 여부를 추적해왔는데 이런 기획에 따라 노무현 전 대통령의 자금줄로 알려진 박연차 회장의 기업을 정권 실세로부터 하명을 받은 뒤 칼을 들이댔다는 것이다.

두 가설 모두 태광실업 세무조사가 기획된 조사임을 말해주는데 그 근거로 몇 가지를 들 수 있겠다.

첫 번째가 부산 지역 기업의 세무조사를 서울지방국세청에서 했다는 점이다. 경상남도 김해에 소재하는 태광실업을 담당하는 곳은 부산지방국세청인데 한 청장은 '검찰의 중수부'에 해당하는 서울지방국세청 조사4국을 동원한 것이다. 다분히 정치적 목적에서 시작된 조사임을 알 수 있다. 한 청장은 나중에 야권과 언론에서 이것에 대해 문제를 제기하자 단순한 '교차조사'였다고 해명했다. 그러나 교차조사란, 지역 토착(토호) 세력들과 국세청 직원들의 유착을 차단하기 위해 지방청 간에 서로 손을 바꿔서 조사를 하는 제도를 말한다. 당초 한상률이 주장했던 '교차조사'의 개념이라면, 태광실업 세무조사를 서울지방국세청이 조사하는 대신 '교차'로 부산지방국세청에서 조사한 서울 지역 기업이 있어야 할 것이다. 더구나 국세청장이 조사관할을 조정할 경우에 국세청 훈령에 따른 구체적인 사유가 있어야 하는데, 태광실업이 여기에 해당하는지 여부를 밝히지 않고 있다.

두 번째는 천신일 세중나모여행 회장의 청탁도 먹히지 않았다는 것이다. 이명박 대통령과 절친한 친구인 천신일 세중나모여행 회장은 박연차 회장과는 호형호제하는 사이이며 한상률 국세청장, 임채진 검찰총장과는 서울과학종합대학원 최고경영자 과정 동기였다. 특히 천 회장과 한 청장은 2007년 이 대학원에서 주는 '자랑스러운 원우상'을 함께 받기도 했다. 국세청의 강도 높은 세무조사를 무마하기 위해 태광실업 박연차 회장은 로비에 들어간 것으로 알려져 있다. 박연차 회장이 줄을 댄 사람은 천신일 세중나모여행 회장과 추부길 전 청와대 비서관, 이종찬 전 청와대 민정수석, 김정복 전 중부지방국세청장 등으로 밝혀졌다(문화일보 2009년 5월 14일).

박연차 회장은 '형님'으로 모시는 천신일 회장에게 손을 내밀었고, 천 회장은 '대학원 동기'한 청장에게 세무조사 무마를 청탁했다는 것이다. 일반적인 조사였으면 천 회장의 청탁으로 해결이 됐을지도 모른다. 그러나 세무조사는 계속됐다. 이는 천 회장보다도 더 '힘 있는' 누군가가 뒤에 있어 천 회장의 부탁을 들어줄 수 없다는 뜻이며 그의 지시에 의한 기획조사임을 의미하는 것이다.

대통령의 칭찬

태광실업 세무조사에서도 한상률 청장은 특유의 점조직을 운영한 것으로 알려졌다. 이 또한 태광실업의 세무조사가 한상률 청장에 의해 기획된 조사였음을 암시하고 있다. 당시 세무조사는 서울지방국세청 조사4국 3과 주도로 진행됐다. 당시 국세청 조사국장과 서울지방국세청장 등 중간 라인이 있었지만, 한 청장은 실무진한테 상황을 직접 보고받으며 세무조사를 진두지휘했다고 전해진다. 조사4국은 100억 원이 넘는 뭉칫돈을 찾아냈으며 그중 수십억 원이 박연차 회장 소유가 아닐 수도 있다는 정황 포착과 박연차 전 회장 개인의 탈세 행위 등 광범위한 자료를 확보했다고 한다. 또 이른바 '박연차 리스트'로 알려진 자료를 한 청장에게 직접 건넸던 것으로 알려졌다.
태광실업 세무조사를 마친 한상률 청장은 이명박 대통령과 독대, 세무조사 결과를 보고했고, 이 자리에서 이명박 대통령으로부터 극찬을 들었다고 한다.
이러한 사실은 조선일보 2008년 11월 27일자에 보도되었다.
"지난달 24일 끝난 1차 세무조사의 결과는 최근 한상률 청장이 이명박 대통령과 독대(獨對)하는 자리에서 전달됐던 것으로 알려졌다."
이 신문은 이어 "이 보고서의 내용은 극비에 부쳐졌으며, 국세청 내부에서도 그 내용을 아는 사람이 거의 없는 것으로 전해졌다. 국세청의 세무조사 업무를 총괄하는 본청 조사국장도 조사팀의 보고 라인에서 배제됐으며, 모든 조사 상황은 한 청장에게만 직보(直報)됐다는 것이다. 더욱이 한 청장의 대통령 보고는 청와대 민정수석실도 거치지 않았던 것으로 전해졌다. 민정수석실은 국세청이 지난 9월 박 회장에 대해 세무조사를 착수했을 때도 이 사실을 사전에 전달받지 못했다고 한다. 이 때문에 국세청과 청와대 민정수석실 간에 묘한 알력이 벌어지기도 했다는 얘기가 나온다."고 한상률 청장의 점조직 운영 스타일에 대해서 소상하게 보도하고 있다. 한 청장 특유의 점조직

운영 수법을 태광실업 세무조사에서도 여지없이 발휘했음을 알 수 있는 대목이다.

조선일보 기사에 대해 청와대는 즉각 사실이 아니라고 했고 국세청도 한상률 청장이 대통령과 독대한 적이 없음을 천명한다고 밝혔다(한겨레뉴스 2009년 6월 16일자). 그런데 당시 미국에 머물고 있던 한상률 청장은 한국일보(2009년 4월 13일자)와의 인터뷰에서 "독대는 없었다. (만약 독대했더라도 그것은) 형식에 불과하다"는 묘한 말을 했다. '형식에 불과하다'는 말인즉슨 만나긴 했다는 뜻이 아닐까? 이는 마치 여러 의혹에 대해 2011년에 검찰수사를 받으면서, 이명박 정부 들어서 이상득 당시 국회부의장에게 국세청장 연임이 되도록 말을 넣어달라는 부탁을 하기 위해 나를 스위스그랜드호텔(현 그랜드힐튼호텔)에서 만난 적이 없다고 했다가, 내가 카드 영수증이며 당시의 물증을 제시하자 "안 만났을 가능성이 90%, 만났을 가능성이 10%다"라고 방금 자신이 한 말을 뒤집는 한 청장 특유의 모순 화법과 일맥상통하고 있었다.

그날, 부엉이바위

언론 보도에 의하면, 한상률 청장은 태광실업 세무조사 내용을 이명박 대통령에게 직보한 후 태광실업 박연차 회장을 탈세혐

태광실업 세무조사 관련, 한상률 전 국세청장이 청와대에 직보했다는 내용을 실은 2008년 11월 27일자 조선일보 지면.

잃어버린 퍼즐

의로 대검찰청에 고발했다.

당시 검찰은 세종증권(현 NH증권) 매각 과정에서 벌어진 불법 로비 의혹과 관련해 노무현 전 대통령의 형 노건평 씨와 내부 정보를 활용, 세종증권 주식을 대량 사고팔면서 100억여 원의 차익을 남긴 의혹으로 박연차 회장을 조사 중이었다. 그러나 이 조사에서 검찰은 노무현 전 대통령과의 관련 고리를 찾아내지는 못했던 것 같다. 박연차 회장을 탈세혐의로 국세청이 고발한 이후 노무현 대통령의 수사가 본격화된 것을 보면 국세청이 태광실업 세무조사에서 확보한 홍콩 계좌가 노무현 대통령을 옭아맬 주요 단서가 되었던 것으로 보인다.

2008년 12월 초 노건평 씨 구속에 이어 박연차 회장 구속으로 세종증권 수사가 일단락되자 노무현 전 대통령을 겨냥한 수사가 본격화되었다. 정·관계 인사들에게 금품을 살포한 이른바 '박연차 게이트'의 시작이었다.

검찰에 불려간 박연차 회장은 처음에 입을 굳게 다물었으나 어느 순간 혐의를 인정했다고 한다. 검찰이 방위산업체에서 근무하는 아들 등 자녀들을 문제 삼고 나오자 더 이상 버티지 못하고 털어놓았다는 소문이다.

2009년 3월에는 노 전 대통령의 오른팔이라 불리던 이광재 전 민주당 의원이 소환, 구속됐다. 그리고 4월에는 노무현 전 대통령 부인 권양숙 여사, 아들, 딸에 이어 노무현 전 대통령도 소

노무현 대통령은 MB가 죽였다?

환됐다. 공교롭게도 그 시기는 2009년 4·29 재보선 직전이었다. 그리고 2차 소환을 앞둔 5월 23일 노무현 전 대통령은 봉하마을 뒷산 부엉이바위에서 몸을 던져 스스로 목숨을 끊었다.

토요일 오전, 집에서 TV를 시청하던 많은 사람들은 '노무현 전 대통령 서거'란 자막이 지나갈 때 방송사고로 생각할 만큼 아무도 믿지 않았다. 노무현 전 대통령의 죽음은 온 나라를 발칵 뒤집기에 충분한 전대미문의 대사건이었다.

노무현 전 대통령의 서거 소식을 다룬 조선일보 2009년 5월 24일자 한 기사는 이렇게 시작했다.

> 비극의 시발점은 노 전 대통령의 '후원자'로 불렸던 박연차 전 태광실업 회장에 대한 세무조사와 국세청의 고발로 시작된 대검 중수부의 수사였다. 국세청의 특수부로 불리는 서울지방국세청 조사4국은 지난해 11월 말 4개월간 박 전 회장에 대한 집중적인 세무조사를 벌여, 박 전 회장이 홍콩에 APC(Asia Pacific Company)라는 유령회사를 만들어 600억 원이 넘는 비자금을 조성했고, 이 과정에서 200억 원대 세금을 포탈한 사실을 적발해 검찰에 고발했다. (중략)
> 박 전 회장은 당시 검사가 물어보지도 않았는데, "전(前) 정권에 돈을 줬다"는 말을 먼저 꺼냈던 것으로 알려졌다. '전 정권'이 누구를 지칭하느냐는 검사의 질문이 이어지자, 박 전 회장

은 2007년 6월 말 정상문 전 청와대 총무비서관을 통해 청와대 관저(官邸)로 미화(美貨) 100만 달러가 담긴 돈 가방 2개를 전달한 것과 2008년 2월 22일 노 전 대통령의 조카사위 연철호(36) 씨의 홍콩 계좌로 비자금 500만 달러를 송금했다는 것을 줄줄이 털어놓았다.(중략)

노 전 대통령과 그 가족에 대한 여론의 지탄이 계속되면서, 노 전 대통령과 가까운 한 법조계 인사는 "이런 식으로 가면 노 전 대통령 성격상 뭔 일을 내겠다. 잘못하면 정말 큰일 나겠다"고 우려하기도 했다. 하지만 실제로 그런 일이 일어나리라고는 이 인사도, 검찰도, 국민 누구도 예상하지 못했다.

노무현 전 대통령의 서거로 2009년 6월 5일 임채진 당시 검찰총장이 사퇴했으며, 6월 12일 검찰은 내사종결 처분하면서 '박연차 게이트' 수사결과를 발표했다. 검찰은 구체적인 증거 관계를 밝히지 않은 채 "노무현 대통령이 박연차 태광실업 회장으로부터 네 차례에 걸쳐 모두 640만 달러의 뇌물을 수수했다"며 노무현 전 대통령을 뇌물수수의 피의자라고 못 박았다. 또한 뇌물수수 등 7명, 정치자금법 위반 12명, 세무조사 무마 청탁 관련 2명, 총 21명을 기소했다.

정·관계 인사 21명을 기소하고 전직 대통령을 죽음으로까지 몰고 간 '박연차 게이트', 이 사건의 출발은 한상률 체제의 국세청 기획조사였고 마무리는 검찰에서 했다. 그리고 한상률 전 청장이 당시 태광실업 세무조사에 관해 "일주일에 한두 번 VIP를 독대해 보고한다"고 했던 말의 진실 여부는 아직도 밝혀지지 않았다.

박연차 게이트 재수사, 왜?

박연차 회장은 징역 2년 6개월에 벌금 291억 원을 최종 선고받고 현재 복역 중이다. 그런데 2012년 초 박연차 게이트가 되살아났다. 대통령의 죽음으로 내사 종결된 사건을 검찰에서 다시 수사하겠다는 것이다.

공교롭게도 이명박 대통령의 내곡동 사저 매입과 CNK 주가조작 사건이 현 정권의 권력형 비리 게이트로 불거질 찰나에 나온 일이어서 국민은 검찰의 저의를 의심할 수밖에 없는 상황이다.

검찰에서는 "고발이 들어와서 조사를 한 것"이라며 수사 배경에 대한 의혹을 부정했지만, 야당에서는 "고 노무현 대통령의 딸 정연 씨를 수사하는 건 총선을 앞둔 기획수사"라고 비판했다. 검찰에 대한 야당과 국민의 시선이 곱지만은 않은 이유는 내곡동 사저 매입과 CNK 사건을 수사하는 검찰의 태도와 노정연 씨 아파트 매입 의혹사건을 수사하는 태도가 상반되기 때문이다.

검찰은 (노정연 씨가 아니라) 아파트 매도자의 외환 밀반입 혐의가 수사의 초점이라면서 박연차 게이트의 장본인인 박연차 회장과 아파트 매도자 측근 등을 소환조사하는 등 발 빠른 행보를 보인 반면, 민주당이 내곡동 사저 건과 관련해 이명박 대통령의 아들 시형 씨와 임태희 청와대 전 비서실장을 고발했음에도 부동산 관계자와 청와대 실무자만 불러 조사했을 뿐 핵심 인물에 대해선 전혀 조사를 하지 않고 있다. CNK 주가조작 의혹 사건도 애당초 제기됐던 의혹에서 한 걸음도 나아가지 못하고 있다.

그러나 2012년 4월 당시 대한민국은 민간인 사찰에만 온통 관심을 쏟으며 박연차 게이트며 내곡동 사저 매입, CNK 사건 등은 잠시 뒷전으로 밀려나 있었다.

● ● ● ● ● ●

노무현 전 대통령 수사 일지

2008년 12월 4일 노 전 대통령 형 건평 씨 구속
　　　　　12월 12일 박연차 전 태광실업 회장 구속
　　　　　박연차 전 회장 "전 정권에 돈 줬다"고 진술
2009년 3월 말 4월 초 노 전 대통령 600만 달러 수수혐의

노무현 대통령은 MB가 죽였다?

언론에 보도

4월 6일 검찰 정상문 전 청와대 총무비서관 체포

4월 8일 검찰 정상문 구속영장 청구

4월 10일 법원 정상문 영장 기각

4월 10일 검찰 조카사위 연철호 씨 소환 조사

4월 11일 부인 권양숙 여사 부산지검에서 소환 조사

4월 11일 아들 건호 씨 귀국

4월 12일 아들 건호 씨 검찰 소환 조사

4월 14일 검찰 처남 권기문 씨 참고인 조사

4월 20일 검찰 정상문 전 비서관에 대해 구속영장 재청구

4월 21일 정상문 전 비서관 구속

4월 22일 검찰 노 전 대통령에게 서면질의서 발송

4월 25일 노 전 대통령 이메일로 답변서 검찰에 제출

4월 26일 검찰 노 전 대통령에게 소환 통보

4월 30일 노 전 대통령 검찰 소환 조사

5월 11일 딸 정연 씨 부부 검찰 소환 조사

5월 23일 노 전 대통령 서거로 수사 종료

(조선일보 2009년 5월 24일자)

'나는 지난여름에 국세청이 한 일을 알고 있다'

전직 국세청장(한상률 前 국세청장)을 비판하는 내용의 글을 국세청

39 내부 게시판에 올렸다가 파면(이후 해임)된 김동일 前 나주세무서 직원이 2년 6개월에 걸친 법정 공방에서 최종 승소했다.(중략)

김씨는 나주세무서 6급 직원으로 근무하던 지난 2009년 5월, 국세청 지식관리시스템 '나도 한마디' 게시판에 '나는 지난여름에 국세청이 한 일을 알고 있다'라는 장문의 글에서 전직 국세청장을 비판했다가 같은 해 6월 광주지방국세청으로부터 파면됐다.

이 글에서 김씨는 한상률 前 국세청장이 말도 안 되는 행정으로 국세청 조직을 위기에 빠뜨렸으며 전직 대통령(故 노무현 前 대통령)을 자살이라는 극단적인 방법으로 삶을 마감하게 내몰기까지 국세청이 그 단초를 제공했다고 비판했다.

김씨가 올린 글이 일부 언론에 보도, 사회적 파장이 일어나자 광주지방국세청은 즉각 징계위원회를 열어 김씨를 품위유지 의무규정 위반을 이유로 파면(이후 해임) 처분을 내렸고, 국세청 조직원에 대한 '명예훼손' 혐의로 고발까지 했다.

이에 김씨는 광주지방국세청을 상대로 "해임은 부당하다"며 행정소송을 제기해 1, 2심에서 모두 해임취소 판결을 받았으며, 정보통신보호법상 명예훼손 혐의에 대한 항소심에서도 벌금 70만원을 선고한 원심을 깨고 무죄를 선고받았다.

광주지방국세청은 해임취소 소송 및 명예훼손 사건에 대한 항소심 판결에 불복해 지난 5월과 2010년 8월 각각 대법원에 상고했다.

(조세일보 2011년 11월 24일자)

노무현 대통령은 MB가 죽였다?

제2장

도곡동과 BBK, 다스 그리고…

안원구 전 서울지방국세청 세원관리국장(50·구속)이 항소심 공판에서 이명박 대통령이 '도곡동 땅'의 실소유주로 나와 있는 전표가 있다고 밝혔다. 안 전 국장은 녹취록 등을 통해 이 같은 사실을 간접 언급했지만 공개 석상에서 밝힌 것은 처음이다.
24일 서울고법 형사4부(부장판사 김창석) 심리로 열린 공판에서 안 전 국장은 지난해 12월 한 인터넷 매체가 보도한 '국세청 실무자 "도곡동 전표, 직원들 다 봤다"'는 제목의 기사에 대해 "모두 맞다"고 확인했다. 이 기사는 2007년 포스코건설에 대한 세무조사 과정에서 대구지방국세청 직원들이 도곡동 땅 실소유주가 명기된 전표를 확인했다는 내용을 담고 있다. (하략)

(경향신문 2010년 9월 25일자)

제2장

도곡동과 BBK, 다스 그리고…

포스코건설 정기 세무조사

2007년 7월부터 2008년 3월까지 나는 대구지방국세청장으로 재직했다. 대구지방국세청장으로 내려가 얼마 안 있어 대구지방국세청 관내 포스코건설(구 포스코개발) 정기 세무조사를 실시했다. 언제나 그렇듯이 세무조사에 임하는 나의 입장은 항상 같았다. 조사 대상이 누구든, 대기업이든 중소기업이든 한 가지 원칙이 있을 뿐이었다. 특별히 봐주거나 유난히 더 엄하게 한다거나 하는 일이 있어선 안 된다는 것이 그것이다.

포스코건설 세무조사 때도 마찬가지였다. 청장실에 앉아 있는데 당시 조사에 참여한 국장과 과장, 조사팀장이 함께 급하게 보고드릴 사항이 있다며 굳은 얼굴로 내 방에 들어왔다. 포스코건설 내부 서류철을 탁자 위에 올려놓으며 "영치해온 문건 속에 이런 게 들어 있는데… 어떻게 처리할까요?"라고 물었다. 나는 반사적으로 파일을 들춰보았다. 들춰보니 첫 장 상단에 도곡동 땅 3필지의 번지수가 각각 기재되어 있었고 같은 페이지의 중간쯤에 "실소유주: 이명박"이라는 글씨가 수기로 기재되어 있었다.

그 내용을 보는 순간, 아차! 싶었다. "국세청이 큰일나겠구나"라는 생각에 머릿속이 혼란스러워지면서 이 상황을 어떻게 정리해야 할지 걱정이 앞섰다. 애써 아무렇지 않은 척 몇 장을 더 넘기다가 얼른 덮으며 물었다. 보고자들 외에 누가 이 서류에 대해서 알고 있는지 물었더니 당시 내 방에 보고하러 들어온 세 사람과 포스코건설 조사에 참여한 직원들은 알 수도 있다고 했다. 내가 포스코건설 회사 직원들도 아느냐고 물었더니 담당 팀장이, 영치 당시에 서류가 든 상자째 받아와서 아마 회사에서는 모를 것이라는 설명이었다. 나는 다시, 이것을 가지고 온 그대로 서류 박스에 넣어서 돌려주라고 지시하며, 문건은 1995년도 서류이니 이번 법인조사 대상 기간도 아니고 우리 조사의 본질과는 아무 관계가 없다는 것을 단단히 교육시켰다.

문건을 본 다른 조사 직원들에게도 보안을 유지하게 하라고 당부했다. 아예 우리가 보지 않은 듯 그대로 돌려주어 '없었던 일'로 하는 게 상책이라는 생각에서였다.

정기 세무조사는 5년 이내에 한 번씩 하게 돼 있다. 포스코건설의 경우에도 2007년에 세무조사를 실시하기는 하지만 조사 대상 연도는 2002년과 2003년이었다. 그런데 어찌된 영문인지 이 두 개 연도의 조사대상 서류들 속에 1995년 포스코개발이 이명박 실소유의 서울 도곡동 땅을 구입한 서류가 끼어 들어온 것이다.

공교롭게도 그 시기는 대통령 선거를 앞두고 한나라당의 이명박, 박근혜 두 후보 간 경선이 치열할 때였다. 민주당은 물론, 박근혜 후보 쪽에서도 도곡동 땅 문제를 쟁점화하려고 하는 민감한 상황에서 자칫 이 문건이 공개돼 국세청이 정치적 소용돌이에 휘말려서는 안 된다고 생각했다. 그러나 나중에 알게 되었지만 이미 건설업계에서 그 사실은 공공연한 비밀이었다고 한다.

포스코건설의 세무조사는 늘 하는 조사에서 시야를 넓혀 해외 부문까지도 세밀하게 조사했다. 세무조사를 해보면 많은 경우 큰 기업일수록 의도적으로 탈세하기보다는 세법을 보는 시각의 차이, 해석의 차이에서 국세청과 분쟁이 일어나곤 한다. 이때 그들의 소명을 주의 깊게 잘 들어주고 나서 과세 이유를 설명하면 대개의 기업들은 수긍하게 마련이다. 포스코건설도 마찬가지였다. 그들이 낸 소명자료를 검토한 후 국세청의 과세 근거에 대한 자세한 설명을 거쳐 적지 않은 세금을 매겼지만 납세자의 소명을 충분히 들어주고, 과세의 불가피성을 자세히 설명해준 것을 오히려 고마워했다.

'도곡동 땅 문건'도 조사 과정에서 생긴 '당시의 세무조사 본질과 관련 없는' 자료였기 때문에 나로서는 문제를 삼거나 비공식적인 자료로 활용하지 않았음은 당연한 일이었다. 내가 만일, 세무조사를 수단으로 조사의 본질과 관계없는 회사의 문제점이나 경영자의 비리를 캐낼 욕심이 눈곱만큼이라도 있었더라면 어떤 형태로든 그 문서를 보관하고 있었을 것이다. 그러나 국가와 국민을 위해 봉사하는 공무원의 올바른 자세는, 정치적으로 중립을 지켜야 한다는 것이 나의 신념이었고 지금도 그러한 생각에는 변함이 없다.

MB 파일의 실체

2008년 1~2월경, 스위스그랜드호텔 일식당에서 한상률과 두 번째로 만났을 때였다. 그 자리에서 한 청장은 "정두언 의원이 MB 뒷조사한 자료를 달라고 하는데 주면 조사한 직원들이 다치게 될까봐 걱정이다. 어떻게 했으면 좋겠느냐"고 걱정을 토로했다. 그래서 나도 직원들이 다치는 문제라면 잘 설명을 하면 되지 않겠냐는 취지의 얘기를 건넨 적이 있다. 한상률 청장이 낙마한 후 내가 한상률 청장과 공모해 MB 뒷조사를 했다고 알고 있는 사람들도 있는데, 그것은 전혀 사실이 아니다. 나는 한상률 차장 시절에 언론에 난 기사를 보고 처음으로 MB 친인척 재산 뒷조사 자료가 있는가보다 했으니까.

그런데 국세청에는 내가 모르는 파일들이 있긴 한 것 같다. 전군표 전 청장 시절에도 정두언 의원 등 한나라당 국회의원들이 찾아와 국정원과 국세청에서 MB 일가의 뒷조사를 한 것이 있다는데 내놓으라며 전 청장을 추궁했다. 전 청장은 일상적인 업무 과정에서 나온 재산거래 사항들로 이러이러한 내용이라며 보여줬다고 한다. 그랬더니 이런 것도 뒷조사라 할 수 있겠냐며 물러섰다고 하는데 나중에 전 청장이 다른 사건으로 검찰 조사를 받을 때 MB 파일에 대해서도 조사했지만 전 청장과는 관련이 없는 것으로 결론이 났다고 한다.

그럼에도 불구하고 MB 파일이 있다는 소문이 계속되자 정두언 의원 측에서 집요하게 한상률 청장에게 파일을 내놓으라고 요구했던 것 같다.

만일 전군표 전 청장이 보여준 수준의 파일이라면 한상률 청장이 못 보여줄 리 없을 텐데, 왜 내게 상의했는지는 의문이다. 두 가지로 해석할 수 있겠는데 하나는 진심으로 나를 중용

도곡동과 BBK, 다스 그리고…

해 국세청을 끌고 나갈 생각에서 나와 모든 일을 상의하겠다는 의미이고(이후 전개 상황으로 보아, 이 의미는 분명 아닌 것 같다) 다른 하나는 상황을 모면하기 위해 (TK인) 나를 이용해 자기변명에 쓰고자 한 것일 수 있다. 한상률의 행태로 보아 후자일 가능성이 더 커 보인다. 그러나 어느 쪽이든 한상률이 MB 파일의 실체를 적어도 알고 있거나 더 나아가 갖고 있을 가능성을 의심하기에는 충분했다.

더구나 두 번째 의미에 더 무게를 실을 수밖에 없는 정황이 몇 가지 포착된다. 한상률 청장은 철저하게 이너서클을 가동, 점조직으로 국세청을 이끌어 나간 것으로 보인다. 태광실업 세무조사에서도 알 수 있듯이 엄연히 담당 국장과 보고 라인이 있는데도 절차를 무시하고 실무자에게 직접 지시하고 보고받았다. 다른 세무조사도 탈세를 잡아내 세수를 확보한다는 본래의 목적보다는 피조사자의 자금 흐름이나 비리 및 문제점 확보에 더 비중을 둔 것으로 의심된다.

내가 세원관리국장으로 있을 때, 한 청장의 수하 중 한 사람인 ㅇ과장이 나를 찾아와 한 청장의 행적을 일러줬다. ㅇ과장은 어떠한 계기인지는 알 수 없으나 한 청장과의 사이가 틀어졌는지, 마침 좌천당해 있는 나에게 한 청장과 관련된 내용을 흘려준 것이다. 그의 이야기를 종합해보건대 한상률 청장 지휘 하에 직원들 몇 명이서 MB 및 친인척의 재산 상황을 다 파악했다는 것이다. 납세자들의 재산 상황이 담겨 있는 데이터베이스는 세무조사 용도 외에는 열람하지 않는 것이 원칙인데 교묘한 방법을 동원해 이 데이터베이스에서 MB 관련 내용들을 파악해놓았다는 것이고 이것이 소위 'MB 파일'이라고 불린다는 것이다. 한상률이 동원했다는 교묘한 방법은 수하들을 시켜서 첩보를 올리도록 하고, 접수된 첩보 내용을 확인한다는 명분하에 납세자 재산 상황 데이터베이스를 들여다보았다는 것이다.

이는 은퇴한 국세청 선배로부터 들은 이야기와도 일치하는 내용이다. 한상률을 잘 알고 있는 그분의 증언에 의하면 한상률은 조사국장이던 2006년도에 이미 MB 관련 조사를 은밀히 한 적이 있다는 것이다. 이때 만들어진 MB 파일은 2007년 참여정부 말기에 한상률이 청장으로 임명될 때도 활용했을 가능성이 높다는 것이었다.

SD 파일도?

또 한상률은 2008년 국세청장으로 유임된 후 이상득 의원의 아들 이지형 씨에 대한 개인 세무조사를 실시했다. 경주세무서장 하다가 서울지방국세청 조사4국에서 근무하던 ㅇ서장이 한상률 청장의 전령 비슷하게 오가며 내게 한 청장의 의중을 전달하곤 했는데, 어느 날 오전 내 사무실에 들러 한 청장의 말을 전했다. "이상득 의원의 아들 지형 씨의 세무조사를 강남세무서에서 하는데 한상률 청장이 잘 챙기고 있으니 걱정하지 말라고 알려주라 했다"는 것이었다.

내가 한상률의 부탁으로 국회부의장실에 이상득 전 국회부의장을 만나러 갈 때 이미 한상률은 내가 이지형을 통해서 약속을 잡았다는 사실을 알고 있는 터였다.

나는 이지형의 세무조사 사실을 모르고 있었는데다 구체적인 상황도 알지 못하는 상태에서, 느닷없이 그에게 전화해서 지금 세무조사를 받고 있느냐 걱정하지 말라 하기도 뭐했다. 또 합법적인 정기 세무조사라면 당연히 받아야 할 것인데, 굳이 전화를 해서 알은체한다는 것이 겸연쩍어 망설이고 있었다. 점심을 먹고 들어오니 오전에 다녀간 O서장에게서 다시 전화가 왔다. 이지형에게 전화했냐고 물으면서 "아직 연락하지 않았으면 안 해도 된다. 한상률 청장이 직접 하겠다고 한다"고 했다. 나는 잠시 의아한 생각이 들긴 했지만 곧 잊어버렸다. 그러다가 2009년 퇴임한 선배들로부터 한상률 청장이 이상득 의원의 아들까지 조사해서 이상득 의원 쪽에 연줄을 만들려고 했었다는 얘기를 들을 기회가 있었고, 그제서야 나는 O서장이 느닷없이 내게 이지형 세무조사에 관해 한상률 청장의 말을 전했던 것이 단순한 일이 아니었음을 깨달았다.

한 청장이 내게 (이지형에게) 전화 안 해도 된다고 한 뜻은 자신이 직접 이상득 의원을 만나 보고하겠다는 의미임을 나중에야 파악하게 된 것이다. 한상률 청장은 이지형을 조사하면서 그의 가족의 DB까지도 열람할 수 있었을 것이다. 당시 이상득 의원은 한상률 청장이 아들을 세무조사한다는 사실을 알고는 몹시 화를 냈던 것으로 알려졌다. 당황한 한상률은 소망교회 장로이며 회계법인 대표인 전직 국세청 고위 간부 출신을 찾아가 이상득 의원을 만나게 해달라고 했다고 한다. 사흘을 기다려 겨우 만난 끝에.

이러한 나의 추측이 사실임을 뒷받침하는 기사도 적지 않게 있다. 그중의 하나로 《신동아》 2011년 6월호에 실린 "SD 일선 후퇴 기획한 소장파의 핵 박재성 전 특보 최초 인터뷰 - SD와 정두언 권력투쟁 막전막후" 기사 중, 한상률 청장이 MB 파일이 존재함을 시인하는 내용이 나온다.

이 기사에 의하면 2007년 대통령직 인수위원이었던 정두언 의원은 한상률 국세청장이 '이명박 파일'을 만들었다는 소문을 듣고 박재성 특보를 통해 한 청장에게 "당신이 한 짓을 내놓으라"고 요구했다.

한상률 청장은 "나는 잘 모르는 일이지만 문건이 있는 것 같다. 지금 찾고 있다"면서 정 의원을 직접 만나게 해달라고 했다. 또한 "(문건을 회수하는데) 시간이 걸린다"고 말해 도곡동 땅을 조사한 문건이 있음을 분명히 시인했다는 것이다. 박재성 전 특보는 이러한 활동을 정두언 의원을 통해 당시 당선인(MB)에게 보고했으나 며칠 뒤 엉뚱하게도 당선인이 "왜 뒷조사하느냐"며 야단을 쳤다고 한다. 한 청장이 SD에게 (정두언 의원이 대통령 뒷조사를 하고 다닌다고) 모함을 했고, MB도 이를 사실로 믿은 것 같다는 것이다. 박재성 전 특보는 이러한 짐작이 가능함을 내 사건을 예로 들며 설명했다.

"나중에 감은 잡았죠. 안원구 전 국세청 세원관리국장이 SD를 만나 한 전 청장 유임을 부탁했고 한 전 청장 역시 SD와 골프를 치면서 직접 연임 로비를 했다는 의혹이 있었잖아요? SD 아들 세무조사 무마 후 한 전 청장이 연임에 성공했다는 기사도 났지 않습니까."

이 기사는 이렇게 결론을 맺는다.

"그러나 한 전 청장 후임인 백용호 전 국세청장(현 대통령실 정책실장)은 2009년 11월 국회 기획재정위 전체 회의에서 '그런 문건은 없는 것으로 보고받았다'며 존재 사실을 부인했다. 검찰과 특별검사도 도곡동 땅은 이 대통령의 소유가 아니라고 결론 내렸다. 반면 도곡동 땅 의혹의 전모를 알고 있다는 의혹을 받은 한 전 청장은 박 전 특보에게 '도곡동 땅 뒷조사 문건이 있다'고 했다. 당시 국세청의 X파일 내용은 무엇이고 한 전 청장은 그걸 어떻게 활용했는지 알 수 없지만 노무현 정부에서 국세청장이 된 한 전 청장이 유임된 데 대한 의혹은 여전하다. 두 청장 중 누가 거짓말을 한 것일까? '거짓말쟁이'가 백 전 청장이라면 검찰 역시 '면죄부 수사'를 한 꼴이 된다. 만약 앞서 어떤 거래가 있었다면 백 전 청장은 정말 보고를 받지 않았을 수도 있다."

한상률 청장이 권력의 비호를 받으며 유유히 해외 도피 생활을 하고 또 어느 날 갑자기 에리카 김과 하루 간격으로 귀국해서 봐주기식 검찰수사를 받고 무죄 판결을 받는 것을 보면 검찰과 정부에서도 그를 어떻게 할 수 없는 무언가를 틀어쥐고 있음이 분명해 보인다.

'도곡동 땅' 실소유주

포스코건설 세무조사가 끝나고, '도곡동 땅' 문건도 내 뇌리에서 잊혀졌다.

대구지방국세청장에서 서울지방국세청 세원관리국장, 국세청 해외교육 대상자로 강등 발령을 연달아내면서 내게 사퇴 압력을 가하던 2009년 6월경, 국세청 감찰과장이 직접 명예퇴직 신청서를 들고 나를 찾아왔다.

"청와대 내에서 안 국장은 대통령 뒷조사를 한 사람으로 분류

되어 있어서 다른 방법이 없으니, 6월 10일까지 명예퇴직을 신청하시고 6월 말 정기 명예퇴직 시기에 (다른 명퇴자들과) 같이 묻어서 나가시면 모양새가 제일 낫지 않겠느냐"고 했다. 2009년 6월 14일이었다.

"그건 또 무슨 소리냐? 나는 대통령의 뒷조사를 한 적이 없고, 오히려 포스코건설 정기 세무조사 때 우연히 발견된 '도곡동 땅 실소유주가 이명박'이라고 표기돼 있는 서류를 문제 삼지 않아서 결과적으로 MB가 대통령이 되는 것을 도왔다면 도운 사람이다"라고 항의했다. 세무조사의 본질과 무관하다는 이유로 함구하고 있던 비밀을 억울한 누명을 씌우는 바람에 해명하는 과정에서 나도 모르게 내뱉게 된 것이다.

이때 국세청은 백용호 국세청장이 내정되기 직전으로 허병익 차장이 청장대행 업무를 맡고 있었고 허병익과 이현동이 신임 국세청장 후보 하마평에 오르내리고 있었다. 이현동은 서울지방국세청 국장에서 대통령직 인수위원회로 파견된 후 1년 만에 서울지방국세청장이 되어 있었다.

나로부터 '도곡동 땅' 서류 얘기를 들은 감찰과장은 이를 상부에 보고했다고 했고, 감찰4계장을 대구지방국세청에 파견해 2007년 조사를 담당했던 ㅈ국장을 만나 사실 확인을 녹취해 왔다고 했다. 감찰과장은 "ㅈ 전 국장과의 대화는 녹취해 상부에 보고했고, 안 국장님이 주장한 일들이 모두 사실임을 확인했다. 허병익 청장대행이 그 사실을 청와대 민정에 보고했으니 오해가 풀릴 수 있을 것이다. 기다려보시라"고 하며 나를 안심시켰다.

그러나 오해가 풀리기는커녕, 감찰과장의 표현을 빌리자면 '안원구가 도곡동 땅 문건을 카드로 이 정권과 맞서려 한다'는 황당한 누명이 하나 더 붙었다.

나는 2009년 9월, 서울에 출장 온 ㅈ 전 국장을 만났다. 당시 대화 내용 중 일부이다.

안원구: 포스코와 인연이 많잖아요. (중략) 전번에 대구에 누가 내려왔습디까, 감찰에서?

ㅈ국장: 잘 모르는, 인사 쪽에, 인사계에 있었다는데….

안원구: 뭘 묻습디까, 그때?

ㅈ국장: 포스코건설 쪽 조사하는 그 뭐….

안원구: 뭐라고 묻습디까?

ㅈ국장: 그 당시에 그런 일이 있었나, 그런 일이 있긴 있었느냐, 서류가 있느냐, 관련 서류 어디 있느냐….

안원구: 무슨 확인서를 쓰라고 하는데? 그런 사실이 있었다는 거?

ㅈ국장: 만약에 사실이… 그런 사실이 있었다면 확인서 써라. 아, 없었다면은 확인서 써라.

안원구: 없었다면은? 그런 사실이 있었잖아요.

ㅈ국장: 그건 뭐 있고 없고 좌우간 난 확인서 못 쓴다. 못 쓰고 그런 거 종이를 보기는 봤는 것 같은데 그 서류가 어디로 갔는지 없더라.

안원구: 그때 내가, 그 자체를 내가 공무원이 개입되면 안 된다 해가지고 그때 직원들도 입조심 시키고 그랬던 기억이 나는데요.

ㅈ국장: 본질하고 관계없는 거지.

안원구: 내용이 그때….

ㅈ국장: 내용은 내가 그 안 과장이 바로 보고 들어가고 이래 했기 때문에 굳이 그런 게 있다는 거는 내가 뭐 그냥 서류에 써 있는 걸 봤는데 그걸 뭐 이야기하겠나, 할 게 뭐 있나.(중략)

안원구: 아니 이런 일이 있었다 하면서 그때 왔더라고. 와서 내한테 이야기하길래 내가 그때 우리 본질하고 관계없는 일을 밖에서 하면 괜히 시끄러우니까 일단 조심시키고.

ㅈ국장: 내 혼자 긴급보고를 했지 싶은데.

안원구: 그러니까 그 서류가 97년도인가 뭐 몇 연도에 팔린 땅이었다. 98년도인가 팔린 땅이니까 우리가 조사한 게 2007년도 아닙니까?

ㅈ국장: 그러니까 뒤에. 우리는 조사 연도는 우리와 아무 관계 없는 거고.

안원구: 관계없는 거고. 근데 서류가 그게 우에하다 보니까 낑겨 들어온 거지. 서류를 보는 과정에서. 그걸 왜 남겨 놨는지 이 사람들은, 그걸 모르겠어.

ㅈ국장: 전표, 전표인가, 전표, 그 때 팔았는 모양이지.(중략) 아니 좌우간 그게 있다카는 거는 우리가 그쪽을 이야기를 안 했으니까.

안원구: 그렇지.

ㅈ국장: 우리가 봤다 이걸 이야기 안 했으니까 그 사람은 모를 수도 있어요, 그건.

안원구: 그렇죠.

ㅈ국장: 괜히 알면 한 사람이라도 더 알면 뭐 하겠어….

안원구: 그러니까 우리 직원들은 봤을 것 아닙니까. 봤으니까 보고가 됐지.

ㅈ국장: 우리 직원들 봤지, 그러니까 보고됐겠지… 보고됐지.

위 내용에서 알 수 있듯, 감찰4계장은 ㅈ 전 국장을 만나 "'안원구 국장이 대구지방국세청장 시절 VIP와 관련된 도곡동 땅에 대한 내용을 덮었던 사실이 없다'는 확인서를 써달라"고 했으며 ㅈ 전 국장은 그런 요구에 "써줄 수 없다"고 했다.
감찰계장을 대구지방국세청에 파견해 ㅈ 전 국장을 만나, 내가 '도곡동 땅 문건'을 보고도 덮었다는 사실 확인을 해서 청와대 민정에 보고했으니, 오해가 풀릴 것이라고 했던 감찰과장의 말은 거짓말이었다. ㅈ 전 국장의 말에 의하면, 애초에 감찰과장이 감찰계장을 대구에 내려 보내 ㅈ 전 국장을 만난 목적은 내가 '도곡동 땅 문건'을 본 사실을 거짓말로 만들기 위해서, 문서를 본 사실이 없다는 확인서를 받으러 간 것이었다. 그리고 그것을 근거로 내가 '도곡동 땅 문건'을 무기로 정부와 맞서려 한다는 누명을 씌우기 위함이었다.

부메랑이 된 '도곡동 땅'

그러나 그해 12월, 소위 '안원구 사건'이라 불리는 나의 구속 이후, ㅈ 전 국장은 자신이 한 말을 뒤집는다. 내가 도곡동 땅 문건의 보안 유지를 지시한 적이 없으며 국세청 감찰 쪽 사람을 만난 적도 없다고 부인한 것이다. ㅈ 전 국장은 퇴직해 현재 세무법인을 운영하고 있다. 국세청에 밉보여서는 안 되는 입장에서 어쩔 수 없이 말을 바꾸었을 거라 충분히 이해는 된다. 그러나 진실은 영원히 살아 있는 법이다.
당시 국세청을 취재하다 내 사건을 알게 된 월간조선의 기자는

도곡동 땅 주인이 이명박 당시 국회의원임을 알린 1993년 3월 27일자 세계일보 지면.

도곡동과 BBK, 다스 그리고…

내처 도곡동 땅과 관련한 기사까지 준비하고 있었다. 이 기사는 2009년 11월호에 나갈 예정이었으나 어찌된 영문인지 끝내 실리지 않았다. 당시 기자가 취재해서 내게 알려준 바로는 국세청과 일부 국정원 관계자가 취득한 '도곡동 땅' 관련 정보는 해당 조직의 책임자인 백용호 국세청장과 원세훈 국정원장에게 정확히 보고되지 않았고, 청와대에도 보고되지 않았다고 한다. 이 정보는 국세청과 국정원 고위 관계자와 사적인 관계에 있는 전직 국정원 출신인 제3의 인물에게 흘러갔으며 국세청과 국정원 일부 인사들은 사적인 라인을 통해 VIP와 관련된 민감한 정보를 공유했다고 한다. 중요한 정보가 수직으로 보고되지 않고 수평으로 공유된다는 것은 문제가 아닐 수 없다.

그러다 월간조선에 기사가 나간다는 정보를 입수하고서야 상부에 보고하는 한편 월간조선 보도를 막기 위해 국정원 언론담당 라인이 총동원되었고 국세청은 보도가 나가지 않은 틈을 타 검찰수사를 의뢰하기까지 한 것으로 보인다. 청와대 홍보수석실 행정관도 가세한 것으로 알고 있다.

이 같은 정황으로 짐작컨대 내가 '도곡동 땅 문건'을 본 사실을, 그들이 상부에 "안원구가 이 사실(도곡동 땅 문건을 본 사실)을 가지고 정부와 맞서려 한다"고 조작해 보고한 것이다. 결국 나는 도곡동 땅 전표 발견 사실을 가지고 정부와 맞서려 한다는 누명을 하나 더 덮어쓰게 됐다. '전 정부 사람'에 이어 '대통령 뒷조사하는 사람'이 되어 사퇴 압박은 더욱 극렬해졌다.

• • • • • •

땅! 땅! 땅! 이명박 대통령은 땅을 좋아해?

이명박 대통령은 1992년 14대 민자당 전국구 의원으로 정치에 입문했다. 그는 그해 12월 대통령 선거에서 김영삼 민자당 후보를 적극 도왔다.

이듬해 김영삼 대통령 취임 직후 공직자 재산 등록을 전격 단행했다. 1993년 3월, 민자당 소속 의원들과 당무위원, 장차관급 인사의 재산이 공개되자 사회적 파장이 컸다. 이명박 당시 의원도 곤욕을 치렀다. 세계일보 1993년 3월 27일자 사회면에 '李明博의원 150억臺 땅 은닉, 도곡동 숲싸라기 땅-現代사장때 매입'이라는 제목의 톱기사가 실렸다.

> 국회의원 재산 공개에서 총 재산 62억3240만 원이라고 신고한 민자당 이명박 의원이 1985년 현대건설 사장 재직 때 구입한 강남구 도곡동의 시가 150억 원 상당의 땅을 처남 명의로 은닉한 사실이 26일 밝혀져 이번 재산 공개에서 고의로 누락시켰다는 의혹을 사고 있다.
>
> 이 의원은 현대건설 사장에 취임한 1977년부터 서울 강남 개발 붐이 시작되자 회사 차원의 부동산 투자를 해오다 1985년부

도곡동과 BBK, 다스 그리고…

터 강남구 도곡동 165번지 일대 현대종합체육관 인근 나대지 1313평을 개인적으로 구입, 부인 김윤옥(金潤玉) 씨의 동생 재정(우방토건 대표) 씨 명의로 등기해놓은 것으로 밝혀졌다.

이 의원은 1985년 5월 15일 도곡동 163의 4번지 266평과 164의 1번지 657평, 164의 2번지 295평 등 1220평을 전모씨로부터 구입, 토지대장에 김재정 외 1인으로 소유권 등록을 했으며, 같은 해 6월 5일 169의 4번지 93평을 현대건설로부터 소유권 이전하는 등 현대종합체육관 옆 나대지 1313평을 사들여 '김재정' 또는 '김재정 외 1인'의 명의로 소유권을 이전했다. 이들 나대지는 지목이 '답'으로 되어 있는 데도 공시지가는 평당 561만~1230만 원으로 평가될 정도로 요지에 위치하고 있다.

더욱이 나대지 건너편엔 대규모 체비지가 있고 매봉터널이 뚫려 사통팔달인 데다가 현재 공사 중인 지하철 3호선 연장구간이 통과하는 등 강남의 '금싸라기 땅'으로 떠올라 시가는 평당 1000만~1500만 원을 호가하고 있다.

2007년 7월 한나라당 당내 경선을 앞두고 한 신문이 '1993년 세계일보 기사'를 일부 인용해 보도했다. 경선 상대인 박근혜 후보를 돕던 서청원 전 한나라당 대표도 "김만제 전 포항제철 회장이 '이명박 의원이 1993년과 94년 세 번이나 찾아와 (도곡동 땅을) 사달라고 부탁했다'고 말했다"고 주장하며 도곡동 땅의 진실을 밝힐 것을 촉구했지만 당시 노무현 정권에 실망한 민심은 한나라당 대선주자들에게 우호적이었다. 이명박 후보 측은 "1993년도 기사는 오보(誤報)"라고 일축하며 "하늘이 두 쪽 나도 내 땅이 아니다"라고 강하게 부인했다.

이 후보의 도곡동 땅 차명 소유 의혹이 불거진 뒤 수사에 착수한 서울중앙지검 특수1부는 한나라당 대선 경선을 앞둔 8월 13일 중간 수사결과 발표에서 "도곡동 땅의 이상은(이 대통령의 친형) 씨 지분은 제3자의 것으로 보인다"고 밝혔다.

2007년 12월 대선 본선을 열흘 앞두고 통합민주신당 정동영 후보 측에서 도곡동 땅 문제를 다시 들고 나왔다. 그러나 이미 대세는 한나라당 쪽으로 기운 뒤였다. 특별검사팀은 12월 대통령 선거일에 임박해 이명박 후보가 도곡동 땅의 실제 소유주라는 증거가 없다며 무혐의 처분했다.

문제의 도곡동 땅은 1995년 9월 포스코개발(현 포스코건설)에 263억 원에 팔렸다. 매매가 있기 두 달 전, 부동산실명제법이 발효되면서 부동산시장 거래가 활발했다. 불법을 피하기 위해 부동산이 원래 주인에게 돌아가거나, 새로운 주인을 맞았다. 도곡동 땅의 등기부상 주인인 김재정 씨는 당시 땅을 팔아 거액을 만졌음에도 자신의 부채 2억 원을 갚지 못해 자택을 가압류 당한 적이 있다. 매매 대금은 어디로 간 것일까?

2008년 1월 이명박 대통령 당선자의 도곡동 땅 차명 소유 의혹을 밝히기 위해 특별검사팀이 구성됐다. 특검팀은 도곡동 땅의 핵심 증인인 김만제 전 포항제철 회장을 소환해 조사를 벌였다. 특검팀은 김 전 회장이 1998년 감사원의 포항제철 특별감사에서 "강남 도곡동 땅의 실소유주가 이명박인 것으로 알고 있다"고 진술한 경위와 포스코개발이 도곡동 땅을 사들이게 된 배경에 대해 조사했다.

김만제 전 회장은 이 시기에 언론에 등장해 "나는 도곡동 땅이 이 당선인의 것이라 말한 적이 없다. 이번 특검에서 명확히 정리됐으면 한다"고 했다. 그는 "도곡동 땅은 (포항제철) 본사가 아닌 계열사(포스코개발)가 샀다. 내가 도곡동 땅을 사라고 한 것이 아니라, 샀다는 보고가 올라와 매입 사실을 알게 됐다"고 했다. 특검팀은 "도곡동 땅 차명 의혹은 근거가 없다"며 면죄부를 줬다.

그런데 2012년 총선과 대선을 앞두고 도곡동 땅 의혹이 다시 불거져 나오고 있다. 검찰이 과연 이번엔 명확하게 밝혀낼 수 있을까?

다스, BBK, LKe, EBK는 한 몸

고만고만한 영어 이름의 회사들이 동시다발로 언론에 등장해 도무지 종잡을 수가 없는 'BBK사건'. 그동안 신문과 방송을 장식한 기사를 차근차근 읽고 행간의 숨은 뜻을 찾아보면 대강의 도표를 그려볼 수 있다.

도곡동 땅과 다스

잃어버린 퍼즐

포스코건설 세무조사 때 직원들이 가져와 보여준 문제의 '도곡동 땅' 등기부상 주인은 이 대통령의 큰형 이상은 씨와 처남 김재정 씨임은 이미 앞에서 인용한 1993년 3월 27일자 세계일보를 비롯해 여러 매체에 보도된 바 있다.

《한겨레》 21 2011년 10월 24일자 "도곡동에서 내곡동까지, MB의 못 말릴 땅 사랑" 제하의 기사에 의하면 도곡동 땅의 등기부상 주인은 이명박 대통령의 큰형 이상은 씨와 처남 김재정 씨로 1985년 15억 원에 샀다고 한다. 10년 뒤인 1995년 포스코개발에 263억 원을 받고 팔아 17배가 넘는 이익을 보았다는데 도곡동 땅의 등기부상 주인인 김재정 씨는 당시 땅을 팔아 거액이 있음에도 자신의 부채 2억 원을 갚지 못해 자택을 가압류 당한 적이 있다는 사실이다.

도곡동 땅 실소유주 논란은, 현대자동차에 자동차 시트를 납품하던 대부기공의 실소유주 논란으로 이어진다. 1987년 설립된 대부기공은 2003년 (주)다스로 사명을 변경해 현재에 이른다. 이 회사의 지분 95% 이상을 소유한 1, 2대 주주는 도곡동 땅 명의자와 동일한 김재정, 이상은 씨였다. 그리고 이 대통령의 친구인 ㄱ 씨가 4.16%를 소유했다. 이명박 대통령의 처남과 형, 그리고 친구가 지분 100%를 가진 회사였다.

초기 연매출 수십억 원에 불과했던 (주)다스는 2000년 3월 BBK에 190억 원이란 거금을 선뜻 투자한다. 도곡동 땅의 등

도곡동과 BBK, 다스 그리고…

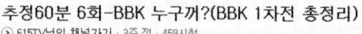
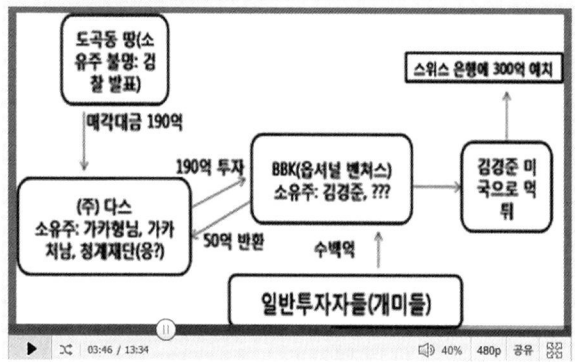
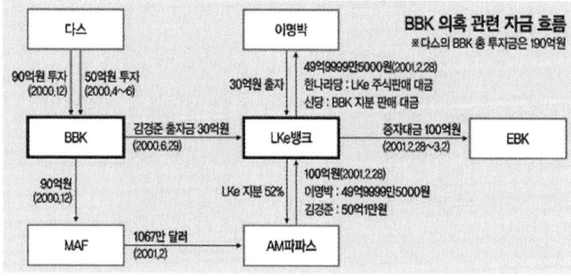

인터넷 방송 '추정 60분'에서 정리한 BBK 사건 도표(위)와 조선일보의 BBK 의혹 관련 자금흐름도(아래).

기부상 소유자인 김재정, 이상은 씨가 또한 (주)다스의 1, 2대 주주라는 점을 상기하면 도곡동 땅을 판 돈이 (주)다스로 흘러 들어 갔고, 이를 다시 BBK에 투자했을 거란 추측이 가능해진다.

더구나 2011년 8월 이 대통령의 아들 시형 씨가 (주)다스에 입사, 초고속 승진을 하고 있어 다시 의혹을 사게 됐다. 당시 1대 주주였던 이 대통령의 처남 김재정 씨가 사망한 후 이 지분의 향배에 관심이 쏠릴 때였다. 유족이 상속받는 일반적인 관례에서 벗어난다면 실소유주를 의심할 수 있는 민감한 때에 시형 씨가 입사한 것이다. 게다가 (주)다스의 재무제표가 공개되면서 새로운 사실이 드러났다. 2011년 1월경에 김재정 씨의 지분 가운데 시가 100억 원에 달하는 5%가 청계재단으로 이동한 것이다. 김재정 씨의 미망인이 기증하는 형식이었는데 뚜렷한 기부 이유가 없었다. 장학재단인 청계재단에 실질적으로 장학 사업에 보탬이 안 되는 자동차 시트를 만드는 회사의 주식을 기부한 것이다. 이로써 (주)다스의 1대 주주는 이 대통령의 큰형 이상은 씨가 됐고 김재정 씨의 지분을 상속받은 부인 권씨가 2대 주주, 청계재단이 3대 주주가 됐다. 대통령의 친구인 ㄱ씨는 4대 주주로 내려앉았다.

(주)다스의 실소유주가 이 대통령이라고 가정할 경우, 아들이 (주)다스에 입사해 간부(경영기획팀장)로 초고속 승진을 하고

청계재단이 5%의 지분으로 운영권의 캐스팅보트가 가능한 3대 주주로 자리를 잡음으로써 (주)다스에 대한 장악력을 확보하게 되었다는 해석이 가능하다. (주)다스의 주식을 어떻게 활용하여 장학 사업에 쓰는지 앞으로 지켜볼 일이다.

LKe(BBK+EBK)와 옵셔널벤처스

BBK는 1999년 4월 재미교포 금융인 김경준이 친구 두 사람과 함께 설립한 투자자문 회사로 알려져 있다. BBK는 e캐피털이 30억 원으로 지분 99%를 사들여 금융감독원에 투자자문업 인가를 신청, 그 해 11월에 정식 인가를 받는다.

1993년 정치에 입문한 이명박 대통령은 1996년 총선에서 국회의원에 당선됐다. 그러나 선거법 위반으로 유죄 판결을 받기 직전 의원직을 사퇴하고 미국에 가 있었다. 이때 김경준의 누나인 변호사 에리카 김을 만났고 에리카 김을 통해 1999년 3월 서울에서 김경준을 소개받았다고 한다.

(주)다스가 BBK에 190억 원을 투자하기 한 달 전인 2000년 2월 MB는 김경준과 함께 또 하나의 회사를 설립한다. LKe뱅크라는 사이버종합금융회사이다. 당시 LKe를 소개하는 책자에는 'LKe뱅크는 e뱅크 증권중개회사, BBK와 같은 회사'라고 돼 있다고 위키피디아는 적고 있다.

나중에 BBK 의혹이 일자 MB는 김경준을 믿을 수 없어서 이

내 LKe 공동대표이사직을 사임했고 이때 김경준과의 동업 관계를 청산했다고 한다. 그런데 김경준과의 동업 관계를 청산했다고 한 시점으로부터 약 한 달 후에 MB는 김경준에게 자본금 100억 원의 EBK e뱅크 증권중개회사의 청산 계획을 또 맡긴다.

옵셔널벤처스와 주가조작

2001년 4월 28일 BBK는 운영 전문 인력 부족과 회사 자금 유용(LKe뱅크 설립 시 출자한 30억 원은 BBK 설립 자금에서 전용한 것) 등의 이유로 금융감독원으로부터 인가가 취소된다. 그보다 하루 전인 4월 27일 김경준은 2월 26일에 인수한 옵셔널벤처스(구 광은창투) 대표로 취임한다. 이 회사는 외국인이 투자할 것으로 알려지면서 회사 주가가 급등했고 개미투자자가 순식간에 몰려든다. 여기까지는 주식 시장에서 흔히 볼 수 있는 주가조작 사건으로 볼 수 있다.

2001년 12월 김경준은 주가를 부풀려 모은 380여 억 원의 회사 자금을 빼돌려 위조 여권으로 출국했다. 이 과정에서 소액 투자를 제외한 대주주들에게는 220억 원의 투자금을 돌려주고 미국으로 도피했다고 한다. 190억 원을 투자한 다스에도 50억 원을 주고 간 것으로 알려졌다.

MB의 주장과 드러나는 진실

BBK 의혹이 일자 MB는 '자신 역시 속았던 것이며 김경준을 믿을 수 없어서 이내 LKe 공동대표이사직을 사임했고 이때 김경준과의 동업 관계를 청산했다'고 했다. 김경준의 옵셔널벤처스 주가조작은 2000년 12월부터 2001년 11월까지 약 1년 동안 이어졌는데 김경준과 MB가 공동대표였던 LKe뱅크의 계좌도 주가조작에 여러 차례 동원된 것으로 드러났다. 이때는 MB와 김경준이 결별하기 전의 일이라고 한다.

MB는 2007년 11월 19일 방송기자클럽 초청 토론회에서 BBK 주가조작 의혹과 관련해 김경준이 주장하는 '이면계약서'는 없으며 자신은 주가조작을 하지 않았다고 밝히는가 하면 도곡동 땅 매각 대금이 형과 처남이 대주주로 있는 (주)다스를 통해 BBK로 유입됐다는 의혹에 대해서도 "검찰 자체 조사로도 땅값은 땅값이고 다스는 다스라는 것이 분명히 나와 있다"며 "검찰 조사에서 이미 아니라고 나와 있기에 여기서 답변할 이유가 없다"고 말했다. 또 한 패널이 지난 2000년 언론 인터뷰에서 "내가 BBK 창업했다"는 표현을 사용해서 BBK 소유 여부를 보여주는 것 아닌가 의혹이 든다고 지적하자, 이 후보는 "BBK는 내가 미국에 있을 때 창립됐던 것이고, 인터뷰는 홍보적 측면에서 한 것이다. 그 과정에 혼선이 있었던 것 같다"고 답했다. LKe뱅크는 2000년 8월 자본금의 대부분을 김경준이 운용했던 역외펀드 마프(Millennium Arbitrage Fund)에 맡긴 것으로 알려졌다. 이 결정은 MB와 측근 ㄱ씨가 참여한 이사회의 승인도 받았다. 이후 마프는 옵셔널벤처스코리아와 주식 매집에 쓰이는 등 주가조작의 '저수지' 구실을 했다.

다스의 BBK 투자금은 마프를 거쳐 김경준이 돈 세탁을 위해 미국에 설립한 페이퍼컴퍼니인 에이엠파파스로 옮겨졌다가 LKe뱅크로 다시 돌아온 후 e뱅크 증권중개회사로 흘러간다. 이 역시 김경준이 한 일이라 당시 이명박 후보는 몰랐다고 주장했다. 돈세탁방지법은 2001년 9월 27일 제정, 검찰 수사 결과에 따라 법 위반이 될 수도 있다.

2007년 당시 대통합민주신당 서혜석 의원은 이명박 후보가 MAF 회장이었고 MAF 펀드를 알고 있음을 확인하는 자필 서명이 담긴 진술서를 공개하며 '김경준의 조작이다', '(마프) 이름도 모른다'는 MB의 주장을 반박했다. 당시 한나라당에서는 'MAF와 MB와는 아무 관련이 없다'고 해명했으나 한겨레신문은 2007년 11월 26일자에 "마프 펀드 투자홍보물엔 '회장 이명박'"이라는 기사를 통해 이명박 당시 후보가 마프 펀드 및 BBK에 실질적으로 관여했을 가능성을 보여주는 자료들이 발견됐다고 주장했다.

LKe뱅크는 2001년 4월 18일 주주총회를 열고 대표이사직에 래리 롱이라는 가공의 인물을 임명했고, 공증까지 거친 주주총회 의사록엔 이 후보의 직인이 담겨 있다고 한다. 이에 대해서도 MB는 몰랐다고 하는데 대표이사직을 넘기면서 후임의 존재도 확인하지 않았다는 주장은 설득력이 약하다고 당시 신문들은 보도하고 있다.

또한 자신의 이름이 BBK투자자문회사 회장 겸 대표이사로 새겨진 명함의 출현에 대해서도 '위조 또는 폐기해 사용하지 않는 것'이라는 해명도 어쩐지 궁색한 느낌이다.

2000년 10월 6일자 중앙일보 인터뷰에서 MB는 "올초 LKe뱅크와 자산관리회사인 BBK를 창업한 바 있다"며, "이뱅크증권(중개)은 이 두 회사를 이용해 탄생하게 되는 것이다"라고 설명했다. 또한, 2000년 10월 17일 광운대학교에서 열린 특강에서는 "제가 인터넷금융회사를 설립 중이고, 이를 위해 금년(2000년) 1월 달에 BBK라는 투자자문회사를 설립하고, 이제 그 투자자문회사가 필요한 업무를 위해 사이버금융회사를 설립하고 있다. 며칠 전 정부에서 인터넷증권회사 예비 허가가 났다"고 말했다. 이 특강은 동영상으로 제작되었고 2007년 대선 직전 유포되어 많은 네티즌들이 BBK는 MB 소유 회사인 것이 분명하다며 인터넷을 달구었다.

한국기자협회에서 발행하는 협회보 2007년 12월 11일자에는 "BBK는 LKe, e뱅크와 3각축", "도곡동 땅 차명, 이명박 땅 맞다"란 제목 아래 당시 MB를 인터뷰했던 중앙, 동아 등 주요 언론의 기사를 분석한 기사가 실려 있다. 이 기사에 의하면 "1998년 선거법 위반으로 출국한 이명박 후보는 2000년 10월 e뱅크 증권중개회사 설립 신청을 하며 본격적으로 국내 언론에 등장하기 시작했다. 그런데 문제는 당시 언론에서 이 후보가 '김경준 씨를 영입했다'고 보도한 것이다"라는 것이다.

이에 대해 당시 이명박 후보는 언론이 오보를 한 것이며 허위 기사라고 했는데, 한 말을 그대로 옮겨 쓰는 인터뷰 기사 특성상 당시 MB 인터뷰 기사를 실은 모든 언론이 하지도 않은 말을 기사화하지는 않았을 것임이 모든 이의 상식이다.

그런가 하면 MB가 김종필 전 총리를 찾아간 적이 있는데 그 자리에서 김 전 총리가 (BBK에 대해) 솔직히 말해달라고 하자 "솔직히 개입하기는 했다. 그러나 법망에 걸릴 정도의 일은 하지 않았다"고 대답했다는 기사도 나와 있다. (오마이뉴스 2007년 12월 17일자)

김경준은 BBK, LKe, e뱅크, 다스 등 모든 회사의 몸통은 하나라고 줄기차게 주장하고 있다. 이를 증명하는 것이 이면계약서와 금융감독원에 투자자문회사를 인가받기 위해 등록한 BBK 정관이라고 밝히고 있다. 정관에는 MB가 BBK의 의결권을 행사한다는 내용이 들어 있다는 것이다.

BBK 수사

2005년 김경준이 미국에서 체포되었을 때 그와 관련된 소송이 줄을 이었다. 옵셔널벤처스코리아는 회사돈 380억 원 횡령에 대해서, MB는 공동 투자 약속을 지키지 않아 35억 원의 손해를 봤다며 소송을 제기했다. 2008년 (주)다스도 나머지 140억 원을 돌려받기 위해 투자금 반환소송을 냈다.

미국 연방법원은 다스의 투자금 반환 요청 소송에 대해서는 투자한 것이므로 반환하지 않아도 된다며 다스 패소 판결을 내렸다. 그런데 2011년 2월 김경준의 동결된 스위스 계좌가 해제되고 김경준은 소송에서 패소한(그러므로 돌려주지 않아도 될) 다스에 140억 원을 반환했다. 반면 승소한 옵셔널캐피탈에 대해서는 배상하지 않았다. 돈을 돌려받은 다스는 항소심 소송을 취하했고 미국 연방법원도 김경준과 (주)다스 사이의 소 취하를 승인했다.

옵셔널벤처스 측은 다스가 받은 돈은 김경준이 스위스 은행에 숨겨놓았던 재산이라며 다스와 옵셔널벤처스가 모두 소유권을 주장하는 상황에서 다스에게만 돈을 지급한 것은 받아들일 수 없다고 항의했다 한다.

그 후 한 달 뒤, 2011년 3월 김경준의 누나 에리카 김이 한상률 보다 하루 먼저 귀국한다. 그는 "MB가 BBK와 관련 있다"고 한 말은 잘못된 것이라고 진술을 번복함과 동시에 검찰은 에리카 김에 대해 불기소 처분을 내렸다. 검찰과 에리카 김 사이에 모종의 거래가 있을 거란 의혹을 사기에 충분했다.

17대 대선과 검찰 발표

미국에 도피해 있던 김경준이 횡령했다면 당연히 송환해 수사를 해야 하는데도 어찌된 영문인지 미국 내 다스 소송을 맡고 있던 김백준은 송환 연기신청을 했다. 이 연기신청은 미국 법정에서 기각되었다. 대통령 선거를 앞둔 2007년 10월경이었다.

미국 법원에서의 연기신칭과는 별도로, 대선을 앞둔 2007년 10월 25일 당시 한나라당 공동선대위원장을 맡고 있던 유종하 전 외무장관은 알렉산더 버시바우 당시 주한 미국 대사를 만나 BBK 사건과 김경준 씨의 송환 문제를 논의했음이 위키리크스에 의해 알려졌다. 위키리크스에 의하면 유 전 장관은 이명박 당시 후보가 전문적인 사기사건의 피해자이고, 김 씨의 한국 송환은 이 후보의 선거운동에 영향을 미칠 것이니 미국에서 복역 중인 김경준의 한국 송환을 미뤄달라고 요청했다고 한다. 그러나 버시바우 대사는 미국이 이미 2005년 12월 김경준의 송환을 승인, 송환을 연기할 법적 근거가 없다고 했던 것으로 알려져 있다.

김경준은 2007년 11월 16일 미국에서 한국 수사당국에 인계되어 18일 한국에서 구속되었다. 검찰은 특별수사팀을 꾸려 한 달 동안 수사를 벌였다. 검찰은 대선을 2주 앞둔 그 해 12월 5일 수사결과 발표를 통해 이명박 대통령 당선자에 대한 의혹은 모두 혐의가 없다고 했다. BBK의 경영권 인수, 유상증자, 주가조작 등에 사용된 예금계좌와 인출권자는 김경준과 에리카 김임을 확인했으며 동영상과 명함은 이명박 당선인이 주가조작 및 법인자금 횡령에 관여했다는 직접적인 증거는 되지 못한다는 것이었다. BBK 사건은 김경준의 단독 범행이며 당시 이 후보와는 관련이 없다는 것이었다.

대법원도 검찰의 기소 사실을 인정해 2009년 5월 김씨에게 징역 8년을 선고한 원심을 확정했다. 김경준은 징역 8년에 벌금 100억 원의 형량을 선고받고 현재 천안 외국인 교도소에 수감돼 있다.

BBK 사건의 앞날

2007년 12월 특검 팀에서 BBK 사건은 김경준의 단독 범행이었다는 수사결과와 대법원의 확정판결이 났음에도 불구하고 BBK 사건은 MB 정권 5년을 관통하는 뜨거운 감자로 남아 있다. 불씨는 여전히 꺼지지 않은 채로 남아서 대선을 앞두고 다시 타오를 기세이다. 김경준이 검찰과 부인, 변호사 등에게 보낸 편지들이 공개되고 있으며 자신의 입국 근거가 된 가짜 편지 작성자 신명 씨와 그의 친형을 명예훼손 혐의로 고소했다. BBK사건을 다룬 책들도 속속 출간되고 있다.

또한 (주)다스가 미국 법원에 제기한 투자금 반환소송에서 패소했음에도 김경준의 스위스 비밀계좌를 통해 140억 원을 받아낸 경위도 여전히 풀리지 않는 미스터리로 남아 있다. 이 부분에 대해 《일요시사》 2012년 3월 6일자에 실린 의미심장한 내용이 눈에 띈다.

김경준의 후원인 역할을 하고 있는 유원일 전 의원 인터뷰 기사에 의하면 "스위스 비밀계좌에서 (주)다스로 140억 원을 송금한 것은 이전 계약사항이 이행되는 것"이라며 "(김경준이) 이 부분에서만은 함구하고 있다. 대답을 하지 않는다"고 했다고 한다.

김경준과 조우 무산

나는 2년간의 수감생활 중 마지막 5개월을 남부교도소에서 보냈다. 2011년 여름에는 유난히 비가 많이 내려 '한반도가 물 폭탄을 맞았다'는 기사가 나오기까지 하던 우기에 7월 6일 남부교도소로 이감되었다.

서울구치소에서 이감하면 영등포나 의정부 두 곳으로 가는 경우가 많다고 하는데, 나는 면회 오는 아내가 좀 더 편할 것 같아 영등포에 위치한 남부교도소를 희망하여 옮겼다.
그때는 이미 대법원 판결까지 내려진 터라, 더 이상 내가 할 수 있는 것은 없었다. 책 읽으며 공부나 하리라 마음먹고 독거방(獨居房)에 들어가길 원했다. 그런데 혼거방(混居房)으로 들여보내는 것이었다. 3명이 함께 쓰는 방이었다. 그리고는 며칠이 지난 어느 날, 독거방으로 보내졌다. 그때 한 교도관이 이런 말을 했다.

"두 사람이 만난다면 그 폭발력이 엄청날 것이라 예단하고 급히 혼거방으로 모셨었다."

두 사람은 바로 나와 김경준을 말하는 것이었다. BBK 주가조작 사건으로 수감 중인 김경준과 내가 마주치는 일이 일어나지 않게 하려는 교도소 측의 친절한(?) 배려 덕에 김경준이 천안 외국인 교도소로 이감된 날 오후, 나는 김경준이 머물던 옆방으로 옮겨졌다.

재소자들이 '피자 운동장'이라 부르는 조그만 운동장 옆으로 독거사동이 위치해 있다. 하루에 한 시간 정도 햇빛 보는 시간이 있어 가로 20m 세로 70m 남짓한 피자 운동장에 나와 걷기도 하고 뛰기도 하는데 이때 같이 운동하는 다른 재소자들을 만나 얘기를 나눌 수 있다.

이 피자 운동장에서 김경준과 함께 운동했던 재소자를 알게 됐다. 그는 내가 무슨 이유로 감옥에 왔는지를 아는 듯, 묻지도 않았는데 김경준에 대한 이야기를 해줬다.

그에게서 들은 얘기에 의하면, 김경준은 한국과 한국인, 한국적인 시스템에 상당히 불만이 많았던 것 같다. 재미교포였던 김경준의 눈에 비친 한국, 자기가 겪은 한국 사람, 그리고 자기를 재판한 한국 검찰과 사법부는 믿을 수 없는 사람들이었을 뿐만 아니라 원망의 대상이었을 것이다.

김경준은 같이 운동하다가도 사소한 일로 말다툼을 벌이기도 했다는데 아마도 자신의 억울함과 불만을 다른 재소자에게 폭발시킨 듯하다.

김경준은 수시로 집과 변호사, 검찰에 편지를 보내 BBK의 진실을 밝히려 애썼다고 한다. 한번은 아내에게 보내는 편지와 변호사에게 보내는 편지 두 통을 한꺼번에 교도관에게 주며 부쳐달라고 했는데, 편지의 내용물을 뒤바꿔 보내 나중에 이를 알게 된 김경준이 강력하게 항의를 했다는 얘기도 들었다.

김경준 하면 바로 뒤따르는 것이 BBK, 다스, 그리고 이명박 대통령이다. 이미 수많은 언론매체에서 다뤄 모르는 사람이 없을 것이나, 실타래처럼 얽히고설킨 돈 거래와 진실 공방을 보면 도무지 무엇이 진실이고 누가 거짓말을 하는지 혼란스럽기만 하다.

김경준이 그토록 끊임없이 편지를 쓰고 억울해하는 이유를 알아보면 거기에서 실마리를 찾을 수 있지 않을까. 어찌 보면 같은 목적으로 다르게 표적이 되어 수사를 받은 김경준과 내가 시차를 두고 동일한 공간의 삶을 경험한 것이 단순한 우연일까?

제3장

직위 이용해 그림 강매?

세무조사 대상 기업들을 상대로 미술품을 강매한 혐의를 받고 있는 국세청 고위 간부 안모씨는 왜 새벽에 체포됐을까?
이 사건을 수사하고 있는 서울중앙지검 특수1부는 지난 18일 새벽 0시 30분쯤 안씨를 전격 체포했다. 당시 안 씨는 자신의 부인 홍모씨와 함께 변호사 사무실에서 사건 관련 상담을 마치고 귀가하던 중이었다. 비록 안 씨가 체포영장이 발부된 피의자이지만 현직 고위 공직자인데다 혐의가 이미 공개됐고, 도주의 우려가 비교적 적은 상황에서 야심한 시간에 체포된 것은 이례적인 경우이다. (중략)
이에 따라 검찰 안팎에서는 국세청 요직을 거친 만큼 '판도라의 상자'라 할 수 있는 안 씨의 입을 막고, 발을 묶기 위해 누군가 '보이지 않는 손'의 지침에 따라 우선적으로 신병을 확보한 것이라는 추측이 제기됐다.

(노컷 뉴스 2009년 11월 20일자)

제3장

직위 이용해 그림 강매?

한밤중의 긴급체포

단 한 번의 소환도 없이

"후두두둑 다닥!!!"

들판의 새떼 날아오르는 듯한 소리와 함께 어디선가 갑작스럽게 뛰쳐나온 네 명의 건장한 사내들이 알아들을 수 없는 고함을 지르며, 막 변호사 사무실 건물을 나와 주차장으로 들어서는 내 앞으로 달려들었다.

2009년 11월 17일 밤, 아니 정확히는 18일 자정에서 30분 사이쯤이었다. 내 손에는 변호사 사무실에서 간략하게 정리한 자료가 담긴 노트북이 들려 있었다. 변호사는 직감했는지, 작지만 긴박한 목소리로 내가 들고 있던 노트북과 자료들을 달라며 빼앗듯이 들고 건물 안으로 들어갔다.

'이게 뭐지?' 순식간에 일어난 일에 머릿속이 새하얘졌다. 조금 전 내게로 돌진하는 듯했던 네 명의 건장한 사내들은 나를 지나쳐 변호사를 뒤쫓아 건물 안으로 들어간 후였다. 잠시 멍하게 서 있던 나는 어안이 벙벙한 채 변호사를 따라 건물 안으로 들어갔다. 건장한 사내들이 변호사가 들고 있는 노트북을 달라며 실랑이를 벌이고 있었다.

"이건 내 컴퓨터고 내 자료입니다. 왜 달라는 겁니까?"

변호사의 단호한 거절에 남자들은 더 이상 말을 못하고 대신 나에게 다가와 체포영장이라며 종이를 흔들어 보여줬다. 두 사람이 각각 내 양 겨드랑이에 팔을 끼더니 건물 밖에 세워둔 승합차로 나를 끌고 갔다. 영문을 모르니 저항 한번 해보지 못하고 차에 올라탈 수밖에 없었다. 도대체 무슨 상황이 벌어진 것인지 가늠을 할 수가 없었다. 변호사는 분명히 내일이나 늦어도 모레는 소환이 있을 거라고 했는데, 사내들에게 물어봐도 가보면 안다는 말만 되풀이했다. 온갖 생각이 오버랩되며 혼란스러웠다.

서초동 검찰청 건너편에 변호사 사무실이 있었으니 검찰청까지는 5분도 안 되는 거리였다. 검찰청의 어느 방으로 올라가 차 한 잔을 마셨던 것 같다. 그러고는 다시 차에 태워져 20~30분가량을 또 달렸다. 서울구치소였다. 검찰에서 최소한의 설명이나 조사도 없이 내가 왜 자정이 넘은 시각에 흉악범 체포당하듯 구치소에 끌려와야 하는지, 화가 솟구쳤다. 검찰청에서 느꼈던 혼란은 공포와 분노로 변했다. 영문도 모른 채 이리저리 끌려 다니다 내동댕이쳐진 낯설고 차가운 구치소 방에 홑겹 수의를 입고 나는 홀로 앉아 있었다. 앞으로 어떤 일이 일어날지 모르는 막막한 불안감에 11월의 밤공기는 내 뼛속까지 스며들어 온몸을 떨게 했다. 아무리 어금니를 꽉 깨물어도 저절로 윗니와 아랫니가 딱딱 부딪쳤다. 아무리 어깨를 웅크리고 힘을 주어도 온몸은 사시나무 떨리듯 벌벌 떨렸다. 그날 나는 세상에 태어나서 가장 춥고 긴 밤을 보내야 했다. 나중에 변호사에게서 전해 들은 체포 사유는 '거주지 불분명!' 쓴웃음이 터져 나왔다.

검은색 승용차의 미행

체포 당시 상황을 되짚어보니 17일 낮부터 이미 수상한 조짐이 보였다. 당시 나는 국세청 국장직을 이용해 기업들에게 세무조사를 무마해주는 대신 아내의 화랑에서 그림을 사라고 강요했다는 혐의로 압수수색이 된 상태였다. 이미 1년여를 국세청 감찰과 동원된 간부들에게 시달려온 데다 연일 화랑 앞에 진을

직위 이용해 그림 강매?

치고 있는 기자들의 카메라를 피하는 것에도 지친 나는 며칠 전부터 평소 많은 가르침을 받던 '역삼동 거사님' 댁에 머물고 있었다. 갑작스러운 압수수색과 친절한 검찰의 피의사실 공표로 인해 '국세청 국장의 그림강매' 사건은 수사가 시작도 되기 전에 이미 확정된 사실인 양 방송 3사의 밤 9시 뉴스를 도배하던 참이다.

검찰이 집과 화랑을 전격 수색, 모든 자료를 압수해간 건 2주 전인 11월 2일. 하지만 그때까지 아무런 조치가 없는 터라 검찰의 소환에 대비해 그날 아내와 변호사 사무실에서 그간의 상황을 정리하기로 약속이 돼 있었다.

2009년 11월 17일 낮 1시경. 기자들이 진을 치고 있는 집 앞을 뚫고 아내는 서초동 변호사 사무실로 차를 몰았다. 그런데 남자 셋이 탄 웬 승용차가 대놓고 미행을 했다. 아내는 룸미러로 보이는 차량 번호를 변호사에게 불러주며 이런 차가 따라오고 있다고 했다. 변호사가 알아본 결과 중앙지검 소속 차량이었다. 변호사는 중앙지검 3차장에게 직접 찾아가 소환 조사 한번 없이 미행하는 법이 어디 있느냐고 항의했다. 3차장은 자기네 소속 차량이 아니라고 발뺌하며 내일이나 모레쯤 소환할 계획이니 시간이 정해지면 연락하겠다고 했다.

나도 역삼동에서 변호사 사무실로 출발했다. 우리는 변호사 사무실에서 바로 다음 날 있을지도 모르는 소환에 대비해 여러 사안들에 대한 얘기를 나누었지만, 사실 나는 할 일이 별로 없었다. 제기된 의혹이 모두 아내의 화랑 거래라 내가 아는 바가 전혀 없었기 때문이다. '혐의 없음'으로 간단히 끝날 사건이니 계산서를 비롯해 모든 거래 업체와의 서류 등을 정리해 소환 전이라도 검찰에 제공하자는 것이 변호사의 의견이었다. 아내는 거래 내용과 메모해놓았던 것들을 일일이 기억해 정리하며 '그림 강매'가 어처구니없는 허구임을 증명해 보이려 했다.

할 일 없이 앉아 변호사와 아내의 얘기를 듣고만 있던 나는 평소 동생처럼 알고 지내는 기자의 전화를 받았고, 이어서 전 국세청 청장이며 현재 민주당 국회의원인 이용섭 의원의 전화를 받았다. 갑작스러운 일을 당한 내게 걱정과 안부를 전해왔으며 이용섭 의원과는 다음 날 만날 약속을 했다. 전직 국세청장으로서, 또 선배로서 어려움에 처한 후배에 대한 위로 차원이었다. 그런데 이것이 도청된 것 같았다. 마치 내가 언론과 국회에 알리려는 것으로 생각했는지, 이를 차단하기 위해 긴급 체포했던 것 같다.

정리가 다 끝났을 때는 이미 밤 12시가 되어 있었다. 아내는 밖에 세워둔 차를 가지러 먼저 나갔고 나는 변호사와 함께 건물 밖으로 나오다 체포당한 것이었다.

아내가 지켜본 장면은 더욱 긴박했다. 건물 옆 골목에 세워둔 차를 주차장 입구 쪽으로 세우고 있는데 점퍼를 입은 네 명의

직위 이용해 그림 강매?

남자들이 어딘가에서 소리를 지르며 후다닥 뛰쳐나오더라는 것이다. 변호사는 갑자기 돌아서서 건물 안으로 다시 들어가고, 네 명의 사내들이 나를 지나쳐 변호사를 따라 들어가더니, 내가 잠시 뒤를 돌아보고 서 있다가 건물 안으로 그들을 따라 들어가더라는 것이다. 얼마간의 시간이 지났을까? 내가 양쪽 팔을 사내들에게 붙들린 채 차에 올려 태워지는 것을 보고 부랴부랴 차에서 내려 달려왔으나 위험하다며 붙드는 변호사와 자신을 뒤로하고 나를 태운 차는 떠나고 있더란다. 밤 12시 30분경이었다. 순식간에 벌어진 일에 아내와 변호사는 그저 멍하니 서 있을 뿐이었다.

전격 체포만으로 끝난 게 아니었다. '접견 금지'라는 추가 제재도 가해졌다. 11월 21일부터 12월 8일까지 3주 동안 나는 그렇게 철저히 외부 세상과 단절돼 있었다.

검찰이 도청도 하나?

이후 퍼즐을 하나하나 맞춰보았다. 아마도 압수해간 컴퓨터와 자료를 분석하는 데 2주일이란 시간이 걸렸던 것 같고 뜻밖의 어마어마한 내용들이 있다고 판단, 나를 언제 터질지 모르는 시한폭탄쯤으로 여겼던 것 같다. 그들의 입장에서는 가급적 폭탄을 터트리지 않고 처리하는 게 최상이었을 것이다. 그래서 포토라인에 서서 기자들의 플래시 세례를 받지 않도록 오밤중에 긴급 체포를 하지 않았을까?

내가 구치소에서 추위와 두려움에 떨고 있던 날 밤, 변호사의 충고대로 아내는 집으로 가지 않고 여의도의 한 호텔에서 밤을 보냈다. 다음 날 이용섭 의원을 만나 변호사에게서 되돌려 받은 나의 노트북에서 지난 긴 시간들에 대한 설명을 대신할 수 있도록, 내가 한상률과 국세청의 불법감찰 내용을 정리한 문건들을 복사해주었다고 한다. 2008년 이명박 정부가 들어선 이래 나는 한상률 전 청장으로부터 지속적으로 사퇴 압박을 받아오던 터였다. 지난 정부에서 잘나갔으니 그만 사표를 내라는 것이 청와대의 뜻이라는 한상률은 집요했고 공무원이 지난 정부, 현 정부가 어디 있냐며 법과 절차를 지키라는 나의 저항과 첨예하게 대립하던 중 실세와의 골프 회동으로 낙마해버렸다. 2009년 1월이었다. 그리고 국세청은 청장대행 체제로 약 6개월을 지냈는데 당시 허병익 청장대행과 이현동 서울지방국세청장도 한상률의 뒤를 이어 나를 내보내는 데 혈안이 되어 있었다. 감찰직원들을 시켜 나를 감금하는 기상천외한 일도 벌어졌고, 아내의 화랑과 거래한 민간 기업을 찾아다니며 나로 인해 그림을 강매당했다는 확인서를 써주지 않으면 특별 세무조사를 실시하겠다는 협박도 서슴지 않았다. 아내의 화랑과 거래한 기업의 사장들이 제발 내가 사표를 내도록 해달라고 아내에게 하루가 멀다 하고 전화로 하소연을 했다. 국세청의 불법적

직위 이용해 그림 강매?

인 행위가 나 하나에 머물지 않고 민간 기업에까지 전방위적으로 이루어지고 있다는 걸 알게 된 후 나는 더 이상 묵과할 수 없다는 생각에 한상률을 비롯한 국세청 수뇌부들의 불법행태를 기록하기 시작했다.

만약 그날 아내가 이용섭 의원을 만나지 않았더라면, 만났더라도 복사한 USB를 건네지 않았더라면, 또 전달된 자료 중 일부가 언론에 보도되지 않았더라면… 이른바 '안원구 사건'은 아예 일어나지 않았을지도 모른다. 검찰은 그냥 겁만 줘서 내가 스스로 사표를 내도록 하고자 했던 것 같다. 국세청에서는 실패했지만 검찰이 나서서 털면 '그림 강매' 먼지라도 떨어지지 않겠는가 생각했던 건 아니었을까. 그런데 막상 압수물을 분석해 보니 정권과 관련한 내용들이 들어 있었고, 일부 언론에 공개되기도 하면서 만천하에 드러나니까 그들도 당황했을 것이고, 이후 '안원구 사건'을 만들기 위해 골머리를 앓았던 것 같다.

이런 추측을 가능케 하는 정황 중 하나로서 고등학교 동기인 의사 친구로부터 속보이는 전화를 받았다.

이 친구는 의사로 이 정권 실세인 ㅂ과 중학교 동창이기도 한데, 압수수색이 이루어진 며칠 후 전화를 걸어와, 나와 고등학교 동기이며 실세 ㅂ과는 대학 동기인 ㅇ변호사를 선임하라고 하는 것이었다. 그러지 않아도 이현동 당시 서울지방국세청장의 의중이라며 내게 말을 전하는 뜬금없는 일이 몇 번 있어왔던 친구였다. 그런데 이날도 의사 친구가 전혀 개입할 상황이 아닌데 느닷없이 전화를 걸어 변호사 선임을 권유하는데 왠지 모르게 화가 났다.

친구라면 중간에서 잘못하는 짓을 보고 못하게 해야지, 한두 번도 아니고 이런 심부름이나 해서 되겠냐고 하면서 앞으로 다시는 나한테 이런 전화 하지 말라고 했다. 그 친구는 누구의 얘기를 듣고 전화하는 게 아니라며 얼버무렸다. 그러나 내게 이러한 종류의 권유를 해왔던 친구들이 모두 실세 ㅂ과 매우 가까운 사이라는 것은 단지 우연이라고 하기엔 너무 공교롭지 않은가.

구속은 사람을 완전히 짓밟아버렸다. 영문도 모른 채 나는 죄인취급을 받았고, 다음 날부터 매일 검찰청에 불려가 조사를 받았다. 아내는 아내대로 조사를 받기 위해 검찰청을 드나들었고 접견금지명령으로 인해 만나지 못하던 아내를 우연히 검찰청 복도에서 열린 문틈으로 볼 뿐이었다.

검찰의 조사는 나를 더욱 분노하게 만들었다. 전혀 사실이 아닌 사실로 어떻게든 나를 얽어매려 했다.

현직 고위공무원 신분인 사람을 출국금지 조처까지 해놓고, 압수한 지 2주가 지나도록 소환 한 번 없었다. 그러다가 중앙지검 차량이 미행을 하더니 변호사 사무실 앞에서, 변호사와 함께 있는 자리에서, 그것도 기자들이 모두 퇴근한 시간인 밤 12

직위 이용해 그림 강매?

시가 넘어 긴급체포를 했다는 사실은 그 배경을 의심할 수밖에 없다.
아이러니하게도 구속 영장은 고등학교 후배가 발부했다.

검찰수사와 국세청 조사

부인하시겠지만…

태어나서 가장 추운 밤을 보낸 다음 날, 검찰조사를 받기 위해 불려 나갔다. 간밤에 어찌나 떨었는지, 날이 밝았어도 춥기는 마찬가지였다. 오들오들 떨면서 버스 타러 걸어가는데 누군가가 뒤에서 옷을 어깨에 덮어주었다. 그 재소자는 치과의사였는데 떨며 가는 내 모습이 안돼 보였는지 자신이 입고 있던 옷을 벗어준 것이다. 아주 따뜻하고 고마웠다. 그러나 워낙 경황이 없어 제대로 감사 인사도 못했고 옷도 끝내 돌려주지 못했다. 지금도 마음에 걸린다.
그런데 연일 이어지는 검찰 조사는 나를 더욱 떨리게 했다. 춥고 무서워서가 아니라 분노에 찬 떨림이었다.
국세청의 세무조사만 해본 나로서는 검찰의 피의자 조사라는 것이 도통 받아들여지지 않았다. 물론 국세청도 탈세혐의가 있으면 비정기적으로 특별 세무조사를 실시한다. 특별 세무조사는 대부분 납세자의 신고내역이 사실과 다르다는 의혹 내지는 혐의가 있을 경우지만 국세청에서 납세자의 신고내역이 사실과 다르다는 것을 명백히 거증(擧證)하지 못하면 과세를 하지 않는다.

그러나 내가 겪은 검찰의 수사는 그렇지 않았다. 나를 뇌물을 수수한 파렴치한 공무원으로 만들기 위해 특정범죄가중처벌법을 적용한 기소가 이루어졌고 검찰의 수사는 정해진 목표를 향한 하나의 수순일 뿐이었다. 검찰의 수사에서 진실, 공정, 정의 따윈 찾아볼 수가 없었다.

수사관은 모든 질문을 "부인하시겠지만…"으로 시작하며 내가 세무조사를 무마해주는 조건으로 아내의 화랑을 통해 해당 기업에 그림을 강매했다는 구도로 몰아갔다. 나는 "부인하시겠지만…"으로 시작하는 검사의 반복되는 질문에 "거래한 당사자인 아내에게 물어보라"는 답변만을 반복할 수밖에 없었다. 이러한 검찰의 행태를 겪은 후 나는 언론에 보도되는 검찰의 사건 수사 발표를 그대로 믿지 않게 되었다. 어떠한 사건이든 사건의 배경이 무엇인지, 숨은 의도가 무엇인지를 먼저 생각하는 것이 습관이 되었다.

아내와 나는 둘 다 사회적 지위를 갖춘 늦은 나이에 만나 재혼을 한 관계로 서로의 일에 관해 개입하지 않고 살았다. 더구나 평생을 공무원으로 지낸 나와 사회생활이라고 하지만 미술계

직위 이용해 그림 강매?

로 한정되었던 아내와는 서로의 일에 대해 관심을 가지거나 참견을 할 수 있을 만큼 알지 못했다.

그런데 내가 세무조사를 무마해주는 조건으로 아내의 화랑에서 그림을 강제로 사게 했다? 너무도 황당한 억지였다.

당시의 정황을 미뤄 짐작컨대 1년 넘도록 나를 내보내고자 샅샅이 뒤졌으나 아무것도 찾지 못한 국세청은 아내 화랑의 거래자료를 검찰에 넘기면 '먼지'는 나오지 않겠냐는 계산이었던 것 같고 내가 위협을 느껴 스스로 사표를 내리라는 기대를 했던 건 아니었을까.

전 정권 사람이라는 프레임을 만들어놓고 편을 갈라 사퇴를 압박하는 일은 비단 나에게만 있었던 것 같지는 않다. 각 부처에서 많은 사람들이 사퇴압박에 못 견디고 나간 것으로 안다. 국세청도 처음에는 나를 압박하면 순순히 나갈 줄 알았던 것 같다. 그런데 그들은 나를 몰라도 한참 몰랐다. 만약 분명한 명분을 가지고 법과 절차를 지키며 내게 사퇴를 권유했다면 기꺼이 물러났을 것이다. 그런데 치졸하고 비열한 방법으로 없는 죄를 덮어씌워서 나를 몰아내기 위해 시정의 잡배들이나 하는 뒷조사, 협박, 감금, 회유 등의 천박한 작태를 자행하는 것을 나는 도저히 묵과할 수 없었다. 검찰도 처음엔 겁만 줘서 내 입을 다물게 하고 스스로 사퇴하도록 하는 것이 최상의 시나리오였을 것이다. 가급적 조용히, 언론에 노출 안 되게 해결하는 것이 그들의 희망사항이었을 것이다. 나를 체포하기 전 압수해간 문서들 중에서 한상률의 비리의혹과 도곡동 땅의 진실에 관련된 내용이 있다는 걸 발견하기 전까지는….

이현동과 노환균의 만남

국민일보 2009년 11월 3일자에 "미술품 강매 의혹 국세청 간부 수사… 검찰-국세청 '질긴 악연' 어디까지"란 제하의 기사가 실렸는데, 그 기사 말미에 이런 내용이 나온다.

> … 이 때문인지 이현동 국세청 차장은 지난 9월 자신보다 의전상 직급이 낮은 것으로 알려진 노환균 서울중앙지검장, 김주현 서울중앙지검 3차장 등을 직접 찾아가 부임인사를 해 양 기관 간 화해무드가 조성되는 것 아니냐는 해석이 나오기도 했다.

아마도 이때 나에 관한 자료가 검찰에 넘어갔을 것으로 짐작된다.

검찰의 수사를 받아보니 검찰이 채 준비가 안 된 상태에서 실체가 없는 사건을 떠맡은 티가 역력했다. 국세청에서 나를 내보내기 위해 만들어놓은, 아내 갤러리의 미술품 거래 내용을 토대로 국세청 감찰이 내게 하던 말 그대로 검찰이 토씨 하나 틀리지 않고 똑같이 사용한 것이다.

직위 이용해 그림 강매?

압수를 지휘했던 검사가 "솔직히 말해 이런 수사는 정말 하고 싶지 않다"고 할 때 나는 그가 청부수사에 대한 자괴감을 토로한다고 느꼈다.

누더기 공소장

접견금지명령을 내리고 구속기간연장을 해가면서까지 나를 수사한 검찰은 내 주변을 초토화시켰다. 그리고 내 26년의 공직생활과 결혼 이후의 아내의 사업을 샅샅이 뒤져서 모든 개연성을 엮은 결과 7개항의 공소장을 작성, 2009년 12월 8일 나를 기소했다.

구속영장 실질심사 당시 검찰이 작성한 영장청구서에는 아내의 화랑을 통해 (세무조사 대상 기업에) 미술품을 강제로 판매했다는 내용이 전부였다. 그러나 나를 구속시킨 후 수사 과정에서 여러 증인들을 압박해서 수사 목적에 부합하는 진술을 하도록 유도해 친구에게 빌린 돈은 받은 뇌물로, 본 적도 들은 적도 없는 돈을 세무사로부터 받은 것으로 공소장이 작성되었다. 수사를 하면서도 그림 강매 혐의가 사건 성립이 어렵다고 봤는지, 압수한 녹취 파일을 바탕으로 친구에게 빌린 돈은 받은 것으로, 친구와 세무사가 주고받은 수임료는 그것이 현금이었다는 점에 착안해 세무사가 내게 공여한 것으로 소설을 써 내려간 것이다. 그나마 이렇게 어렵게 창작된 기소 내용도 1심 첫 공판에서 부장판사로부터 공소장 변경을 권유받았다. 검찰이 제기한 공소 내용으로는 공소가 유지될 수 없다는 취지였다. 검찰로서 공소장 변경은 사실상 궁형에 버금가는 치욕적인 일이었을 것이다. 그래서인지 검찰은 공소장 변경을 끝까지 버티다가 결국 결심일에 가서야 주위적사실, 예비적사실로 이중 장치하는 방식으로 12개항의 공소장으로 변경했다. 그중 어느 하나라도 걸리기만을 바라는 심정이었을 것이다.

1심서 12개 공소 내용 중 10건이 무죄!

나를 체포하기 위해 씌워놓았던 '그림 강매' 혐의는 1심에서 모두 무죄 판결이 났다. 결국 나를 불법으로 체포하고 구속한 셈이다. 압수수색이 시작될 때부터 재판을 거쳐 무죄 판결을 받은 지금까지도 나에 대해서는 '그림 강매'라는 수식어가 붙어 다닌다. 무죄 판결에 대해서 기소한 검사들에 대한 책임론을 제기하는 사람도 없을뿐더러 내 사건을 보도했던 기자들도 내가 무죄 판결을 받았다는 사실에는 관심이 없는 듯하다. 제대로 된 검사라면, 자기가 기소한 사건이 무죄 판결을 받으면 자기의 잘못된 판단에 대해 반성하고 부끄러워할 줄 알아야 한다고 생각한다. 기자들도 마찬가지라 하겠다. 올바른 기자 정신을 가지고 사건을 보도하고 분석하는 기자라면, 자기가 취급했던 사건에 대해서는 끝까지 그 처리나 결과를 파악해 사건의 실체적 진실을 국민들에게 알리는 역할을 해야 하는 것이다. 일과성 보도로 독자들의 관심을 끄는 것에 만족한다면 참으로 부끄러워해야 할 일이다. 2년의 실형을 선고받고 억울한 감옥 살이를 한 나로서는 검찰의 행태와 재판부에 대해서는 할 말이 많을 수밖에 없다.

범죄 공작소

유죄 I : 친구에게 돈 빌리면 죄

건축을 전공한 아내는 1990년대에 사간동과 청담동에서 갤러리를 운영하다가 IMF 위기를 맞아 화랑문을 닫게 되자 미국과 한국을 오가며 딜러로서 그 반경을 넓혀가고 있었다. 그러던 중 2005년에 서울 평창동에 화랑을 다시 개관하게 되었다.

2006년, 화랑 운영과 관련해 아내가 지인에게 차용한 3억 원을 조기상환해야 할 상황에 처하자 나는 20년 지기 친구에게 사정을 설명하고 아내가 도움을 받을 수 있도록 다리를 놓아주었다. 흔쾌히 필요한 돈을 빌려주는 내 친구에게 아내는 대단히 고마워했고, 한사코 이자를 받지 않겠다는 친구를 설득해 5년 후 상환 시 한꺼번에 이자까지 지급하기로 한 조건의 차용증을 주고받았다고 한다. 사실 나는 한번도 남에게 돈을 빌려본 적이 없기 때문에 차용증을 쓰고 이자를 지불한다고 해도 아내가 친구에게 몇 년씩이나 돈을 빌리고 있다는 사실이 항상 마음에 부담이 되었다. 기회가 있을 때마다 나는 아내에게 친구 돈을 갚았냐고 물었다. 아내는 기간을 정해서 빌린 돈이고 약속을 지킬 테니 걱정하지 말라고 했다.

화랑을 전세로 임대해 개관했던 아내는 항상 자기 소유의 화랑 공간을 꿈꾸고 있던 차에 2007년 평창동 인근에 마땅한 부지가 나왔다며 적극적으로 추진하고자 했다. 그러나 나는 일부 융자도 필요하다고 하고, 더구나 내 친구의 돈을 빌려 쓰고 있는 중에 땅을 산다는 것이 못마땅했다. 나는 아내에게 친구 돈부터 갚고 다음에 기회를 봐서 땅을 사는 것이 좋겠다고 했다. 아내와 나는 의견 충돌이 있었고, 아직 약속된 상환 기한이 4년 넘게 남았으니 화랑 일에는 관여하지 말라는 아내의 고집을 꺾을 수가 없었다.

천천히 갚아도 된다. 그래가 되겠나

나는 하는 수 없이 친구에게 미안한 마음으로 양해를 구하고자 전화를 했다. 아내가 화랑 부지를 매입하고자 하는 상황을 설명하면서 돈을 늦게 갚아도 괜찮겠는지 물었다. 친구는 신경 쓰지 말라며 급한 돈이 아니니 천천히 갚아도 된다고 하면서 화랑을 짓게 되면 인테리어는 자기가 아는 업체를 소개해주겠다고 했다. 친구는 웨딩사업을 크게 하는 터라 결혼식장 인테리어를 맡아서 하는 인테리어 업체를 소개해주겠다는 얘기였던 것이다. 나는 하루라도 빨리 아내가 빌린 돈을 갚아야 한다는 마음의 부담을 덜어주고 거기에다가 나중에 화랑 인테리어까지 도와주겠다는 친구가 너무 고마워서 "그래가 되겠나!"라는 경상도 표현으로 나의 마음을 전했다.

내가 말한 "그래가 되겠나"는 '천천히 갚아도 되겠냐'는 의미였다. 그런데 검찰의 교묘하고도 집요한 추궁에 못 이긴 친구는 내가 한 이 말을 자기가 한 "안 갚아도 된다"는 말을 받아들인 것으로 이해했다고 진술해야만 했다.

아내가 친구로부터 돈을 빌렸다는 사실은 친구와 나, 그리고 아내 모두 시인한 일이다. 또 2011년 11월까지 상환기일을 정한 차용증도 검찰이 확보하고 있었기 때문에 사실을 확인하면 아무런 문제가 아닌 일이었다.

그런데 검찰의 주장에 의하면, 친구는 참고인 수사를 받으면서 "안원구와 전화통화를 하면서 '네 처가 빌린 3억 원은 안 갚아도 된다'라고 했더니 안원구가 '그래도 되겠나'라고 하기에 받아들였다고 생각했다"라는 고백을 했다는 것이다.

채권자가 돈을 받기 위해 차용증까지 보관하고 있는 정상적인 채무 거래인데 둘만의 대화, 그것도 전화통화에서 안 받겠다고 하고, 알았다라고 했다는 바람에 범죄가 되어버린 것이다. 왜 친구는 검찰에서 굳이 문제가 될 일을 자백(?)해 아픈 몸을 이끌고 대구와 서울을 오가며 법정에 출석하는 일을 감수했을까? 3년 전에 친구와 전화로 나눈, 둘만이 아는 대화 내용을, 그것이 문제가 있는 채무관계로 둔갑시킬 수 있는 데도 불구하고 말이다. 더구나 차용증까지 주고받은 채무 거래를 전화통화로 면제해준다? 전화로 채무를 면제해주기로 하고 난 이후에도 차용증은 계속 갖고 있다?

친구는 법정에 증인으로 출석해 검찰이 신문할 땐 "안원구가 '그래도 되겠나'라고 해 돈을 안 갚아도 된다고 한 내 얘기를 받아들이는 것으로 생각했다"라고 하다가, 내 변호사가 신문할 때는 "전화로 통화한 것이어서 얼굴 표정을 보지 않았기 때문에 단정적으로 이야기하기는 어렵습니다. 저는 친구지간일수록 돈을 안 갚으면 안 된다고 생각합니다"라고 했으며 "지금도 받아야 한다는 생각에는 변함이 없다"고도 했다. 친구는 검찰의 참고인 조사를 마친 후 검찰로부터 차용증을 돌려받겠냐는 연락이 와서 돌려받겠다고 했는데 아직 차용증을 돌려받지는 못했다는 얘기도 했다. 재판장은 그 얘기에 대해서 왜 차용증을 돌려받으려 했느냐고 물었는데 친구는 그때 "돈을 받아야 되기 때문에 차용증을 돌려받으려고 한다"고 대답했다.

공개 재판이었기 때문에 친구의 증언은 나뿐만 아니라 검사와

직위 이용해 그림 강매?

변호사는 물론이고 기자들을 포함한 법정을 꽉 채웠던 방청객들도 다 들었고 법정진술 녹음도 있다. 그러나 돈을 돌려받기 위해 차용증을 검찰로부터 반환받아야 하겠다는 그 친구의 증언은 공판 기록에서 누락되었다. 그리고 나는 아내가 친구로부터 빌린 돈이 알선에 관해 수수한 뇌물로 둔갑돼 2년의 실형을 선고받았다.

채무면제로 둔갑한 차용금

친구의 세무조사 결과에 대한 불복청구를 위해 세무사를 소개해줄 일이 있었다. 나는 모두 세 명의 세무사를 추천해주었는데 친구는 그중 한 사람인 ○세무사를 선임했다. 아내가 친구로부터 돈을 빌린 것과 내가 친구에게 세무사를 소개시켜준 일은 완전히 별개임에도 불구하고 검찰은 이 각기 다른 '팩트(fact)'를 교묘하게 연결시켜 범죄를 공작했다.

애초에 검찰의 공소장에는 친구로부터 차용금 명목으로 3억 원을 수령했다고 하여, 돈을 빌려준 것이 아니라 준 것이고 차용증은 명목이라며, 송금된 시기에 돈을 주고받은 것으로 기소하였다. 그러다가 결심이 있던 날 검찰은 빌린 사실은 인정하면서 친구가 3억 원을 받지 않겠다는 통화를 한 후 채무를 면제해준 것으로 재구성해 기소했다.

누가 먼저 전화를 한 것인지, 실제 나의 생각은 어땠는지, 날짜는 물론 모든 것이 정확하게 밝혀지지 않은 채로….

첫 공판 날에 재판장으로부터 기소 자체에 문제가 있다고 지적을 받고도 끝까지 공소사실을 유지하던 검찰이, 결심 공판 날에야 비로소 공소장을 변경하는 바람에, 변경된 공소내용에 대해서는 우리가 달리 변론할 기회도 없이 선고가 이루어지고 말았다. 검찰이 공소내용을 변경하자, 재판부는 차용한 것은 맞다고 인정하면서도 그 후 친구가 반드시 받아야 한다고 말한 법정에서의 진술은 애써 무시해버리고 만 것이었다.

유죄 II : 돈을 줬다고만 하면 죄

다른 하나의 공작된 유죄 건은 앞에서 잠시 언급한 친구의 세무사를 내세워서 이루어졌다. 대구에서만 근무하다가 6년여의 청와대 파견근무를 한 덕에 2005년 국세청 본청으로 복귀할 당시 나는 사실 국세청 내에 아는 동료가 거의 없었다. 청와대에서 같이 근무한 적이 있는 당시 중부지방국세청 조사1국장이 유일하게 아는 동료였다고 해도 과언이 아니었다. ○세무사는 이 조사1국장을 통해 소개받은 전직 세무공무원 출신이었고 그러한 인연으로 아내 화랑의 기장대행도 해주고 있었다. 친구가 세무조사 결과에 불만이 있다고 하며 불복청구를 하기 위해 세무사를 추천해달라고 했을 때도 ○세무사와 두 명의 다른 세무사를 함께 추천했다. 그 조사1국장의 소개에 의하면 일

직위 이용해 그림 강매?

을 잘하는 유능한 젊은 세무사라고 했기 때문에 아내에게도, 친구에게도 소개를 한 것이었다.

친구는 세 명의 명단 중에 ㅇ세무사를 선택했다. 세무사가 준비를 잘했는지 아홉 명의 심사위원이 모여 결정하는 불복청구 심, 정확하게는 국세청 과세전적부심사에서 인용되어, 친구는 11억2700만 원의 세금을 내지 않아도 되게 되었다.

과세전적부심에서 인용되다

검찰이 나를 엮으려 한 게 바로 이 부분이었다. 내가 친구의 과세전적부심사에 개입해서 추징금이 나오지 않도록 작용했다는 것인데, 나는 당시 국제조세관리관으로 법무심사국장이 주도하는 과세전적부심과는 전혀 무관할 뿐만 아니라 심사위원도 아니었다. 그저 친구에게 세 명의 세무사를 추천해준 것이 전부였다. 세무사 추천이야 모르는 사람이 물어와도 해줄 수 있다. 하물며 친한 친구의 부탁인데 나로서는 당연한 일이었다. 그런데 검찰은 세무사가 승소해 받은 수임료 중에서 절반에 해당하는 1억 원을 나에게 주었다는 진술을 받아내 변호사법 위반 혐의를 덮어씌웠다. 그의 전체 수임료의 절반에 해당하는 1억 원은 실소득의 80~90%에 해당한다고 ㅇ세무사 스스로 법정에서 진술했다. 검찰이 기소한 나의 과세전적부심 개입 혐의에 대해, 그는 법정에서도 검찰의 주장을 부인했다. 그리고는 단순 소개비로 실소득의 80~90%를 내게 주었다고 진술한 것이다.

당시 과세전적부심 수임료로 ㅇ세무사가 청구한 비용은 세금을 포함해 2억2000만 원이었다(이 액수도 재판 때 알았다). 검찰의 주장대로라면 친구는 11억2700만 원의 세금을 안 내기 위해 세무비용 2억2000만 원과 나에게 빌려준 돈 3억 원을 합해 총 5억여 원을 썼다는 것이다. 아직 확정되지도 않은 숫자상의 세금 11억2700만 원을 아끼기 위해 미리 5억여 원을 썼다는 얘기인 것이다.

국세청 감찰, 세무사를 압박하다

ㅇ세무사는 검찰조사가 시작되기 수개월 전부터 이미 국세청으로부터 갤러리 운영과 관련해서 알고 있는 비리가 있으면 아는 대로 다 불라고 추궁을 당하던 터였다. 당시 ㅇ세무사도 나와 아내의 주변 사람들처럼 국세청으로부터 고통스러운 시달림을 받고 있었다.

국세청의 주변 압박이 절정에 이르던 2009년 9월, ㅇ세무사가 내게 전화를 걸어왔다. 그는 당시 많이 지쳐 있었고 내게 국세청과 어떻게든 타협점을 찾아서 주변의 고통을 덜어달라는 하소연을 했다.

ㅇ세무사가 내게 전화로 "이런저런 걸 다 감내하고 제가 연락

직위 이용해 그림 강매?

을 안 드렸지 않습니까"라고 서두를 꺼내며, "국세청에서 청장님(내가 대구지방국세청장을 지냈기 때문에 불리는 호칭)과 관련해 나를 쭉 스크린하고 있다. 옛날에 특별감찰팀장이 만들어놓은 자료를 가지고 계속 심층 조사를 하고 있다. 그런데 뭐 나온 게 없는 것 같다. 그러니까 예전에 (내 친구인) ㅅ사장 심사청구한 것을 가지고 물고 늘어진다. 청장님이 소개를 해줬으면 뭔가 사례를 하지 않았겠냐는 얘기인데 그런 사실이 없으니 세무서에 다 연락해보라고 했다. 그런데 사실은, ㅅ사장에게서 수임료를 받을 때 그중 1억 원은 현금으로 받았는데 소득 신고를 안 했다. 그러니 청장님께서, 국세청에서 ㅅ사장에게 확인을 하더라도 1억 부분은 얘기하지 말아달라는 부탁을 좀 해주시라. 뭔 협박을 다 할지 모른다"는 요지의 부탁을 해왔다. ㅇ세무사는 ㅅ사장과 자신의 말이 서로 맞아야 하니 내 친구인 ㅅ사장에게 전화해서 현금으로 지급한 1억 원에 대해서는 국세청에서 물어보더라도 말하지 말아달라고 애원하듯 부탁하는 것이었다.

나 때문에 이토록 많은 사람들이 고통받는다는 생각을 하니 가슴이 아팠다. 그의 고통을 조금이라도 덜어줄 수 있다면 부탁 전화 한 통이야 못할까 싶었다.

나는 바로 친구인 ㅅ사장에게 전화를 걸어서 "ㅇ세무사에게 불복청구 수임료 보낸 것 중에 네가 현금으로 지급한 1억 원은 소득 신고를 안 했다고 하는데, 국세청에서 물어오면 얘기하지 말아달라고 부탁하는 전화를 받았다. ㅇ세무사가 많이 힘든 모양이더라. 네가 도와줄 수 있으면 도와줘라"는 요지로 말했다. 친구는 알겠다고 했다.

검찰, 법원, 정해진 길을 가다

당시는 국세청이 나와 내 주변인을 괴롭히는 행태가 극에 달했기 때문에 국세청 직원에게 시달리는 주변 사람들과의 통화는 대부분 녹취를 하던 때였다. 부당한 감찰의 실태를 남겨놓았다가 언젠가는 밝히기 위해서였다.

그런데 검찰 조사에서 ㅇ세무사가 나에게 1억 원을 줬다고 진술했다는 얘기를 듣고 실소를 금치 못했다. 검찰은 예의 '부인하시겠지만…'이란 접두어를 시작으로 ㅇ세무사가 나에게 1억 원을 주었다는 자백을 했다고 얘기했다. 나는 너무나 황당해 ㅇ세무사와의 대질신문을 요청했다. 그런데 검찰은 이런 경우 대질하지 않는 것이 원칙이라며 나의 요구를 묵살했다. 아내도 ㅇ세무사가 우리 부부에게 1억 원을 주었다고 자백했다는 얘기를 검사로부터 듣고 대질신문을 요구했는데, 역시 원칙이 아니라며 묵살했다는 얘기를 내게 해주었다.

ㅇ세무사뿐만 아니라 검찰이 내게 불리한 진술을 자백받았다고 주장하는 모든 참고인들과의 대질신문을 나는 요구했으나,

직위 이용해 그림 강매?

내 요구는 매번 묵살당했다. 서로의 진술이 다르니 대질신문을 하자는 것이었는데 그런 경우에 대질신문을 하지 않는 것이 원칙이라면, 대질신문은 도대체 어떤 경우에 하는 것인지 검찰에게 묻지 않을 수 없다. 나는 검찰조서에 내가 대질신문을 요구했다는 기록을 남기는 것으로 그칠 수밖에 없었다.

검찰의 공소사실에 의하면 ㅇ세무사는 내가 소개한 내 친구의 과세전적부심 심사청구 사건 수임료 중 1억 원을 현금으로 받아서 바로 나를 찾아와 전액을 몽땅 주었다는 것이다.

변호사 반대신문에서 알게 된 사실은, ㅇ세무사는 애초에 사건을 수임하며 계약할 때 1억 원은 현금으로 달라고 내 친구에게 요구했다고 한다. 계약 당시에는 그 1억 원을 어디에 쓸지 생각하지 않았다던 그가 승소한 후 현금 1억 원을 받자마자 바로 나에게 소개비로 주어야겠다고 생각했다는 것이다.

법정에서 판사가 ㅇ세무사에게, 언제 안 국장에게 1억 원을 주어야겠다고 생각했느냐고 질문하니, ㅅ사장에게 1억 원을 받고 바로 안 국장에게 주어야겠다고 생각했다는 대답을 했다. 왜 주었느냐고 묻자, "갑자기 (주어야겠다는) 생각이 나서" 주었다고 했다. 언제 어떻게 주었는지 물었다. 3월 말에서 4월 초였던 것 같은데 정확한 날짜는 기억이 나지 않는다고 했다. 그런데 ㅅ사장을 만난 것은 골프를 친 토요일에 만났다고 했다. 어느 골프장에 갔었냐고 했더니 모른다, 누구와 같이 쳤는지도 기억이 안 난다. 갤러리에 어떻게 왔는지 잘 생각이 안 난다… 다만 토요일이었던 것 같고 돈을 준 것은 사실이란 말만 되풀이했다.

정확히 어떻게 돈을 전달했는지를 묻자, 1억 원의 현금이 든 쇼핑백을 갤러리 2층 응접실 테이블 밑으로 밀어 넣었다고 진술했다. 변호인이 당시 그 테이블은 아래가 막혀 있어서 밀어 넣을 공간이 없다며 증거 사진을 제시했다. 그러자 그냥 테이블 밑에 놓고 나왔다고 말을 바꿨다. 그 쇼핑백의 색상에 대해서도 내 친구는 항공 기내용 흰색 쇼핑백이라 했고, ㅇ세무사는 종이인지 비닐인지 모르고 색은 검은색이라고 엇갈린 진술을 했다. 또 쇼핑백이 한 개라고 했다가 내 친구가 두 개를 주었다고 하자 두 개인지 한 개인지 기억이 안 난다고 했다. 안 국장과 미리 약속을 한 적은 없다고 했다가 안 국장이 집에 있는지 없는지 어떻게 알고 돈을 전달하러 갔냐고 하자 가면서 전화를 했던 것 같다고도 했다.

이처럼 돈을 담은 쇼핑백이 어떤 것이었는지, 한 개였는지 두 개였는지, 나를 만나러 건물에 들어올 때 누가 문을 열어줬는지, 쇼핑백을 갤러리 2층 응접실 테이블 밑으로 밀어 넣었다고 했다가 테이블 밑에 두었다고 하고, 응접실 사진을 보여주니 잘 기억이 안 난다고 했다. 무슨 대화가 오고 갔는지, 도대체 기억이 나는 것이 하나도 없었다. 오로지 소득 신고를 하지 않

직위 이용해 그림 강매?

아서 국세청의 추궁에 대비해 친구에게 사정을 해달라고 나에게 부탁했던 그 1억 원을 내게 주었다는 사실만이 기억날 뿐이라는 것이다. 그것도 세무사를 하면서 수임 대가로 누군가에게 돈을 준 경우는 이때가 유일하다고 하면서 말이다.

죄 없음 입증, 피고인이 해야

ㅇ세무사는 2007년 3월 말에서 4월 초에 내게 1억 원을 주었다고 하는데 2007년 3월 30일부터 4월 8일까지 나는 프랑스 출장을 다녀왔다. 그가 말한 '3월 말에서 4월 초'를 3월 20일부터 4월 10일까지로 확장하더라도 가능한 토요일은 3월 24일 하루밖에는 없다. 2007년 3월 24일의 날씨를 기상청에 알아봤다. 15mm가량의 비가 내렸다. 15mm 정도의 비가 오는 상태에서 골프를 쳤다면 옷이 젖었거나 비가 왔다는 사실 정도는 기억했어야 한다. 그런데 내 친구와 ㅇ세무사, 관련자들 어느 누구도 비가 왔다는 걸 기억하지 못했다. 그렇다면 그들이 돈을 주고받은 날이 3월 24일이 아닐 수도 있다.

그런데 재판준비 과정에서 4월 5일, 내 친구의 계좌에서 큰돈이 빠진 사실을 발견했다. ㅇ세무사에게 줄 1억 원을 맞추기 위한 것으로 추측된다. 내 친구의 기억도 이날 출금한 돈을 포함해 ㅇ세무사에게 지급할 1억 원을 만들었다는 것이다. 나중에야 안 사실이지만, 내 친구가 통장 기록을 토대로 5월에 ㅇ세무사에게 돈을 주었을지도 모르겠다며 금융거래 기록을 검찰에 제출하겠다고 하니, 검찰에서는 5월은 안 되니 보낼 필요 없고 3월 말에서 4월 초여야만 한다고 했다는 것이다.

이렇듯 물증도 없고 모든 정황적 증거에 대한 진술이 오락가락하는 데도, 재판부는 내게 유죄를 선고했다. 3~4년 전의 일이라 기억을 하지 못하는 것이 오히려 자연스러운 일이라며….

더욱 이해할 수 없는 일은 항소심에서 일어났다. 재판부는 ○세무사가 1억 원을 준 날짜가 '2007년 3월 24일'이라고 특정 지어버린 것이다. 검찰이 날짜를 특정하지 않고 3월 말에서 4월 초라고 뭉뚱그려 기소한 이유는, 굳이 날짜를 특정해 내게 현장부재를 증명할 기회를 주지 않으려는 의도와 더불어, 내게 돈을 주었다는 ○세무사가 날짜를 특정하지 못했기 때문이었다. ○세무사는 내게 돈을 주었다는 것이 사실이 아니므로 날짜를 특정할 수 없는 것은 당연한 일이었다. 그러한 까닭에 나와 변호인들은 3월 말에서 4월 초까지 20여 일 동안의 알리바이를 광범위하게 입증해야만 했다. 결과적으로 내가 노력해 재판부로 하여금 ○세무사가 돈을 주었다고 주장하는 날짜를 특정 지을 수 있도록 한 셈이었다. 결국 재판부는 '공소장에도 없는 특정 날짜를 공소장 변경 절차도 없이' ○세무사가 주장하는 기간 동안 유일하게 내가 국내에 있었던 토요일로 특정해 내게 변호사법 위반으로 유죄를 선고했다.

직위 이용해 그림 강매?

검찰 편에 선 대가는?

내 친구인 ㅅ사장에게서 받은 1억 원에 대해서 함구해달라는 부탁을 전해달라고 신신당부하던 그가 왜 갑자기 내게 1억 원을 줬다고 했을까. 왜 그렇게 말해야만 했을까?

검찰의 주장대로 ㅇ세무사가 나에게 1억 원 뇌물공여를 했다면, ㅇ세무사는 변호사법 위반으로 형사처벌을 받을 수도 있다. 이런 불이익을 감수하면서까지 뇌물공여를 자백한 것은 변호사법 위반으로 형사처벌을 받는 것보다 더 심각한 불이익이 생길 수 있음을 충분히 유추해볼 수 있다. 검찰이 문제를 삼는다면 말이다.

고의로 소득신고를 누락하는 것은 조세범으로 형사처벌을 받을 수 있고 국세청은 공무원에게 돈을 주었다고 하면 국세청의 관리대상자로 세무조사를 하게 되어 있다. 또 세무사 징계규정에 따라 자격을 박탈당할 수도 있는 사안이다. 그러나 ㅇ세무사는 본인이 수사대상이 아니라는 것을 명확하게 알고 있었고 국세청과 대척점에 서게 된 나를 겨냥한 수사라는 것을 인식하고 있었으므로 살기 위해 어쩔 수 없는 선택이었을 거라고 나는 애써 이해하려 한다.

실제로 ㅇ세무사가 (나에게) 1억 원을 주었다고 자백했음에도 검찰은 그를 뇌물공여나 변호사법 위반으로 고발하지 않았고, 1억 원의 소득신고를 누락했음에도 국세청은 세무조사나 추징금, 조세범 고발, 세무사자격증 박탈이나 자격정지 등의 징계, 그 어느 조치도 취하지 않았다.

ㅇ세무사의 소득신고 누락 금액인 1억 원을 나에게 준 뇌물로 둔갑시키는 발상 역시 검찰이 압수해간 녹취파일을 풀다 착안했을 거란 생각이 든다.

녹취록에서, ㅇ세무사가 내게 전화해 "이런저런 거 다 감내하고"라며 서두를 꺼냈던 말을 앞부분은 거두절미하고 '답례하고'라는 말로 바꾸는 시도(試圖)까지 했던 것을 보면 말이다.

죄송하다, (모든 건) 나중에 말씀드리겠다

재판이 끝난 후, 내가 서울구치소에 수감돼 있을 때 ㅇ세무사가 면회를 왔다. 그는 죽을죄를 졌다고 머리를 조아리며, "국장님(나)과 홍 관장님(아내)께 죄송하다, 찾아뵈어야 마음이 편할 것 같아서 왔다, 나중에 (모든 걸) 말씀드리겠다"고 했다. 검찰에 불려가면 보통은 (혐의를) 부인하다가 할 수 없어서 인정하는데, ㅇ세무사는 마지못해서가 아닌 자발적으로 거짓 진술을 한 것 같다. 그의 검찰조서를 보면 '국가기강을 문란케 하고, 국세청 질서를 어지럽힌 것을 바로잡기 위해서' 나에게 뇌물 준 사실을 불었다는 것이다. '사회를 혼란시키고, 국세청 조직을 송두리째 흔들어놓는'이란 말이 무려 세 군데나 나온다. 이러한 표현은 보통의 세무사가 흔히 하는 말은 아니다. 국가

기관의 보고서에 자주 등장하는 표현이 아니던가. 검찰 또는 국세청의 도움을 받아, 혹은 검찰이 시키는 대로 진술했다고 볼 수밖에 없는 대목이다.

이상한 재판부, 수상한 국세청
첫 재판이 열릴 때까지도 나는 확신이 있었다. 정의는 살아 있다는 믿음, 진실은 드러날 수밖에 없다는 신념, 그래서 아내가 준비해온 옷을 입고 집에 돌아갈 수 있으리라는 희망…. 그런 내 믿음은 재판이 열리면서 점차 실망으로 바뀌고 있었다.
향후 재판 계획과 증인 채택을 시작으로 재판은 진행되었다. 그런데 검찰 측 증인인 ㄱ이 계속 불참했다. ㄱ은 나를 멘토라며 따르던 젊은 사업가로 국세청에 약점이 잡혀서 내 사건 수사화 과정에 모종의 역할을 한 인물이다. 그는 외국 출장 등을 핑계로 대신 부인을 시켜 '공판청취'하게 하는 방법으로 출석을 회피하다가 우리 변호인이 '구인'을 요구하는 지경에까지 이르렀다. 검찰의 강압적인 수사에 거짓 진술을 한 이들이 내 앞에서도 차마 거짓말을 할 수 없으니, 출석을 꺼렸던 것이 아닐까. ㅇ세무사는 증인으로 출석해서도 도저히 내 얼굴을 쳐다볼 자신이 없었는지 아예 내게 등을 돌리고 검찰 쪽을 향해 사선으로 앉아서 증언을 했다. 양심 때문이었을 것이다.

더욱 의아한 것은, 검찰 측에서 내세운 증인들 중 일부는 법정으로 바로 나오지 않고 검찰에 들렀다 오는 것이었다. 변호사의 얘기로 검찰에 들렀다 나오는 것 자체는 법률상 변론 준비 활동으로 문제될 것은 없다고 하나, 왠지 억지와 거짓으로 점철된, 검찰에 부합되는 증언을 하게 하려면 많은 교육과 지침이 필요했을 것이란 생각이 든다.

국세청 감찰이 법정도 감찰

방청석에서도 이상한 징후가 보였다. 국세청 감찰직원들이 매 공판마다 눈에 띄었는데 이들은 재판이 열리는 내내 분주히 뭔가를 적고 있었다. 재판 상황을 기록하고 있었던 것이었다. 아내의 얘기를 들으니, 내 사건의 참고인으로 수사를 받으면서 끝까지 검찰에 온전히 부합하는 증언을 하지 않아서 괘씸죄로 기소되었던 ㅂ회장의 재판정에서도, 국세청 감찰이 방청 중 휴대전화로 녹음을 하다가 판사에게 적발되어 퇴정당하는 일까지 있었다고 한다. 국세청은 무엇이 그렇게 두려워서 민간인의 법정에까지 감찰직원을 파견시켰던 것인지 참으로 궁금하다.

제대로 된 조직이라면 제 식구를 감싸 안는 게 당연한 일 아닌가. 자기 조직의 고위직에 있던 사람이 재판을 받고 있는데 위로나 걱정은 못해줄망정 무슨 얘기를 하는지 감시하고 보고하도록 지시하는 국세청의 작태를 보며, 한때 국세청에 몸담았다

직위 이용해 그림 강매?

는 사실이 부끄러워질 정도였다.

검찰의 조사를 받으며 나는 하루빨리 재판받기를 원했다. 검찰은 국세청에서 넘어온 자료와 내게서 압수한 녹취록 등을 살펴려보았으니 내가 죄가 없다는 것을 다 알았을 텐데 애써 무시해버리는 태도였다. 그러면서도 영장실질 심사 전까지 국세청에서 넘겨받은 자료로 조사하고 문제 삼는 것을 보며 검찰 스스로 권력의 시녀를 자처하고 있음을 깨달았다. 마지막으로 사법부에 희망을 걸 수밖에 없었다. 내 사건이 빨리 수면 위로 올라와 만천하에 공개되면 진실이 밝혀질 수 있다는 순진한 생각에서였다.

때문에 구치소 생활이 힘든지, 추운지 더운지, 시간이 긴지 짧은지도 모르고 오직 재판 날만 기다려왔다. 이미 재판을 받아본 경험이 있는 공직자들이 재판부라고 해서 검찰과 다를 것 하나도 없으니 기대하지 말라는 얘기를 해주었지만 나는 그 말을 믿지 않았다. 그러나 나의 기대는 재판을 받으면서 산산조각이 나버렸다.

내가 믿고 있던 객관적이고 공정한 재판이 아니었다. 공소장을 본 판사의 첫 마디가 "공소장 변경"이었다. 공소장에 문제가 있으니 바꾸겠느냐며 검사에게 묻는 것이었다. 1심 마지막 순간까지도 변경하지 않던 검찰이 패소를 직감했는지 결심 공판일에 가서야 일곱 개 공소사실을 '주위적 공소사실'과 '예비적 공소사실'로 변경, 모두 12건으로 늘려서 기소했다.

우리 측에서 내세운 증인과 증거물은 교묘한 해석으로 인해 채택이 거부되었다. 명백한 증거물은 만들어진 것으로 치부해버렸다. "친구 사이일수록 돈을 갚아야지 안 갚으면 친구가 아니라고 생각한다"고 법정에서 위증의 죄를 받겠다는 선서를 하고 증언했음에도 "그런 말은 친구를 도와주기 위해 한 말"로 무시해버렸다. 반면 검찰이 내세운 증인의 증언은 말 이외에 객관적인 증거가 전혀 없음에도 채택되었다. 피고인의 얘기는 전혀 받아들일 자세가 아니었다. 듣더라도 이미 정해진 결론에 짜맞추기에 급급했다. 학교에서 배운 것처럼 재판부는 공정해야 하고, 형사재판에 있어 입증책임은 검사에게 있다는 대원칙을 대한민국 재판정 어디에서도 찾을 수가 없었다.

"판사는 절대 피의자 입장에 서지 않는다"고 다른 재소자가 조언할 때도 설마하고 귀담아 듣지 않았으나 그제야 정신이 번쩍 들었다.

어이없는 재판부

'법대로' 해야 할 재판정에서조차 '법대로'가 안 되었다. 서울중앙지법 형사23부(부장판사 홍승면)는 "국세청 고위공무원의 지위를 이용해 세무조사에 개입하고 수억 원대의 뇌물을 수수한 점에서 죄질이 무겁고, 재판이 진행되는 동안 자신의 잘못을 뉘우치지 않았다"며 징역 2년과 추징금 4억 원의 실형을 선고했다. 일곱 개 공소사실 중 주위적 공소사실인 미술품 강매로 막대한 이득을 취했다는 혐의에 대해서는 모두 무죄 선고를 내렸으나 예비적 공소사실인 ㅇ세무사로부터 1억 원의 현금을 받았다는 혐의(변호사법 위반)와 친구에게 3억 원을 빌린 뒤 갚지 않았다는 혐의(알선수재)를 유죄 판결한 것이었다. 전혀 예상치 못한 판결에 내 희망은 분노로 바뀌었다. 진술뿐인 1억 원 공여와 재판 당시에도 차용기한이 2년이나 남아 있는 차용증이 있으므로 "사건 구성조차도 안 되는 재판이니 (1심) 선고와 동시에 나갈 수 있다"고 장담한 변호사도 당황하는 빛이 역력했다.

1심이 끝난 후 변호사가 구치소로 접견 와서 1심 재판장이 "2심 가서 잘 해결하라"고 전해주라고 했다면서 재판부가 그렇게 이야기하는 것은 이례적인 일이라고 했다.

1심 판사가 곤란해서 유죄 판결을 내렸을 테니 2심에서는 제대로 판결할 것이라 기대하며 추가증거와 증인채택을 요구했다.

1심 막바지에 변호사는 검찰이 증거로 제출하지 않은 검찰 수사기록 중 '나를 유죄로 만들기 위한 증인의 메모'를 발견해 이를 문제 삼았고, 국세청의 사퇴압박 녹취록과 한상률 청장 퇴임식 날 나를 불법감금했던 사실에 대한 내용을 제출했다. 그리고 1심에서 모호한 증언으로 유죄판결의 근거를 제공한 증인에 대해 추가 증인채택을 요구했으나 받아들여지지 않았다. 변호사의 "증인채택을 안 하는 게 꼭 나쁘다고만은 할 수 없다"는 말을 고무적으로 받아들이고 끝까지 증인채택을 요구하지 않았던 것은 나의 불찰이었다. 2심 재판부(부장판사 김창석)는 감찰직원이나 감사관의 노골적인 사퇴압박 녹취록을 제출했는데도 불구하고 국세청의 사퇴요구를 거절하자 보복 감찰했다는 우리의 주장을 인정할 아무런 증거가 없다며, 공소 사실과는 직접적인 관련도 없고 사건의 배경에 불과한 국세청의 불법 행위에 대해 면죄부까지 내려주었다.

2심 판결을 듣는 순간, 너무나 어이가 없어 의자를 뒤로 물러내며 목을 뒤로 젖혔다. '당신 양심에 의해 판결한 게 맞냐'고 따지고 싶었다. 내용을 조금이라도 깊이 살펴보았다면 이런 판결을 내릴 수는 없었다.

1심 판결문을 그냥 베꼈다고 해도 무방할 만큼 어이없는 내용의 판결문을 읽고 있는 동안 나는 '당신은 떠드시오, 나는 안 들을 테니'라는 태도로 삐딱하게 앉아 있었다. 아내는 왜 그렇게 불량한 태도를 취하느냐며 판결에 악영향을 끼칠 것을 걱정했지만, 나는 이미 재판부에 대해 모든 희망과 기대를 접은 뒤였다. 2심까지는 사실 판단 문제를 다루는데 이런 결과가 나왔으니 법률심인 3심에서 판결이 뒤집어질 가능성은 거의 없었다. 그러나 아직도 순진한 아내는 "엄연히 법이 있는데 3심에서는 제

직위 이용해 그림 강매?

대로 판결할 것"이라며 끝까지 해보려 했다.

2010년 9월, 항소심이 끝난 후 나는 모든 걸 내려놓고 독서에 몰두했다.

3심인 대법원 판결은 2011년 5월 말에 있었는데, 3개월 정도 걸리는 일반 사건과 달리 2심 선고 후 8개월이나 지나서야 내려진 것도 이례적이었다. 대법원 판결은 시간이 길어질수록 무죄 확률이 높다는 세간의 말과는 달리, 역시 사법부의 견고한 벽만 실감하는 데 그치고 말았다.

7월 6일 서울구치소에서 영등포의 남부교도소로 이감했다. 서울구치소와 남부교도소에서 읽은 책은 대략 500여 권으로 역사와 종교에서부터 동·서양 철학, 기(氣)와 오행(五行), 물리, 화학, 금융, 경제와 정치일반, 천문학에 이르기까지 두루 섭렵했다. 항소심이 끝난 이후 감옥은 내게 전용 독서실이 되었다.

의심스러운 검찰

재판정에 제출되는 증거서류는 검찰 수사기록과 압수물 등을 분석한 서류, 증거물 등이다. 검찰이 제출한 증거물은 어떠한 경우에라도 사실과 다르게 변경되거나 조작되어서는 안 된다. 증거재판이 원칙인 형사재판에서 판결에 지대한 영향을 미치는 증거물은 피의자 입장에선 단 한 글자라도 틀려선 안 되는 것이 당연하다.

속보이는 속기사 실수

그런데 검찰은 내 사건에서 중요한 녹취파일을 해독하면서 자기들의 목적에 부합하도록 단어를 바꾸는 일을 서슴지 않았다. 대표적인 예를 들자면, ㅇ세무사가 내게 전화한 내용 중 "이런저런 거 다 감내하고 제가 연락을 안 드렸지 않습니까"라는 대목을 '답례하고 제가 연락을 안 드렸지 않습니까'로 앞의 말을 빼고 단어를 바꿨다. 변호인들이 이를 발견하고 항의하자, 검찰은 속기사의 단순 실수였다며 속보이는 변명으로 빠져나갔다.

또한 ㄱ사장과의 대화 내용 녹취한 것을 검찰이 이를 풀어서 재판부에 제출했다. 검찰은 이 녹취록의 단어 또한 바꾸었다. ㄱ사장이 "상속세 문제를 아버지가 세무사와 상의해 결정했다"라고 말하는 대목을 '상속세 문제를 아버지가 홍 선생(아내를 지칭함)과 상의해 결정했다'라고 바꿔 ㄱ사장의 상속세 문제에 마치 내가 개입한 것처럼 들리도록 했다.

법정에서 내 변호인들이 이를 항의하자 검찰은 이 역시 속기사가 잘못 들은 것이라는 변명을 늘어놓았다. 설령 속기사가 잘못 들었다 한들 그 속기사는 세무사가 '홍 선생'인지 '김 선생'인지 어떻게 알고 바꿔 쓸 수 있었겠는가.

검찰은 녹취록의 단어를 의도적으로 바꿨다는 나의 주장에 대해 속기사의 단순 실수일 뿐이라고 변명했다. 그러나 한 번도 아니고 두 번씩이나, 그것도 판결에 영향을 미칠 중요한 대목에, 누가 봐도 명백하게 발음이 다른 단어를 잘못 들었다는 설명을 나로서는 믿을 수가 없다. 더구나 '잘못 들어서 바뀐' 단어는 문맥상의 내용에 있어서 결정적으로 검찰의 주장에 유리하고 나에게 불리할 뿐더러, 판결에 영향을 미칠 수 있는 내용이라는 점에서 나는 지금도 녹취록의 단어가 바뀐 것을 검찰의 단순 실수라고 믿지 않는다.

일본 특수부 검사 증거조작 사건

2010년 9월경 일본에서 특수부 검사가 증거를 조작했다 구속되는 사건이 일어나 일본 사회가 떠들썩했던 적이 있었다. 당시 일본 언론은 검찰의 구속은 처음 있는 일이라며 대서특필했고 검찰도 '마지막 정의의 보루' 이미지에 타격을 입고 국민으로부터 신뢰를 잃는 중대 사건이었다. 그런데 우리 검찰은 아무렇지도 않게 증거를 조작하고 속기사의 단순 실수로 은근슬쩍 넘어가려 했다. 도덕불감증에 걸려도 단단히 걸렸거나 아니면 '위'의 지시에 의해 검찰도 어쩔 수 없이 저지른 일일 텐데, 둘 다 심각한 문제가 아닐 수 없다. 이는 피의자가 증거를 인멸하는 행위보다도 더 나쁜 범죄행위라고 생각한다.

제4장
민간인 불법사찰의 원조 '국세청'

안원구 재판부, 불법감찰 의혹 국세청에 면죄부?

서울고법 형사4부(부장판사 김창석)는 8일 오후 2시부터 열린 항소심 선고공판에서 "모든 증거들을 종합해볼 때 1심 판결은 정당하고 형량도 무겁지 않다"며 1심 판결을 그대로 유지했다. "최소한 집행유예 판결이 나올 것"이라는 일각의 관측도 무너졌다. (중략)
하지만 국세청 고위공무원이라는 지위를 이용해 기업들에게 미술품을 강매해 막대한 이득을 얻었다는 혐의에는 1심처럼 '무죄'를 선고했다. 국세청이 안 전 국장의 사퇴 압박의 근거로 활용했고, 검찰이 주요하게 제기해온 공소사실들이 항소심에서도 기각된 것. (중략)
'도곡동 땅 실소유주 문건' 등으로 '정치쟁점화'된 국세청의 불법감찰 의혹에 항소심 재판부가 '면죄부'를 준 것 아니냐는 지적이 나오고 있다. 항소심 재판부가 다른 혐의들에는 '증거주의'를 적용한 반면, 국세청 간부들의 녹취록 등 불법감찰의 증거자료들은 무시한 채 "근거 없다"고 서둘러 판단했다는 점에서 그렇다.
한편 안 전 국장 측은 "부당한 1심 판결에서 한 발짝도 나아가지 못한 2심 판결을 받아들일 수 없다"며 대법원에 상고할 뜻을 내비쳤다.

(오마이뉴스 2010년 10월 8일자)

제4장

민간인 불법사찰의 원조 '국세청'

불법감금

국세청은 국가 운영에 필요한 재원조달을 위해 세금을 징수하는 기관이다. 국세청의 주요 업무 중 하나인 세무조사는 성실한 세금신고를 유도하기 위한 방법에 불과하다. 그러나 현실은 불성실 신고자 응징을 통한 성실신고 담보기능보다는 세무조사와는 무관한 민간기업 불법사찰을 서슴없이 자행하며 무소불위의 힘을 가지고 있다는 착각 속에 빠져 있는 것 같다. 2012년 대한민국 정국을 들썩이고 있는 민간인 불법사찰은 이미 국세청에서부터 비롯된 게 아닌가 하는 생각이 든다.

국세청에서 흔히 "조사하면 다 나온다", "털어서 먼지 안 나는 놈 없다", "한번 죽어보겠냐" 등 무슨 수사기관에서나 할 듯한 표현을 아무 거리낌 없이 하는 근저에는, 세무조사를 빌미로 대상이 정치인이든 민간인이든, 권력자든 사회적 약자든, 상관없이 권력행사를 할 수 있다는 의식이 깔려 있는 것으로 보인다. 물론, 대다수의 국세공무원들은 수뇌부의 인사권한에 볼모가 되어, '먼지라도 털어서 조사'하라는 지시를 극복하지 못하는 경우가 대부분일 것이다. 그러나 공무원은 아무리 높은 자리에 오른다 해도 그곳은 잠시 머무는 자리일 뿐, 궁극적인 봉사대상은 국민임을 잊지 말아야 한다. 상사의 지시가 엄중하다고 해도 공무원은 법과 절차를 지켜서 모든 일을 수행해야 하는 것이다.

한상률 전 국세청장이 포항의 실세들과 골프회동 및 룸살롱 인사청탁 구설에 올라 갑자기 낙마하자 한상률의 퇴임식 날 아침에 국세청은 나를 11시간 넘도록 불법 감금했다. 2009년 1월 19일 오전 8시 40분경 출근하자마자, 내가 자리에 앉기도 전에 감찰직원 네 명이 사무실에 들이닥쳤다. 무슨 일이냐고 묻는 나를 다짜고짜 끌고 가려고 하기에 "영장이 있느냐"며, "지금 당신들이 하는 짓이 무슨 일인지 알고나 하는 거냐"고 호통을 쳤다. 내 말은 듣는 둥 마는 둥 네 명이, 둘씩 나를 양쪽에서 붙들고 "위에서 지시를 받고 하는 것이니 가서야 한다"며 끌고 갔다. 놀라서 복도로 나오는 직원들에게 경찰에 신고하라는 말만 남기고 나는 엘리베이터 쪽으로 끌려갔다. 네 명의 감찰직원들에 들려서 끌려간 곳은 감찰관실이었다. 다른 직원들 몇 명이 그 방에 있었고, 나를 의자에 앉게 하더니 휴대전화를 빼앗았다. 그러고는 다른 방으로 옮겼고 감금 상태가 되었다. 백주대낮에 내 사무실에서, 내 부하직원들이 보는 앞에서 저항 한번 제대로 해보지 못한 채 납치되어 끌려온 곳이 국세청 내의 어느 사무실이라니…. 방금 내게 일어난 일을 나는 믿을 수가 없었다. 뭐라 표현할 수 없는 감정이 아랫배 깊숙한 곳에서부터 치밀고 올라왔다.

'도대체 21세기 대한민국에서, 그것도 국가 기관인 국세청에서, 백주대낮에 직원들이 다 출근한 사무실에서 국장을 납치한다? 6, 7급 직원들이 국장을 강제로? 국세청장 퇴임식이 강당에서 열리고 있는데?'

도통 머릿속이 정리가 되지 않았다. 지금껏 들어본 적도, 겪어본 적도 없는 일이 내게 벌어진 것이다.

취조실 분위기의 방에서 홀로 섰다 앉았다를 반복하고 있자니 잠시 후 전창철이 들어왔다. 2008년부터 한상률 전 청장의 지시로 청와대며 총리실까지 팔아가면서 내게 사퇴를 강요하던 청장 직속 특별감찰팀 계장이었다. 사무관 직급의 전창철은 '취조방'에 들어오더니 지금 하는 짓이 불법이라는 건 알고 하는 거냐고 묻는 내게 결재가 났다며 서류를 달랑 보여주었다. 그 결재서류라는 것에는 '조사계획서'라는 문구가 있었고 결재란의 청장란은 공란으로 남겨둔 채, 당시 허병익 차장이 최종 결재를 한 것이 보였다. 다시, 그렇다면 나를 감금한 이유가 무엇인지 물었더니 거기에 대해서는 대답을 하지 않았다. 대신 한상률이 낙마한 것이 내 탓이라며 자기도 나에 대한 비리 내용을 언론에 뿌리겠다며 공갈을 치는 것이었다. 약 일주일 전 조선일보가 보도한 '학동마을' 그림으로 인해 한상률이 낙마하게 되었다는 주장이었다. 그리고 2008년부터 내게 사퇴를 강요하면서 자기들이 파악한 나의 비리라며 들이밀던, 이미 내겐 익숙한 시나리오를 기자들에게 뿌리겠다고 협박하는 것이었다. 나는 "전에도 말했지만 내게 비리의혹이 있으면 나를 조사하라고 하지 않았느냐. 나를 조사하라"며 "아무것도 안 나오면 당신이 오늘의 일에 대해 반드시 법적 책임을 져야 할 것"이라며 호통을 쳤다. 전창철은 나를 조사하라는 나의 종용에도 불구하고 마치 조폭영화 속의 권한을 위임받은 행동대장처럼, 내가 한상률 낙마의 원인이라며 원망과 협박을 되풀이하다가 방을 나가버렸다. 그때부터 밤 9시가 다 돼서 풀려날 때까지 혼자 취조방 안에 갇혀서 국세청이 망조가 든 건 아닌지 하는 걱정에 시간 가는 줄도 모르고 있었다. 내가 갇혀 있던 방 바깥에는 감찰직원 두 명이 보초를 서고 있었다.

전창철-한상률 수사 참고인 조서(2011. 3. 9) 중 발췌

노무현 전 대통령을 죽음으로 이끈 박연차 태광실업 회장의 검찰 수사가 본격화되기 직전 미국으로 출국해 2년여 동안 도피성 체류를 하고 있던 한상률 전 청장이 2011년 2월 24일 전격 귀국했다. 그의 귀국으로 2년 동안 검사의 서랍 속에서 잠자고 있던 '학동마을 그림 로비' 의혹과 '주류업체로부터의 자문료 명목의 뇌물수수' 의혹에 대한 수사가 시작되었는데 참고인으로 조사를 받은 당시 특별감찰팀장 전창철의 검찰진술 중 일부를 발췌해 싣는다.

문: 진술인은 안원구를 용퇴시키는 일을 담당한 적이 있나요?

답: 예, 2008년 11월 말경 한상률 국세청장이 당시 특감팀장이던 저를 불러서 "상부에서 안원구를 내보내라고 한다"고 하여 제가 안원구를 내보내는 작업에 착수했습니다.

문: 안원구를 내보내기 위해 구체적으로 어떤 작업을 했나요?

답: (중략) 안원구를 인사동 한정식집에서 만나 "지금 각 부처마다 과거 정권 사람 정리 작업이 진행되고 있는데, 안 국장님도 거기에 해당되는 것 같다"고 넌지시 말해 자진 사직을 유도하고자 했는데, 안 국장이 수긍하지 않고 그때부터 한 청장에게 배신감을 느끼기 시작했습니다. (중략)

문: 진술인은 당시 스스로 사직하지 않는 안원구를 사직시키기

위해 안원구의 비리 정보를 수집했나요?

답: 예, 그렇습니다.

문: 어떤 정보를 수집했나요?

답: 안원구가 세무조사를 빌미로 처가 운영하는 화랑을 통해서 그림을 강매한다는 내용이었습니다. (중략)

문: 결국 한상률 청장이 사직했는데, 진술인은 한상률의 퇴임식 당일 안원구를 감찰실에 감금한 사실이 있나요?

답: (중략) 퇴임식 전날 허병익 차장이 저를 불러 상부의 승인을 받았다면서 내일 안원구를 연행해 안원구의 비리에 대해 조사하라고 했습니다.

문: 국세청 감찰팀에서 강제 수사권을 가지고 있나요?

답: 없습니다. (중략)

문: 당시 안원구가 감찰실로 가는 것을 거부했나요?

답: 예, 저는 직원들에게 데려오라고 지시한 다음 허병익 차장실에 가 있었는데, 나중에 직원들로부터 들은 바에 따르면 안원구가 감찰실에 가는 것을 거부했다고 들었습니다.

문: 그렇다면 직원들은 안원구의 팔을 붙잡고 강제로 끌고 왔다고 하던가요?

답: 글쎄 안원구가 소란을 피웠다는 말은 들었지만, 설마 현직 국장을 개 끌듯이 끌고야 왔겠습니까?

문: 진술인이 허병익 차장실에 있었던 이유는 무엇인가요?

답: 그 전날 안원구를 조사하라고 했던 허병익이 갑자기 제 휴대전화로 전화를 걸어 차장실로 오라고 하여 연행하는 도중에 제가 차장실로 가니, 허병익이 "상부에서 연락이 왔으니 아직 연행을 안 했으면 중지하고, 데려왔으면 조사하지 말고 조용히 데리고 있어라"고 했습니다.

문: 그래서 진술인은 뭐라고 했나요?

답: 아니 어제 저녁에는 저하고 하이파이브까지 하시면서 "직을 걸 테니 안원구를 확실히 쳐라"고 하신 분이 이제 와서 무슨 말씀이냐고 따졌더니, 허병익 차장이 휴대전화 통화내역을 보여주면서 "상부에서 중단하라는 연락이 왔다"고 했습니다.

문: 당시 허병익이 말한 상부는 어디인가요?

답: 그건 말하기 곤란합니다.

문: 당시 허병익이 보여준 휴대전화의 통화 상대방은 누구였나요?

답: 그것도 말하기 곤란합니다.

안원구를 확실히 쳐라

12시간 가까이 아무런 조사도 받지 않고 책상 하나 덩그러니 있는 방에 갇혀 있다가 오후 8시 40분경에 풀려났다. 집에 오니, 아내의 갤러리 거래처에서 국세청 감찰이라고 두 명이 찾

민간인 불법사찰의 원조 '국세청'

아와서 온갖 서류들을 가져갔다는 항의 전화가 왔다고 한다. 나를 감금해놓고 감찰직원들이 아내 화랑의 거래처들을 급습했음을 집에 돌아와 알게 되었다. 다음 날 아내를 통해 확인한 바로는 국세청 감찰직원 두 명이 거래처에 찾아가 아내 화랑과 맺은 계약 관련 서류 일체를 요구하며 그림을 강제로 샀다는 확인을 받아내려 했다는 것이다.

전창철-한상률 수사 참고인 조서(2011. 3. 9) 중 발췌

문: 당시 안원구가 조사실에 머무르는 것을 원했나요?

답: 그건 아니지요.

문: 그렇다면 당시 안원구의 의사에 반해 안원구를 데리고 있었던 것인가요?

답: 예, 그건 맞습니다.

문: 당시 현장에 있었던 사람들은 진술인 외에 누구였나요?

답: 저와 특감팀원들인 배OO, 김OO, 엄OO, 김OO 및 각 지방청에서 동원한 직원 다섯 명 정도인데, 그 직원들의 이름은 기억이 나지 않습니다.

문: 당시 지방청 직원 다섯 명은 왜 동원했나요?

답: 특감팀 인원은 저를 포함해 다섯 명에 불과했기 때문입니다.

문: 안원구 한 명을 데리고 가서 조사하는데 다섯 명이면 충분

하지 않나요?

답: 만약 안원구가 임의동행을 거부할 경우, 다섯 명으로는 안원구를 연행하고 조사하기에 부족하다고 생각되어 다섯 명을 더 지원받은 것입니다.

문: 그날 진술인 등 감찰팀 직원들이 안원구를 데리고 있는 동안 일부 감찰직원들이 OO건설 등 업체를 방문해 그림 강매 여부를 확인한 사실이 있지요?

답: 예, 여섯 명 정도가 2인 1조로 세 개 업체 정도를 방문해 현지 확인한 것으로 알고 있습니다.(중략)

문: 그 전날 및 당일 진술인에게 안원구를 연행해 비리를 조사하라고 지시한 사람은 허병익 차장이 분명한가요?

답: 예, 그렇습니다.(중략)

문: 허병익으로부터 한상률과 상의했다는 취지의 말을 들었나요?

답: 아닙니다. 허병익은 한상률이 아닌 상부의 지침이 있었다고 했습니다.

문: 그 상부는 국세청 외부의 기관을 말하나요?

답: 예, 그렇습니다.(중략)

문: 지금까지 국세청 역사상 안원구의 경우처럼 특정인을 내보내기 위하여 강제 연행 등 완력까지 동원한 사례가 있었나요?

답: 그런 사례는 없었습니다.

민간기업 불법사찰

이날 이후 2009년 10월 초까지 국세청의 감찰은 아내 화랑의 거의 모든 거래처를 찾아다니며 내가 개입한 증거를 샅샅이 뒤졌건만 찾을 수 없자, '안 국장의 개입으로 가인갤러리와 거래를 하게 되었다'는 그림 강매 확인서를 써주지 않으면 특별 세무조사를 하겠다고 으름장을 놓았다. 으름장으로만 그친 게 아니고 실제로 실력행사를 했다. 이러한 압박에 견디지 못한 몇몇 거래처들이 아내에게 항의를 해왔다.

"(그림 강매가) 사실이 아니므로 그림 강매 확인서를 써주지 못한다고 해도 막무가내로 사업에 지장이 있을 정도로 집요하게 압박을 하니, 국장님께서 사퇴를 해달라. 우리가 무슨 죄냐"며 하소연을 해왔다. 특히 세 업체는 하루가 멀다 하고 아내에게 전화를 걸거나 직접 만나 '안 국장에게 사표를 내라고 해달라'고 애걸하다시피 했다. 한 회사 사장은 국세청 감찰조사로 인해 혈압이 올라 응급실에 실려 가기도 했다.

〈월간조선〉에 게재 불발된 당시 기사를 보면 국세청이 민간 업체를 얼마나 살벌하고 집요하게 다뤘는지 알 수 있다.

국세청 감찰직원이 찾아와 '안 국장의 부인이 남편의 지위를 이용해 그림을 강매했다'는 내용의 확인서를 써달라고 했어요. 지난번(2009년 1월)에 찾아왔을 때와는 다르게 이번에는 쉽게 넘어갈 것 같지 않았어요. 저번에는 서울지방국세청에서 직원이 나와 조사를 했어요. 이번에는 조사를 굉장히 심하게 하는 거 같았어요. 저처럼 사업하는 사람들이 국가하고 싸워서 이길 수 없습니다. 주변 사람들이 피해를 받으면 안 되잖아요.
(작품을) 어떤 이유로 매입했는지, 어떻게 구입했는지 등을 물어봤어요. 이런저런 과정을 설명했습니다. 그런데 안 국장님하고 저 사이에 뭐가 있는 거 아니냐는 식으로 진행하더군요. 뭐라고 할까, 상당히 강도가 높았어요.
강매당한 게 아니라 정당하게 구입했고 합법적으로 샀다고 했지요. "그런 게 있다면 (확인서를) 써내라"라고 했어요. 우리는 그런 거 없다고 강조했죠.

화랑 거래처들이 한결같이 그림 강매가 아니라 자발적이고 정상적인 거래에 의해 구입한 것임을 강조했음에도 국세청 감찰은 계속 나의 (없는) 비리를 인정하고 사퇴를 권유하라는 방향으로 몰고 갔다. 그래도 그들이 협조를 안 하자 세무조사라는 칼날을 들이대며 '회사가 공중분해되지 않겠느냐'는 협박까지 서슴지 않았다.
특히 고양시에 규모가 큰 주상복합 단지를 개발하는 C 건설회사 회장은 아파트 단지의 조경을 단지 법정 요건만을 충족시키는 수준이 아닌, 입주자들의 문화적 충족감을 유발시킬 수 있는 환경으로 만들겠다는 야심찬 계획을 갖고 있었다. 아내와도 의기투합해 주상복합 단지 내에 설치되는 조형물 프로젝트를 계획했는데, 단지 전체에 설치되는 조형물을 하나의 스토리로 전개하기 위해 1년 반이 넘도록 수십 차례의 회의를 거듭하고 수차례 작품안 수정을 거쳐서 겨우 거래가 성사되었다. 4년여 걸려서 진행된 프로젝트로 마지막 설치를 아직도 남겨두고 있다고 한다.

그런 회사에 대고 감찰직원들은 내 부탁을 받고 강제로 샀다는 거짓 진술을 듣기를 원했던 것이다.

"안 국장의 비리를 인정 안 하면 (세무)조사한다는 것이고 사실관계를 밝히기 위해 특별 세무조사를 할 수도 있다. 안 국장의 도움을 받고 일부러 그림을 팔아준 것 아니냐, 그림을 사라는 얘기를 묵시적이든 아니든 (안 국장이) 한 건 아니냐"며 C 건설회사 회장을 압박했다고 한다. C 건설회사 측 얘기에 의하면 '내가 사의를 표명하도록 하는 게' 국세청의 애초의 목표였다고 했다.

"감찰이 와서 저보고 안 국장님한테 사퇴를 권유하라고 해요. 백용호 청장님도 우리와 뜻이 같으니 그냥 그게 좋다고요. (안 국장을) 만나거나 연락해서 이 얘기를 전해달라고 했어요. 그리고 며칠 뒤에 다시 전화를 걸어와 '얘기했느냐'고 확인했습니다. 백용호 청장님이 정식으로 취임한 뒤에 또다시 전화를 하더니 '여론도 안 좋고 청장님 뜻이 강경하니 안 국장에게 그만두라는 얘기를 다시 하라'고 하더군요. 그쪽에서 자꾸 확인 전화가 오니 나도 괴롭습니다."

국세청은 거래처만 협박한 게 아니다. 원하는 진술을 받아내기 위해 거래처의 퇴직한 직원들까지 찾아다녔다. 지방국세청의 국장 하나 내보내기 위해 국세청에서는 아무 관계도 없는 민간회사들과, 그 회사와 연관된 다른 사람들과 업체까지 저인망식 사찰과 압박을 한 것이다.

대구에서 전기공사업체를 모태로 건설업까지 진출한 부친의 사업을 물려받은 젊은 사업가 ㄱ사장도 나를 몰아내기 위해 혈안이 되어 있던 국세청으로부터 심한 압박을 받고 있었다. 그의 아버지와의 인연으로 개인적인 친분을 유지하고 있던 친구인데 국세청과 검찰이 함께 나를 처리할 수 있도록 중간에서 기여한 것을 나중에 검찰 수사를 받으면서 알게 되었다. 2009년 9월경 국세청이 무차별적으로 내 주변 사람들을 괴롭히고 다닐 때 그가 나에게 한 하소연 중 국세청 감찰의 행태를 알 수 있는 일부 내용이다.

"사업하는 사람에게 국세청이라고 하면 일단 겁부터 납니다. 얼마 전에는 감찰직원 두 명이 아무 말 없이 사무실에 불쑥 들어와 일하고 있는 직원들 주위를 한두 바퀴 쭉 둘러보고 갔습니다. 어느 누구라도 구석에 몰아세워 놓고 자기들이 원하는 대답을 얻기 위해 밀어붙이면 누가 견디겠습니까? 더군다나 국세청 같은 힘 있는 국가기관에서 그러는데 감당해낼 사람이 어디 있겠습니까? 그쪽에서는 거짓 진술이라도 받아내겠다는 상황입니다."

회사의 지난 10년 치 장부를 예치해가기도 하고 대구지방국세청에서는 9~10월경 세무조사를 예정해놓았다고 압박을 한다며, 퇴직하면 자기 회사에 자리 하나 만들어드릴 테니 사표 좀 내달라고 내게 조르기도 했다. 국세청에서 이미 끝난 상속세 조사를 다시 한다고 겁을 주는데 그러면 자기 회사는 문을 닫아야 한다며 제발 자기 사정 좀 봐달라고 애원을 했다. 나의 사표 문제가 민간기업의 존폐를 결정짓는 사안이라는 것이다. ㄱ사장이 아내에게 그림 산 것도 문제를 삼겠다며 "그림의 실제 주인이 누구냐. 그림을 사지도 않고 돈만 준 거 아니냐. 안 국장 부인에게서 그림을 구입한 건 나중에라도 세무조사와 관련해 안 국장의 덕을 보려고 그냥 사준 것 아니냐. 그 정도 내용이라도 확인서를 써달라. 확인서만 쓰면 앞으로 세무조사 때 괴롭히지 않을 것이다"라고 했다는 것이다.

국세청의 집요한 세무조사 협박과 상속세 재조사 압박을 견디지 못한 ㄱ사장은 결국 검찰 수사로 나를 처리하고자 하는 계획에 협조하게 된 것 같다. 그가 나의 형을 만나 나눈 이야기 녹취록을 들어보면 그것이 좀 더 명확해진다.

안OO VS. ㄱ사장 녹취록(2009. 9. 29) 중 발췌

ㄱ사장: 저, 저도 오늘 이 자리에 마지막으로 올 때는 저도 결
  심이 다 섰고 결심을 하고 왔으니까.

안OO : 예, 그렇게 하세요.

ㄱ사장: 그러니까 최소한, 제가 사실은 홍 여사님이나
  안 국장님 만나뵙고 말씀을 드려야 되는데… 조금 미
  안하더라고, 참 좀, 미안하더라고.

안OO : 왜 뭐 미안한데?

ㄱ사장: 뭐 어쨌든지 간에…. 뭐 안 본 사실이든 있었던 일이든
  낱낱이 얘기하는 것이 마음이 제일 아프죠. 좋은 일
  이, 제가 좋아서 하는 게 아니잖아요.

그는 가장 먼저 검찰에서 참고인 조사를 받게 되고 아내에게서 산 두 점의 그림 중 한 점을 내게 선물로 주었다는 거짓 진술을 함으로써 검찰이 나를 '첩보에 의한 뇌물수수 혐의'로 압수수색해 수사할 명분을 만들어주었다.

처음 아내의 화랑 거래처들마저 국세청으로부터 고초를 겪고 있다는 사실을 알게 된 후, 나는 죄인이 된 심정이었다. 한상

민간인 불법사찰의 원조 '국세청'

률 시절부터 감찰의 압박과 사퇴 강요를 홀로 견디면서도, 화는 났지만 누군가에게 죄지은 듯 미안한 마음은 아니었다. 그런데 아내의 화랑에서 그림을 구입했다는 이유 하나만으로 민간 기업들이 이토록 고통을 당하고 있다는 사실을 알게 되자, 미안함과 함께 국세청이 이렇게 해서는 안 된다는 분노와 정의감이 더 한층 살아났다. 그들이 애초에 의도했던 나의 사퇴는커녕, 절대로 불의에 굴복할 수 없다는 나의 결의를 점점 더 단단하게 만드는 결과를 낳았다. 그들의 감찰과 압박이 계속될수록, 내 마음속엔 국세청의 잘못된 부분을 바로잡고 불법적이고도 자의적인 행태는 반드시 밝혀야겠다는 사명감이 점점 더 커져만 갔다.

감찰, 감찰, 감찰…

2009년 6월 14일, 감찰과장이 급하게 만나자는 전화를 해왔다. 일요일이라 아내와 함께 그를 만나러 나갔다. 그는 "허병익 차장님께서 전하라고 해서 왔다"며 "안 국장님은 청와대에서 MB 뒷조사를 한 사람으로 분류돼 있어서 다른 방법이 없으니 6월 말에 명퇴하는 인원들과 같이 나가는 것이 모양새가 좋지 않겠느냐"고 권유했다.

내가 MB 뒷조사한 사람으로 분류돼 있다는 그의 말이 너무 황당해 도대체 누가 그러더냐고 발끈해서 물었다. 허병익 차장이 서류까지 보여줬다며, 그 서류에는 "BBK와 도곡동 땅 문제를 안원구가 한상률과 같이 조사했고 그 내용을 가지고 지금 정부를 협박하는 카드로 쓴다"고 되어 있다는 것이다. 허병익 청장 대행이 "이틀 전에 직접 국정원 2차장보다 윗선인 사람을 만나서 받은 서류"라고 했다는 것이다. 옆에 앉아 우리 얘기를 듣던 아내가 감찰과장의 설명을 수첩에 적었고, 그 수첩을 보며 나는 지금 이 글을 쓰고 있다.

나는 감찰과장에게 그동안 내 뇌리에서 완전히 잊혀졌던 일에 대해 설명했다. "대구지방국세청장 시절 포스코건설 세무조사를 하면서 직원들의 보고를 받고 도곡동 땅 실소유주 문건도 봤지만, 조사 본질과 무관하므로 직원들 입단속을 시키고 안 본 걸로 덮어버린 사람인데 내가 MB 뒷조사라니, 가당키나 한 얘기냐?" 감찰과장은 내 말끝에 대구로 감찰직원을 보내 당시 포스코건설 조사를 담당했던 국장을 만나 사실 확인을 하고 녹취까지 해왔다고 말했다. 그 말에 힌트를 얻어 그때부터 나와 아내도 녹취를 하기 시작했다.

2011년 3월 29일에 한상률 수사 관련 참고인으로 검찰조사를 받은 특별감찰팀 계장 전창철도 이날 "본청 감찰과에서 대구로 가서 대구청 조사국 직원들을 상대로 문답서를 받았다"는 말을 들었다고 진술했다.

민간인 불법사찰의 원조 '국세청'

그 즈음 조세일보에 나의 미국 국세청 파견을 위한 어학시험 날짜가 잡혔다는 기사가 나가자 국세청 총무과에서는 갑자기 출근명령을 내렸다. 그것도 전화로 말이다. 나는 공문으로 정식 통보를 하라고 이르고 다음 날 공문을 받은 후 어학시험 응시를 위해 병가를 신청했다. 그리고 6월 30일 어학시험을 통과했다는 통지를 받고 국세청 총무과에 가서 통지서를 제출하고 파견 절차를 밟아달라고 요청했다. 그런데 7월 6일 파견 절차를 밟는 대신 다시 출근명령이 떨어졌다. '미국 국세청 파견 준비를 위한 과제 수행'이 필요하다는 명분하에 내린 출근명령이었는데, 내게 주어진 사무실은 조사계 직원들이 쓰던 빈 방에 책상과 컴퓨터, 의자만 달랑 놓여 있었다. 예상했던 대로 아무런 과제도 주어지지 않았고 하루에도 몇 번씩 감사관과 감찰과장, 그리고 감찰계장만 뻔질나게 드나들었다. 그리고 그들은 나를 감찰하지도 않았다. 사실 확인이 필요한 나의 비리 혐의에 대해 철저히 조사하라는 내게, 조사하지 않을 테니 사표를 내라며 회유와 압박을 번갈아 했을 뿐이다. 그들이 주장하는 나의 비리 혐의라는 것들은 한상률 퇴임식 날 감금당한 상태에서 전창철이 내게 내밀었던 서류에 적힌 것과 같은 내용이었다.

가장 많이 내 방을 드나들었던 감찰계장과의 대화 녹취록 일부를 공개한다. 2009년 7월이다.

ㅇ계장: 사실 저하고 우리 2팀에서 국장님 상황에 대해서 조사 하명을 받아가지고 한 한 달째 정도 수사하고 있습니다. 지금.

안원구: 수사를 한다고요?

ㅇ계장: 그래서 국장님, 15일까지 판단을 안 해주시면 우리가 파악한 대로 중앙 징계위에 인사 징계를 올리고 수사에 대한 고발을 할 겁니다. 그 국장님에 대한 그 사모님, 그 사업체에 대해서 특별조사를 또 실시할 겁니다.

세 가지가 같이 있기 때문에, 그러니까 이해하십시오.

안원구: 시혜 베푸는 듯한 이야기는 할 건 없고요, 내한테. 절차대로 밟으십시오. 절차대로 밟으면 될 거고 거기에 따라서 나도 대응을 해주면 될 거고. 그렇잖아요. 그래 지금 이 지시는 누가 지시한 겁니까, 지시는?

ㅇ계장: 그 뭐, 잘 아시지 않습니까? 저야 뭐, 계장 아닙니까? 아니 국장님에 대한 그, 저, 직접 조사 결재는 옛날에 받아놨습니다. 한 달 전에.

안원구: 그리고 그게 새 청장님 오기 전에 한다는 건 무슨 이야기입니까? 새 청장님 지시입니까?

ㅇ계장: 그건 저는 모릅니다. 저는 모르고 제가 뭐 사무관 주제에 뭐 알겠습니까?

감찰직원과의 대화는 하루에도 몇 번씩 이어졌다. 그리고 내게 사표를 받으라고 지시하는 사람이 이현동 서울지방국세청장임을 밝힌다.

안원구: 아니, 그거는 계장님이 정확하게 해주셔야 되는 게 나는 백 내정자는 절대….
O계장: 아 과장님이 직접 가셔가지고 지시받았습니다. 그저께.
O계장: 사표를 쓰신 분들은 다 그분 뜻에서 쓰신 거 같아요.
안원구: 그러니까, 그런 식으로. 계장님이 지금 중요한 이야기를 하셨는데요.
O계장: 예, 그걸 모르고 계셨다는 게 저는 이해가 안 가는데요.
안원구: 아니, 한번 판단을 해보십시오. 지금 그분이 서울청장입니다, 아직은.
O계장: 어저께 말씀드린 건, 법대로 이걸 갖다가 (당시 허병익 청장대행) 차장님께 그렇게 결재를 내밀었는데 차장님이 그때 결재 난 못하겠다! 내가 나가는데 왜 결재를 해서 우리 국장님한테 적을 두게 하느냐, 나는 결재 못하겠다. 그래서 또 차장님도, 국장님이 결재해가지고 차장님 갔다가 결국 서울청장한테 와서 지시받아

요. 그것만 아시면 돼요. 차장님은 노(No)했는데…."

나는 이현동 당시 서울지방국세청장과 허병익 국세청 청장대행을 만나 사실을 확인하고자 했다. 수차례 시도 끝에 허병익 청장대행과는 통화를 했고 이현동 서울청장은 직접 만날 수 있었다.

이현동 당시 서울청장은 "내가 그걸 뭐 지금 '이렇게 해라, 저렇게 해라' 할 위치와 입장에 있는 것도 아니고, 내가 하는 것도 아니고, 뭐 편하게 생각하라"고 애매하게 답을 했다. 그런 지시를 했느냐고 재차 묻자 "닌, 그길 굳이 실명해줄 필요는 없다고 생각한다"며 "본인이 편하신 대로 생각하면 되는 거"라고 얼버무렸다.

서울청장이 본청 감찰과장에게 지시를 내린 것이 사실이라면 절차적으로 문제가 심각한 일이라고 지적하자, 이현동 서울청장은 "그게 그렇게 중요한 문제냐"고 반문하면서 "그 사람들이 왜 내 이름을 대며 안 국장을 정리하려고 하는지가 더 중요하지, 밖으로 (국세청의 무질서한 명령체계가) 알려지는 게 뭐가 중요하느냐"고 오히려 큰소리를 냈다. 절차를 무시하는 게 뭐가 문제냐고 반문하는 이현동 서울청장을 보고 그의 자질을 의심하지 않을 수 없었다. 본청 예하의 서울청장 신분인 이현동이 본청의 국장 사퇴를 본청 소속 감찰을 불러 지시한 행위는 명백한 월권행위로 직권남용의 죄에 해당하는 부분이다.
허병익 청장대행도 감찰과장을 통해 나에게 사표를 강요하는 이유가 뭔지, 나에게 명예퇴직을 지시한 것이 사실인지를 묻는 내게, 자기가 나에게 대답해야 할 입장이 아니라는 희한한 답변을 했다. "인사권을 행사하는 청장대행이, 청장대행 지시를 받고 나한테 사표를 강요하는 직원이 있는데, 그걸 지시하신 청장대행께서 모른다고 하면 말이 되느냐"고 내가 다그치자, "아니 글쎄 그러니까 그 업무를 내가 모른다, 안다는 얘기가 아니라 내가 우리 안 국장한테 꼭 대답해야 할 의무가 있는 건 아니잖아요"라고 하면서, 내게 사표를 강요한 감찰과장에게 그 이유를 들으라며 황급히 전화를 끊어버렸다.

명분 없는 출근명령을 내리고 하루에도 몇 번씩 감찰직원을 보내 사표를 내라며 온갖 협박을 일삼는 데도 누가 내게 사표를 내라고 하는지 그 실체가 없었다. 이현동 서울청장의 지시로 내게 사표를 내라고 하는 것이 괴롭다는 직원이 있는데 이현동은 모르는 일이라 하고, 허병익 청장대행이 지시했다고 나보고 명예퇴직 신청을 하라는 직원이 있는 데도 허병익 또한 모르는 일이라고 한다. 그렇다면 새로 부임한 인사권자인 백용호 국세청장은? 그도 이현동에게 내 문제는 일임했으니 자기에게는 보고도 하지 말라고 했다. 백용호가 신임 국세청 청장으로 부임한 후, 내가 정식으로 비서실을 통해 청장 면담 요청을 세 번에 걸쳐서 했으나 아무런 설명도 없이 면담은 이루어지지 않았다. 인사권자인 청장이, 거취문제로 국장이 면담을 요청해왔는데 허용하지 않은 것이다. 아무런 설명도 없이…. 그렇다면 결국 5급인 감찰계장이 고위직간부인 국장의 인사권을 갖고 있었다는 얘기란 말인가.

삼화왕관 CEO

이현동과 설전을 벌인 다음 날인 2009년 7월 16일 백용호 내정자가 새 국세청청장으로 취임했다. 그러고는 그동안 온갖 협박을 일삼던 국세청이 내게 뜻밖의 제안을 해왔다.

신임 청장 부임 전에 나를 여러 번 찾아와 사퇴를 권유하던 ㅇ감사관으로부터 백용호 청장 부임 후 7월 21일 아침에 전화가 왔다.

"이제 안 국장님이 만약에 명퇴를 하시면, 저희 조직 쪽에서 외부기관의 CEO 자리를 드리고, 그렇게 하는 게 모양새가 좋지 않으냐 뭐 그런 의견이 있습니다. 그래서 만약에 이번에 명퇴를 하시면 삼화왕관이라든지 이런 쪽에 자리를 드리는 걸로 이렇게 의견이 집약되고 있거든요."

안 나가면 어떻게 되느냐고 물었다.

"만약 안 나가시면 여러 가지 지금까지 해오던 그런 조치가 될 가능성이 많거든요."

조치를 하라. 나는 기다리고 있겠다고 하자 "안 국장님 여러 가지로 훌륭하신데, 안 국장님이 국세청하고 원수진 것도 아니고…"라며 말을 얼버무렸다.

국세청은 주세 탈세를 막기 위해 주류 제조업체가 의무적으로 납세병마개 제조업체로부터 병마개를 공급받아 사용토록 하고 있는데, 국내 병마개 시장은 세왕금속공업과 삼화왕관이 양분하고 있다. 그리고 국세청이 주류 권한을 쥐고 있기 때문에 병마개 시장을 독식하고 있는 두 업체의 고위직은 국세청 퇴직 간부들의 몫이라 해도 과언이 아닐 정도이다. 2009년 국감에서 안효대 당시 한나라당 의원도 "국세청이 각종 인·허가권을 통해 주류업체의 생사여탈권을 쥐고 있어 국세청 고위간부가 회사의 사장을 자기 입맛대로 바꿀 수 있는 구조가 가능하다"고 주장했었다. 그런데 국세청 감사관이 내게 사표를 내는 조건으로 삼화왕관 CEO 자리를 제안하는 것이다.

나는 삼화왕관 CEO 자리를 제의한 것이 누구의 뜻인지 재차 물었다.

'윗분들'이라는 대답에 백용호 신임 청장도 포함되느냐고 묻자 포함돼 있다고 했다.

ㅇ감사관은 "백 청장님께서 안 국장님에 대해 상당히 안타깝게 생각하시고 이미 이렇게 된 상황에, 언론에도 여러 번 나왔고"

라며 학동마을 사건이 마치 내가 기획한 일인 양 언급했다.

나는 백 청장을 직접 만나 언론에 잘못 알려진 것을 설명하겠다고 하자, 어려울 것 같다며 난색을 표했다. 과연 감사관의 판단인지, 백 청장의 뜻인지를 물었다.

"안 국장님에 대해선 우리 정부 전체에서 어느 정도 판단이 이뤄진 겁니다. 정부 전체에서, 우리 청장님 한 분만이 아닌….”

청와대를 포함한 정부 전체가 구체적으로 어디를 말하는지, 지금 한 말에 책임을 질 수 있는지, 누구한테 들었는지를 따져 물었다. 그는 자기 말에 책임을 진다고 하면서 누구를 통해 들었다고 얘기했다. 그러나 누구인지는 밝힐 수 없다고 했다.

ㅇ감사관은 "제가 말한 건 농담이 아니고, 이 자리에 있다 보니 그런 얘기를 드린 거"라며 결단을 빨리 해주셔야 한다며 나의 사퇴를 촉구했다. 그는 국세청의 국장이라면 웬만한 일로도 책임을 지고 그런다며 학동마을 그림으로 내가 언론에 오르내렸으니 국세청에 누를 끼친 책임을 져야 되지 않느냐고 했다.

분명한 이유도 없고, 내게 사퇴를 강요하는 주체가 누구인지도 알 수 없으며, 사실 여부도 조사하지 않고 무조건 아내 화랑 거래에 문제가 있다며 감찰직원을 동원해 협박하는 상황에서 나는 비리 누명을 쓰고 사퇴할 이유가 없다며 반발했다. 국가에는 엄연히 법이 있고 공무원은 법에 따라 모든 일을 처리해야 하는 것이다. 청장이 인사권자로서 전체 조직을 운영하는 과정에 자기만의 기준이 있으면 절차를 지켜서 처리하면 되는 것이다. 한 개인이나 특정인에게만 적용하는 원칙과 기준은 더 이상 원칙과 기준이라고 할 수 없다. 그것은 변칙과 특혜일 것이다. 나는 모든 사람이 수긍할 수 있는 기준과 원칙에 입각해서 내 인사문제를 마무리 지으라고 거듭 요구했다.

내가 청장과의 면담을 요청해놓았으니 일단 인사권자를 만나본 후 판단하겠다고 했으나 ㅇ감사관은 자기의 임무(나에게 사직서를 받는 것) 완수에만 온 신경이 쏠려 있었다. 그는 내가 나가야 하는 이유를 이렇게 얘기했다.

"안 국장님이 우선 한 청장 낙마의 원인이 됐고, 그건 뭐 의도하신 바는 아니지만. 두 번째는 여러 차례 말씀드렸지만 국세청 전체에서 볼 때 안 국장님이 재능도 많고 능력도 있으시지만 그런 걸로 자리를 주기에는 어렵다. 여론이라든지 여러 가지 동향으로… 이번에 이렇게 많은 사람들이 나가는데 22회 나가지요, ㅇ국장, ㄱ원장 나가지요. 그런데 안 국장은 왜 안 나가느냐 그런 여론이 상당히 있는 것은 사실이거든요."

계속 안타깝다며, 양에는 차지 않겠지만 그런 자리(삼화왕관 CEO)라도 마련해드리는 게 최소한의 예의라는 입장이라며 마치 시혜를 베풀듯이 말했다.

내가 국세청 자리에 연연했더라면 벌써 1년 반 전에 그만뒀을 것이다. 나는 국세청의 어떤 자리에도 관심이 없고 이미 모든 결심이 선 사람이라며 그의 제의를 단칼에 거절했다.

불법감금이 공공연하게 이루어지고, 국장 사표 받자고 민간기업 사찰하고 세무조사 협박하고, 같이 근무했던 직원들에게 모시던 상사에게 가서 사표 받아오라고 종용하고, 이러한 일들이 아무렇지도 않게 자행되고 있는 것이 국세청의 현주소임을 지적해도 ㅇ감사관은 알아듣지 못하는 것 같았다.

당시 나는 해외교육 명령이 나 있는 상태였다. 뒤늦게 영어 공부를 해 어학능력 점수를 갖춰 통보까지 해놓은 상태였다. 애당초 인사 발령에 따라 나를 미국 국세청에 보내기만 하면 간단히 끝날 문제였다. 지금은 공기업의 사장으로 가 있는, 당시 감사원의 한 선배는 내게 "이현동이 너를 미국에 보내면 돌아와서 2년 동안 내보내지 못하기 때문에 미국에 보낼 수 없다고 한다"며 더 이상 반목하지 말고 사표 내라는 조언(?)을 해오기도 했었다. 그러나 자신들의 회유가 먹히지 않자 국세청 수뇌부는 아예 미국 국세청 파견 자리를 없애는 만행을 저지른다. 해외 파견은 오래 이어져온 국세청의 보직 중 하나인데 나로 인해 자리 하나가 없어진 셈이다. 나는 그렇다 치고 후임자는 어떻게 할 것인지, 백용호 국세청장은 무원칙 인사의 극치를 보여주었다.

민간인 불법사찰의 원조 '국세청'

압수수색

이렇듯 내가 감찰과의 말도 안 되는 신경전을 벌이고 있을 때 국세청 수뇌부는 아내 화랑의 거래 자료를 검찰에 넘겨서 나에 대한 수사를 하도록 했던 것 같다. 2009년 9월에서 10월에 걸친 ㄱ사장의 발언들이 이를 암시한다. 그리고 그 즈음에 이례적으로 당시 이현동 국세청 차장이 검찰과 화해의 제스처로 검찰을 방문, 당시 노환균 서울지검장과 인사를 나눴다는 신문 보도가 있었다.

2009년 11월 2일, 아침 일찍 검찰이 화랑에 들이닥쳤다. 압수수색이었다. 갤러리의 컴퓨터는 물론 집에 있는 개인 컴퓨터, 서류 장부 등을 닥치는 대로 다 가져갔다. 아내는 '기록의 여왕'이라고 해도 과언이 아닐 만큼 화랑의 업무일지는 물론 나를 몰아내려는 국세청에 시달리면서 당한 일들을 일지를 쓰듯 꼼꼼하게 정리해놓았다. 나 또한 한상률 청장에게 시달리면서 겪은 내용과 국세청 내외에서 가져다주는 정보 등을 정리해놓은 이른바 '안원구 메모'와 감찰에 시달릴 때 해놓은 녹취록 등의 자료들을 가지고 있었다. 한참 압수해갈 물건들을 담고 있는데 조선일보 기자라며 누가 화랑 사무실 유리문을 열었다. 아내는 그러지 않아도 '학동마을' 그림 때문에 기자라면 경기를 일으킬 판이었다. 검찰과 아내는 서로 기자를 부른 것 아니냐며 의심하면서 언성을 높였다. 나중에 변호사를 통해 확인해보니 그 기자는 국세청 출입 기자였다고 한다.

검찰이 컴퓨터와 자료를 압수해간 뒤, 이 상황을 어떻게 대처해야 할지 예전에 청와대에서 같이 근무한 인연이 있는 ㅂ변호사에게 자문을 구했다. 그리고 변호를 맡아서 잘해줄 수 있다는 ㅇ변호사를 소개받았다.

검찰이 화랑과 집을 전격 압수수색하고 그날부터 방송 3사의 뉴스에 내 이름이 오르내렸다. 아내와 나의 재혼 사실도 중요한 뉴스거리가 되는지 연일 밤 9시 뉴스에서 보도가 되었다. 우리의 재혼이 국민적 관심사가 될 줄은 미처 몰랐던 터였다.

나는 압수수색이 이루어진 것으로 보아 며칠 후면 소환할 것으로 예상하고 급하게 변호사를 소개받아 아내의 화랑 거래가 어떤 것들인지부터 파악하기 시작했다. 변호사는 우리의 설명을 들어보더니 사건이 기소까지 가기는 무리가 있을 것 같으니 미리 혐의에 대해 구체적인 소명 자료를 만들어서 검찰에 제출하자고 했다. 변호사가 혐의사실 목록을 받아왔다. 아내가 그걸 보더니 화랑이 기업과 체결했던 거의 모든 거래라고 하면서 계산서를 발행한 거래들이니 국세청에서 준 것이 분명하다며 흥분하기 시작했다. 한상률 청장 시절 특감팀장이던 전창철이 내 비리혐의라며 A4용지에 타이핑된 것을 던져주기에 그 서류를 아내에게 보여주며 실소를 금하지 못했는데, 아내는 그때 그것과 똑같은 내용이라고 했다. 아무튼 아내는 화랑 직원들까

민간인 불법사찰의 원조 '국세청'

지 동원해 화랑의 거의 모든 거래에 대해 매우 상세하게 자료를 만들었다. 그리고 변호사는 그 소명자료를 검찰에 갖다주었다.

그런데 검찰은 2주가 지나도록 나를 소환하지 않고 아내와 거래했던 기업인들만 부르고 또 불러댔다. 그리고 단 한 번의 소환통보도 없이 자정이 넘은 시간에 변호사 사무실 앞에서 나를 체포한 것이다.

추측하건대, 검찰은 국세청의 누군가가 나에 대한 비리혐의 관련 자료라며 건네준 것을 첩보의 근거로 삼아 압수수색을 했을 것이다. 국세청에서는 1년이 넘도록 나와 아내의 주변을 뒤졌지만 비리나 불법거래를 찾아내지 못했다고 생각했을 것이고, 국세청이 찾지 못한 것을 수사권이 있는 검찰이 뒤진다면 뭐가 나와도 나오지 않겠는가 하는 계산이었을 것이다. 설혹, 아무것도 나오지 않는다고 해도 현직 고위공무원이 검찰 수사까지 받는다면 사표를 내지 않고 배기겠는가 하는 계산이었을 것이다. 잘되면 나를 처벌할 수 있고, 최악의 경우에도 나를 사퇴시킬 수 있으니 손해 볼 일은 없으리라는 계산이었던 것 같다. 그런데 검찰이 압수해간 컴퓨터 데이터를 분석해보니 상당히 민감한 부분의 녹취파일이 대량으로 있는 것에 놀라 나를 소환해서 조사할 겨를도 없이 일단 잡아넣고 본 것이 아닌가 한다. 당시 국세청 주변에서는 이현동 차장이 노환균 당시 서울지검장을 만났을 때 내 자료를 건넸다는 얘기도 돌았다고 한다. 압수해간 데이터 분석을 끝낸 검찰이 청와대에 이를 보고했고, 민정에서 나를 체포하라는 명령이 떨어지는 바람에 계획에 없던 긴급체포가 이루어졌다는 소문도 들렸다. 무엇이 사실인지는 알 수 없으나 머지않아 진실은 밝혀지지 않겠는가.

아내의 분노

집사람은 아무리 사소한 일이라도 뭔가 석연치 않은 것이 있으면 반드시 바로잡아서 스스로 납득해야만 넘어가는 성격이다. 또한 매우 합리적이고 매사에 입장표명이 분명하며 불의를 보고는 못 참는 성격이다. 그런 아내가 한밤중에 전격 구속되는 남편을 꼼짝없이 지켜봐야만 했던 심정이 어땠을지는 충분히 짐작하고도 남음이 있다.

내가 구속된 다음 날 변호사를 통해 《중앙선데이》 기자가 아내를 찾아왔다고 한다. 아내는 자정이 넘은 시간에 변호사 사무실 앞에서 내가 체포된 사실에 대해서 참을 수 없이 화가 났었다. 내가 흉악범도 아니고 엄연히 현직 공무원 신분인 데다가 분명히 3차장이 변호사에게 내일이나 모레 소환할 예정이라고 했다는데, 나를 잡아간 사람들이 검찰이 아니라 무슨 폭력조직처럼 여겨졌다고 한다. 그래서 국세청이 나를 1년이 넘도록 괴롭히고 검찰과 공조해 몰아내려고 한다는 생각을 지울 수 없었고, 이 모든 일이 미국으로 도망간 한상률 전 청장 때문이라고 생각했다. 한상률이 은밀히 내게 차장직을 제의하며 3억 원을 요구했던 사실은 그렇게 아내의 입을 통해 세상에 알려지게 된 것이다.

어떤 블로그에서는 아내의 이런 적극적인 행보를 한상률 전 청장의 '그림 로비' 등과 연결시켜 '국세청판 여인천하 드라마'로 빗대고 있었다.

보는 이에 따라선 '여인천하 드라마'라 치부할 수도 있겠지만, 아내로서는 자기의 상식으로는 도저히 납득할 수 없는 부당한 사건을 고발하는 행위를 했을 뿐이었다. 2주일이 지나도록 소환 한 번 없던 검찰은 《중앙선데이》에 한상률의 3억 원 요구 기사가 나간 다음 날 즉각 아내를 소환했다.

보복성 세무조사

기소 후 2010년 1월 21일, 국세청 직원 일곱 명이 아내의 화랑에 들이닥쳤다. 세무조사를 위해 모든 서류를 영치해야 한다고 했다.

검찰이 압수해간 자료들이 아직 다 반환이 안 된 상태였다. 그리고 아내는 나에 대한 참고인 조사 외에 별도로 조세범 조사를 받았으나 검찰이 혐의를 찾지 못했다고 했는데, 다시 세무조사를 하겠다니 이번에는 또 무슨 의도인지 저의가 궁금하지 않을 수 없었다. 아내는 무조건 자료를 내줄 수는 없다고 거부했다.

아내는 "남편이 기소된 걸 알면서 (이런 상황에서) 세무조사가 예정되어 있다 해도 연기를 해줘야 할 판에 세무조사를 하겠다 하니 정말 해도 너무 한다"고 항의했다. 원래 국세청은 지나치다 싶을 만큼 보수적인 조직으로, 직원들이 사건에 연루가 되면 가급적 조용히 수습하도록 움직이는 것이 관례였는데, 나의 경우는 기자를 보내 압수수색이 있던 날부터 언론에 노출시켰다. 대단히 이례적인 대응이 아닐 수 없다.

"해도 너무 한다"는 아내의 항의에 조사 직원은 "검찰에서 조사하라는 의뢰가 들어와서 어쩔 수 없다. 협조해주셔야 사장님께도 도움이 될 것"이라며 배려라도 하는 양 세무조사 나온 배경을 설명했다고 한다.

당시 책임자로 나온 사무관이 '안원구 재판 관련'이라고 표기된 서류 상자들에 특히 관심을 보이며 자꾸 들여다보려 하자, 아내는 화랑 직원에게 아예 상자 앞을 지키게 하고는 구치소에 가기 위해 화랑을 나왔다고 한다. 국세청 세무조사팀은 2층 사무실에서 컴퓨터에 들어 있는 회계 관련 자료들을 복사해 가져갔다.

그날 이후 20여 일간 국세청은 거의 매일 새벽까지 강도 높은 조사를 했다. 당시 아내는 내 면회 오랴, 재판 준비하랴 동분서주하다 밤 11시를 넘겨 집에 들어가는 일이 다반사였는데, 조사국 직원들은 그때까지 기다렸다가 조사를 했다고 한다.

그나마 편의를 봐준다고 직접 화랑에 찾아와 조사한 것인데, 그랬기 때문에 야간 조사를 당한 게 아닌가 싶기도 하다. 과연 화랑을 방문해 조사한 것이 아내를 배려한 차원에서였는지에 대해선 고개를 갸우뚱할 수밖에 없다.

20여 일간의 조사에도 그들은 원하는 바를 얻어내지 못했는지 아내에게 조사 연기 신청을 할 것을 제안했다. 납세자가 조사 연기 신청을 하면 절차도 간단하고 승인도 쉽게 나서 납세자의 입장을 충분히 반영할 수 있다는 그럴싸한 이유를 대자 아내는 솔깃해서 조사 기간을 연장해달라고 신청했다. 시간을 벌면서 우리 입장을 충분히 설명할 수 있다는 사탕발림에 넘어가고 만 것이다.

내게 물어보지도 않고 덥석 그들의 꾐에 넘어가면 어떡하느냐며 면회 온 아내에게 화를 냈다. 세무조사팀 직원들은 조사 기간을 연장해가면서 아내에게 십 수억 원의 세금을 추징했다. 세무조사 결과 통보서에는 검찰에서의 참고인 진술, 화랑 직원들의 산발적인 메모, 그리고 통장내역에 대한 아내의 부정확한 기억 등을 조합해 이중 삼중으로 매출규모를 부풀려서 세금을 추징했다. 예를 들자면 화랑이 작품 목록을 작성할 때 작가명,

작품명, 작품의 크기, 제작 연도, 재료 등으로 분류 기입하는데 하나의 작품을 가지고 작가명으로 해서 한 점, 작품명으로 해서 또 한 점, 어떤 경우는 공식 작품명으로 해서 또 한 점, 화랑 직원이 자기만의 방식으로 메모해놓은 작품명을 근거로 해서 또 한 점 하는 식으로 실제 작품은 하나인데 이를 2~3점으로 둔갑시켜 부풀리는 식이었다.

현재 아내는 세금 추징에 불복해 조세심판원에 심판청구 중이다.

● ● ● ● ● ●

국세청 에피소드 1

1989년쯤으로 기억한다. 북대구세무서 부가세과장을 할 때 첫 세무조사를 나갔다. 나로서는 처음 하는 조사이니 만큼 원리원칙에 맞춰 철저히 하고픈 의욕이 넘쳤다. 40명의 직원을 이끌고 직접 현장을 지휘했다. 조사할 곳은 지류 도매회사였다.

이때는 특별조사로 사전 통보 없이 그야말로 기습 조사를 벌였다. 이 회사의 거래에 문제가 있다는 정보가 입수되어 특별조사를 단행한 것이었다. 나는 사장실로 들어가 세무조사 나왔음을 알렸다. 사장실에 들어서니 책상에 두 다리를 올려놓고 비스듬히 앉아 있던 사장은 세무서에서 나왔다고 밝히자 얼른 다리를 내려놓으면서 몸을 일으켰다. 얼굴은 이미 하얗게 질려 있었다.

내가 명함을 내밀자 사장은 더더욱 사색이 되었다. 과장이 직접 현장에 나왔다는 것은 이례적인 일로 그 사장도 사태의 심각성을 눈치 챈 듯했다. 몇 년 치 회계장부를 뒤지던 우리 직원이 한 서류를 찾아내 사장에게 보이자 사장은 "그것만은 제발 봐달라"고 애원했다. 우리 입장에선 제대로 잡은 거였다. 이 회사는 세금계산서는 A회사로, 상품은 B회사로 처리하는 등 거래 질서가 문란했다. 처음 나를 보던 사장의 표정과 과장이라 적힌 내 명함을 받은 후의 표정은 사뭇 달랐다. 나이도 지긋한 분이 새파랗게 젊은 세리(稅吏)에게 무릎 꿇고 살려달라며 통사정을 했다.

'분명 잘못은 있지만 내(세무공무원)가 뭐라고 저토록 애걸복걸하는 걸까? 우리가 이렇게까지 해도 되는 건가?' 세무조사 당하는 사람의 모습을 보며 많은 생각을 하게 되었다.

그 당시만 해도 세무서의 위세는 대단했다. 신고기간에는 세무서로 서류를 직접 들고 와서 신고를 해야 했다. 줄 서서 기다리다 서류를 제출하면 이것도 서류라고 해왔냐며 집어던지며 다시 해오라고 하는 일이 종종 있었다. 기업 하는 사람들은 세무조사란 말만 들어도 위축되기 마련이다.

나중에 들려오는 얘기로 결국 그 회사는 문을 닫았다고 한다. 세무조사로 한 기업의 재산적 손실을 가하게 되었고 여러 사람의 인생에 치명적 손상을 가한 결과가 되어버렸다. 영세한 중소기업들은 의도적이든 아니든 문제가 없을 수 없다.

국세청 에피소드 2

대구지방국세청에서 총무과장을 지낼 때였다. 갑자기 사무실 밖이 소란스러웠다. 60대로 보이는 남자가 시너통을 들고 "청장을 만나게 해 달라, 안 그러면 (대구청에) 불을 지르겠다" 소란을 피우고 직원들은 그를 막느라 실랑이를 벌이고 있었다.

총무과장은 청장의 비서 역할도 겸하고 있었고, 청장 방에 가려면 총무과장 방을 거쳐야 하니 일단 내 방으로 모셔오라고 했다.

그가 방에 들어서는 순간, 술 냄새가 확 풍겨왔다. 이미 만취한 그는 내 방에 들어오자마자 시너통 뚜껑을 열고 시너를 여기저기 뿌렸다. 남방셔츠 윗주머니에 있는 라이터를 꺼내 여차하면 불을 붙일 기세였다. 우선 앉으라고 그를 진정시킨 후 자초지종을 물었다.

얘기인즉슨, 세무사 1차 시험에 합격한 자기 아들이 마감 날짜를 잘못 알아 2차 시험 원서를 접수하지 못해 시험을 못 보게 됐으니, (내 아들의 인생을) 책임지라는 것이었다. 그러면서 마감일이 사흘밖에 지나지 않았으니 받아달라고 했다. 그렇지 않으면 불을 놓아서 이 자리에서 목숨을 끊겠다며 막무가내였다.

보아하니 월남전 참전 용사로 사업에 실패한 후 오직 아들에게 온 희망을 걸며 살아온 듯했다. 사정은 딱했으나 그의 아들에게만 특혜를 줄 수도 없는 일이었다. 그렇다고 안 된다고 딱 잘라 말하는 순간 불

민간인 불법사찰의 원조 '국세청'

을 댕길 것이 뻔했다.

난감해 이런저런 생각을 하고 있는데 퍼뜩 그의 부정(父情)을 건드려야겠다는 생각이 들었다.

"만일 선생님의 말을 듣고 내가 원칙을 어겨 아드님의 원서를 접수해 주었다가 나중에 발각되어 제가 파면되면 제 아버지도 선생님처럼 가만히 계시지 않을 겁니다. 선생님께 찾아가 지금 하시는 것과 똑같이 불을 지르겠다고 하실지도 모릅니다."

내 말이 채 끝나기도 전에 그는 시너통과 라이터를 내려놓으며 울음을 터뜨렸다. 한참을 울고 나더니 술이나 한잔 받아줄 수 있겠냐며 물러서는 것이었다. 술 한잔 사드리는 것으로 대구청이 화염에 휩싸이는 건 막았지만 한동안 먹먹한 가슴을 쓸어내려야 했고 직원들은 사무실에 밴 시너 냄새를 없애느라 몇 달간 고생을 해야 했다.

• • • • • •

국세청 에피소드 3

대구지방국세청장 시절 한 플라스틱 사출 사업자가 상담을 요청해왔다. 이미 세무서를 거쳐 세무서장을 만나고자 했으나 모두 무산되었다며 지방국세청장인 나에게 찾아온 것이었다. 요지는 자기는 정상적으로 세금계산서를 끊고 거래하고 싶은데 물건을 사는 사람이 거래 실적이 노출되니 계산서 없이 거래하자고 한다. 거래처의 요구를 안 들어줄 경우 거래가 성사되지 않는데, 다른 업체는 그 요구에 응해 거래처를 빼앗길 수밖에 없다며 어떻게 해야 하느냐는 하소연이었다. 현실거래에서는 다반사로 일어나는 일이었다. 현실과 법 적용 사이의 괴리였다. 그러면서 거래질서를 지키지 않은 업체의 조사권을 자기들에게 달라는 요구였다. 공권력을 국가기관이 아닌 곳에 위임할 수는 없다며, 계산서 없이 거래하려는 사람을 신고하라는 교과서적 답변으로 그를 달랬다. 그러나 사업자가 자기 거래업체를 신고한다는 것이 현실적으로 가능하겠는가? 오죽했으면 정상적인 거래를 하고자 하는 사람들이 불이익을 받는다며 나를 찾아왔을까? 현실을 반영하는 국세행정의 운영의 묘가 필요한 대목이다.

● ● ● ● ●

국세청 에피소드 4

서울지방국세청 조사국장 때 사무실을 방문한 친구가 한 이야기다. 가끔씩 주식투자를 하는 친구인데 미국에 출장 간 사이에 주식을 살 시점이 되어서 급히 어머니에게 돈을 빌려 주식을 샀다는 것이다. 출장에서 돌아와 어머니에게 빌린 돈을 갚았는데 빌린 돈이 증여를 목적으로 한 위장거래이니 세금을 내라는 통보를 받았다고 한다. 모자간에 차용증을 써서 근거를 남겨놓기도 뭐하지 않느냐며 아무리 설명을 해도 말이 통하지 않는다고 하소연했다. 어머니로부터 빌린 돈을 증여로

민간인 불법사찰의 원조 '국세청'

보는 것이었다. 바로잡아야 되지 않겠냐고 했더니 그 친구 왈, 괜히 국세청 건드렸다 후폭풍을 어떻게 감당하겠냐며 펄쩍 뛰는 것이었다.
이처럼 법규와 현실에는 엄청난 괴리가 있다. 사업하는 사람들이 아무리 법을 지키며 분명하게 하고 싶어도 현실적으로 불가능한 부분이 있는 것이다. 가족 간의 거래는 더더욱 자료를 남기기가 힘들다.
세무조사 나간 직원들은 현장에서 이러한 현실을 직시하고 제대로 조사하고 공정하게 세금을 매겨야 한다. '어디 한번 당해볼래' 하는 태도는 이제 그만두자.

· · · · · ·

언론사 세무조사

내가 청와대에 근무할 때 조선일보, 중앙일보, 동아일보 등 이른바 언론사 세무조사가 있었다. 국세청에 있지 않아서 언론사 세무조사 배경은 알 수 없으나 세간에는 '언론사 길들이기'라는 소문이 있었다.
언론사 세무조사에 대해서는 다양한 의견이 있다. 사회의 공기(公器)인 언론사는 이윤을 추구하는 기업과는 달리 봐야 한다는 것과 언론사도 결국은 운영을 해야 하는 사업체로 봐야 한다는 것 등이다. 김대중 정부 때 실시된 언론사 세무조사는 후자의 시각에서 이뤄진 것이라 하겠다.
그전에는 언론사에 대해서 형식적인 조사가 있었는지는 모르겠으나 언론사를 세무조사한 자료는 없는 것으로 알고 있다. 김대중 정부 때 시작된 언론사 세무조사는 이제 제도화돼 이후 5년에 한 번씩 정기 세무조사를 하고 있다.

당시 조·중·동뿐 아니라 기독교방송 등 다른 언론사도 세무조사를 했다. 언론사를 대상으로 하는 기획 세무조사이다 보니 언론사들의 반발이 있었고 몇몇 신문사 사주들은 실형을 살기도 했다.

2006년 서울지방국세청 조사1국장 재임 시에는 정기 세무조사 대상자가 된 조선일보가 나에게 배당이 됐다. 언론사 세무조사는 국세청 내부에서도 매우 민감한 사안이라 정기 세무조사임을 누누이 강조했던 기억이 난다. 직원들에게 언론사라 해서 특별히 대접해서도 안 되고 더 강도 있게 해서도 안 되며 다른 일반 기업과 똑같이 조사하라고 지침을 주었다. 신문사에도 특별 세무조사가 아닌 정기 세무조사임을 강조했다. 신문사 세무조사에서는 윤전기 가동 대수와 무가지를 통해 발행 부수를 확인하고 광고수입의 누락 여부를 확인하는 게 주안점이다. 그러나 신문사로부터 자료를 받고 조사에 막 돌입할 즈음 갑자기 위로부터 조선일보 세무조사에서 손을 떼라는 연락이 왔다. 조선일보 세무조사에서 내가 배제된 것이다. 나는 언론사를 대상으로 하는 세무조사의 기준을 만들 수 있는 좋은 기회라고 생각했었는데 아쉽게도 시작 단계에서 내 손을 떠나버렸다.

내가 본 역대 국세청장들

1983년부터 2009년까지 국세청 공무원으로 있는 동안 열두 명이 국세청장으로 재직했으나 내가 청와대 근무를 시작한 시점부터 접할 기회가 많았던 국세청장은 여섯 분이다. 안정남 청장, 손영래 청장, 이용섭 청장, 이주성 청장, 전군표 청장, 한상률 청장….
지금 이들의 면면을 살펴보니 30년 가까운 시간들이 주마등처럼 흘러간다.

안정남 청장(1999. 5~2001. 9)은 김대중 대통령 시절 청장이 되었다. 전남 영암 출신으로 광주고와 건국대 법학과를 졸업했다. 지방행정직 공무원으로 출발해서 10회 행정고시에 합격, 세무공무원이 되었다. 안 청장은 국세청장에 이어 건설교통부장관까지 지냈다. 청장 시절, 이른바 메이저 언론사를 상대로 세무조사를 강행했는데 거대 언론사들을 한꺼번에 대대적으로 세무조사를 단행한 것은 처음이었다. 또, 납세자와 세무서 직원의 직접적인 접촉을 차단하기 위해 지역담당제 폐지를 단행했다. 세목별 체제에서 기능별 체제로 세무서 조직을 개편, 납세자와 세무서 직원과의 접촉을 차단시킨 것이다. 부가, 소득, 법인, 재산 등의 세목별 체제를 세원관리와 조사의 기능별 체제로 개편했다. 그럼으로써 세무서 직원과 납세자 간에 생길 수 있는 부조리와 비리를 원천봉쇄하고 깨끗한 세무행정이 가능하도록 했다. 그러나 현장에 나가 일일이 세원을 확인하고 파악할 수 없으니 세원관리 면에서는 포기하는 부분도 있었는데, 나는 이후 발전한 전산 시스템으로 축적된 자료를 다양하게 활용해 새로운 세원관리기법을 개발할 수 있겠다는 생각을 종종 했다. 나중에 이에 관한 얘기는 자세히 할 기회가 있을 것이다. 그 외 전국의 세무관서를 한 군데도 빼지 않고 직접 순시한 것으로 유명하고, 청장 시절 애국가를 반드시 4절까지 불러야만 했던 것도 기억에 남는다.

손영래 청장(2001. 9~2003. 3)은 전남 보성 출신으로 광주고와 연세대 행정학과를 졸업했다. 행정고시 12회 출신으로 김대중 정부 마지막 국세청장으로 재직하면서 조용하게 조직을 운영했다. 당시 청와대에서 근무한 나로서는 직접 업무와 관련한 특별한 기억이 없다.

이용섭 청장(2003. 3~2005. 3)은 참여정부의 첫 국세청장이 되었다. 전남 함평 출신으로 학다리고와 전남대 무역학과를 졸업하고 14회 행정고시에 합격했다. 국세청장, 행정자치부장관, 건설교통부장관을 거쳐 18대, 19대 2선 국회의원으로 활약 중이다. 청렴한 이미지가 강하며 주로 재무부에서 지내다 관세청장을 거쳐 국세청장에 임명되었다. 이용섭 청장은 알려진 달변가였는데 당시 청와대에서 근무할 때 납세자의 날 수상 기업인들을 청와대에 초청해 대통령과 간담회를 개최한 적이 있다. 이때 이용섭 청장이 한 건배사는 나를 감동시키기에 충분했다. 이 청장은 인사 핫라인제도, 접대비 50만 원 상한제 등 새로운 제도를 많이 시도했다. 인사 핫라인제도는 당사자가 희망하는 보직을 1, 2, 3순위까지 지원하게 하고 인사에 반영하는 제도이다. 접대비 50만 원 상한제 도입은 당시 청와대 정책실에서 현실적인 실현가능성을 검토해 대통령에게 보고했으나 결국 유야무야되었다.

이주성 청장(2005. 3~2006. 6)은 경남 사천 출신으로 경남고, 서울대학교 행정대학원을 졸업했다. 16회 행정고시에 합격한 후 줄곧 국세청에서 일하다 청장까지 된 '국세청 맨'이다. 당시 나는 청와대에서 국세청으로 복귀하면서 총무과장에 임명되었다. 이주성 국세청장과의 첫 만남이었다. 이 청장의 화법은 강한 경상남도 사투리에 또박또박한 발음이 아니어서 쉽게 귀에 들어오지 않는데다가, 내용을 건너뛰며 얘기를 전개하는 습관 때문에 나는 그분의 말귀를 알아듣기까지 수주일이 걸렸다. 그러나 일단 이 청장의 화법을 파악하고 나니 이분이 해박한 지식과 분명한 철학에 기초한 국세행정의 소신을 갖고 있다는 사실을 알게 되었다. 이 청장도 국세청 업무 전반에 걸친 자신의 생각과 운영 방향 등에 대해 많은 이야기를 들려주었고 동시에 내 의견도 자주 묻고 경청했다.

그때 나눈 얘기 중 하나가 바로 '조세 주권 회복'에 대한 것이었다. 당시 IMF의 여파로 국내에 외국 자본이 많이 들어와 있었고 동시에 그로 인한 후유증이 표출되던 때였다. 바로 외국 자본의 '먹튀' 현상인데, 론스타 사건이 그 대표적인 예이다. 이주성 청장은 론스타펀드가 국내에 들어와 스타타워 건물과 외환은행을 인수하고 매각이익 등을 고스란히 챙겨가는 데도 이에 대한 과세 전례가 없고 세금을 부과하지 않는 현실을 좌시하지 않겠다는 생각이었다. 현행 세법상 외국 자본의 경우 그 사업장이 해외에 있거나, 발생한 소득이 국외로 나가면 과세할 수가 없다. 사업장이 우리나라에 있으면 과세할 수 있지만 국외에 있으면 그 나라에서 세금이 매겨지므로 우리는 과세할 수가 없는 것이다. 또한 외환은행 인수와 관련해서는 국내에 유입된 외국 자본의 성격이 금융자본이냐 산업자본이냐에 따라서 금융기관 인수가능 여부가 결정된다. 그리고 그 판정은 금융 감독 기관에서 해야 하는 일이었다. 그러나 어찌 된 영문인지 산업자본 성격의 론스타펀드가 외환은행을 인수하게 된다. 외국 자본의 '먹튀'를 저지하기에는 국세청 혼자서는 역부족이었다. 그러나 과세를 통해 '먹튀' 저지를 시도했다는 것은 큰 의미가 있는 일이었다. 론스타 과세문제가 언론에 오르내리면서 국민들도 문제점으로 인식하게 되었으며 조세 주권 회복의 출발점이 됐기 때문이다.

또한 이주성 청장은 OECD 국세청장 서울회의를 유치하였고, 국제사회에서 우리의 과세권 및 국익보호를 위해 발언권을 높일 수 있도록 리즈캐슬그룹의 창설 멤버로 참여하였다. 리즈캐슬그룹이란 '주요 10개국 국세청장협의체'를 일컫는 말로 조세 선진국인 G10의 국가들이

영국의 리즈캐슬에서 회의를 개최하여 국제적인 조세현안을 공동으로 해결하기 위한 새로운 행정기구를 만들기로 합의하고 붙인 명칭이다. 이를 계기로 대한민국이 세계 조세행정의 중심국가로 발돋움하는 발판을 만들기도 했다.

이주성 청장과는 인사와 관련한 비화가 있다. 청와대에서 6년 가까이 근무하고 국세청에 돌아올 때 나는 이미 부이사관으로 최소한 지방국세청 국장급 자리에 가는 게 정상적인 인사였다. 그러나 이주성 청장은 한 번도 나와 함께 근무해본 적이 없던 터라 나를 잘 알지 못했다. 나는 중부지방국세청 국장 정도를 기대했었는데 본청의 총무과장으로 보직이 주어졌다. 총무과장은 인사정책 등 국세청 전체 업무를 총괄하는 자리이므로 중요 보직이긴 하나, 이미 청와대에서 국장급으로 근무하던 사람이 가는 자리는 아니었다. 말하자면 내가 총무과장으로 복귀한 것은 한편으론 오랜 청와대 근무를 고려한 발탁이고, 한편으론 좌천이었다. 이 청장은 그 인사가 마음에 걸렸는지 약 6개월 후 서울지방국세청 국제조사국장에 보임할 테니 (총무과장) 후임자를 물색해보라고 지시했다. 나는 여러 명의 후보자를 찾아 추천했으나 모두 받아들여지지 않았고, 내게 연말까지 남아 있으라고 해 결국 연말까지 총무과장으로 계속 근무했다. 1년 남짓 총무과장을 하던 중 이 청장은 나를 서울지방국세청 조사1국장으로 발령을 냈다. 이를 두고 파격적인 인사라는 하마평이 신문에 오르내렸다.

전군표 청장(2006. 7~2007. 11)은 강원도 삼척 출신으로 강릉고와 경북대 행정학과를 나왔다. 행정고시 20회 출신으로 16대 국세청장에 오른다. 전 청장은 참여정부의 마지막 청장으로 소탈한 성격의 소유자이다. 전 청장 재임 중에 경제협력개발기구(OECD) 국세청장 회의를 아시아권에서 처음으로 개최했다. 또, 납세자들의 세금에 대한 오해와 편견을 해소하고, 세금을 올바르게 이해시키기 위한 목적으로 〈세금에 대한 오해와 진실〉이라는 책을 출간했다. 당시 나는 서울지방국세청 조사1국장이었음에도 불구하고 전 청장의 지시로 이 책의 구성과 방향 등의 기획에 참여했다. 전군표 청장과도 인사에 관련된 비화가 있다. 처음 전 청장이 청장으로 임명돼 서울지방국세청 조사1국장인 나를 서울지방국세청 납세지원국장으로 가라고 했다. 조사1국장 후에는 국세청 조사국장이나 부산지방국세청장으로 가는 것이 이전의 보직 경로였는데 뚜렷한 이유를 알지 못하는 나로서는 수긍할 수 없었다. 결국 인사제도 경로상 그 인사가 실행되지는 않았으나 나는 그때 사표를 낼 생각까지 했다. 그런 일이 있은 후 전 청장은 나의 업무능력을 새롭게 평가하게 되면서 책 출간을 비롯해 여러 사안에 대해 자주 나에게 의견을 구했다. 그리고 조사1국장을 지낸 후 국세청 국제조세관리관으로 발령을 냈다. 처음엔 대구지방국세청장 언질을 주었으나 정작 발령은 국제조세관리관으로 냈다. 6개월 후 강성태 대구지방국세청장이 국제조세관리관으로, 나는 대구지방국세청장으로 자리를 맞바꾸게 된다.

한상률 청장(2007. 11~2009. 1)은 충남 서산 출신으로 태안고와 서울대 농학과를 졸업하고 참여정부 말기에 청장대행을 거쳐 17대 국세청장으로 임명되었다. 한상률 청장에 대해선 이미 이 책 전반에 걸쳐 기술하고 있으므로 여기서 따로 평가할 필요는 없겠으나 그가 한 일을 굳이 들라면 특별감찰팀 설치와 납세자 신뢰도 평가제도 도입이 있다. 한 청장은 참여정부를 3개월여 남겨두고 국세청장이 되었다. 통상 새로운 정부가 들어서면 전 정부에서 임명한 청장은 교체가 되는 것으로 알고 있었기 때문에 한 청장은 국세청을 새로운 방향으로 설정해 끌고 가기에는 적절치 않은 시기에 청장이 된 셈이었다. 이명박 대통령이 당선되고 대통령직 인수위원회 시절, 새 정부가 정식으로 들어서기 전인 2008년 1월, 한 청장은 청장 직속으로 국세청 내에 특별감찰팀을 창설했다. 국세청에는 이미 감사관실이 있어서 공식적으로 감찰 기능을 담당하는 조직이 있었음에도 청장 직속으로 특별감찰팀을 조직한 것에 대해 당시 국세청 내에서도 여러 얘기들이 있었다. 명분은 고위공직자 간부들도 감찰을 해서 비리를 근절하고 객관적인 평가를 통해 직원들의 업무 능률을 제고하기 위함이라고 했지만, 실제로 한 청장은 특별감찰팀을 사조직으로 운영하며 퇴임한 선배들의 뒷조사까지 하는 '심부름센터'로 전락시켜버렸고, 새 정부에 연줄을 대는 통로로 활용했다. 나를 감찰한 곳도 바로 이 특별감찰팀이었다.

납세자 신뢰도 평가제 역시 그 의도가 의심되는 바가 크다. 과거 국세청은 몇 차례 납세만족도 조사 등을 실시했으나 모두 내부 참고용 자료로만 활용했고, 인사에 직접 반영한 것은 한 청장이 처음이었다. 납세자 신뢰도 평가제는 세금신고, 민원, 조사 등 서비스를 경험한 국민 중 7700여 명을 뽑아 국세행정의 공정성, 전문성, 청렴성, 고객지향성 등 항목에 대해 직접 평가하도록 하는 제도이다. 그런데 그 내용을 들여다보면 과연 인사에 필요한 자료로서 적합한지 의문이 든다.

국세청의 업무 중 납세자가 직접 만족여부를 체감할 수 있는 것은 세금신고를 포함한 민원업무와 조사업무 정도이고, 주로 세무서 중심으로 이루어진다. 본청과 지방청의 대다수의 부서는 납세자를 직접 접촉하지 않는다. 그런데 한 청장은 납세자 신뢰도 평가 점수를 세무서뿐 아니라 본청과 지방청의 인사에도 반영한다는 것이다. 납세자 신뢰도 평가를 국세 행정 서비스의 개선에 반영한다면 모르겠으나 인사 전반에 반영한다는 명분은 저의를 의심하게 된다. 앞에서 언급했듯이 납세자 신뢰도 평가 점수를 조작해 좌천 발령으로 활용했던 내 경우가 한 예이다.

또 기억나는 것은, 연임이 되고 나서 14층에 있던 청장 집무실을 12층으로 이전한 일이다. 투명한 행정을 위해 집무실을 이전하고 유리로 안을 들여다보이게 리노베이션한다는 것이었는데, 그런 이유라면 14층 집무실을 그냥 유리로 바꾸면 될 일이 아니었겠는가. 당시 정보기관의 지인이 알려준 바에 의하면, 한 청장이 전직 국세청장으로부터 소개를 받은 '정명관'(사람 이름인지 철학관 이름인지는 분명치 않으나 일본에서 유명하다고 함)의 '한 청장의 영달을 위해서는 집무실을 청와대를 배경으로 하는 12층으로 이전해야 풍수지리상 좋다'는 조언을 따랐다는 것이었다. 한상률 청장이 전직 국세청장의 비서관이었던 사실을 감안하면 전혀 근거 없는 얘기는 아닐 것이라는 생각을 했다.

제5장
한상률과의 악연

한상률 무죄 판결, '초고속 부실 수사' 종결판
MB정부 임기 내 '면죄부' 주나?

서울중앙지법 형사21부(부장판사 이원범)는 16일 인사 청탁을 위해 전군표 전 국세청장에게 그림 '학동마을'을 상납한 혐의(특정경제가중처벌법상 뇌물수수), 주정업체 등으로부터 국세청 전직 간부 등을 통해 거액의 자문료를 받은 혐의로 불구속 기소된 한 전 청장에게 무죄를 선고했다.(중략)

검찰이 한 전 청장을 2월 28일 처음 소환한 후 4월 15일 기소하기까지 걸린 시간은 불과 45일이었다. 그야말로 '전광석화'였다. 결국 '45일짜리 수사'에 법원이 무죄 판결을 내렸다는 해석도 가능하다.(중략)

게다가 당시 수사를 지휘했던 서울중앙지검장은 이명박 대통령의 고려대학교 후배인 한상대 현 검찰총장이다. 한상률 사건은 한상대 총장의 서울중앙지검장 재임 기간 중에 진행됐던 가장 굵직한 사건이었다. 이후 그는 검찰 수장으로 영전했다. 한상률 전 청장은 노무현 전 대통령의 서거를 야기한 '박연차 게이트'의 핵심 인물이자, 도곡동 땅 이명박 대통령 소유 입증 전표 파기 의혹, 여권 최고 실세에 인사 로비 의혹 등 복잡하게 얽힌 '한상률 게이트'의 화약고였다.

검찰은 항소 의지를 밝혔다. 그러나 "결국 이명박 정권 하에서 한 전 청장에게 면죄부가 내려지는 것 아니냐"는 야당의 공세가 예상된다.

(프레시안 2011년 9월 16일자)

제5장

한상률과의 악연

한상률의 기만

한상률 전 청장은 나를 '잘 알지도 못하는 후배'라고 했다. 2011년 3월 4일부터 시작된 한상률 수사 관련 참고인 조사를 받는 중에 검사로부터 들은 얘기다.

한상률 전 청장과 '잘 알지도 못하는 후배' 안원구의 만남은 2007년으로 거슬러 올라간다. 내가 대구지방국세청장으로 근무할 때였다. 한상률 전 청장은 전군표 전 청장의 후임으로 17대 국세청장 자리에 오른다. 노무현 정부 말기였다.

대통령 선거 열기가 한창 달아오른 2007년 11월경, 한상률 전 청장이 경주·포항 지역을 돌아본다는 명분으로 휴일에 대구에 내려왔다. 충청남도 서산 출신인 한상률 전 청장으로선 대구 경북 쪽 인맥 구축이 중요했을 것이다. 또한 전국의 각 지방국세청을 챙기면서 내 사람을 만드는 작업도 필요했을 것이다. 국세청의 수장으로서 지역 순시는 당연한 업무 수행일 수도 있겠다. 그것이 한상률과의 개인적인 첫 만남이었다.

지방국세청장으로서 내 관할 구역에 청장이 오셨으니 당연히 최선을 다해 모셨다. 2박 3일간 잠자는 시간 외엔 거의 같이 다니며 청장을 수발했다. 내가 아는 지역 인사들을 소개해드렸고, 거꾸로 한상률 전 청장의 지인들을 소개받기도 했다. 대구의 (세무)서장급들도 불러서 같이 운동도 했다.

정식 보고를 통해, 차 안 옆자리에서, 운동을 하며, 또는 밥 먹는 자리에서 평소 가슴에 품고 있던 얘기들을 청장에게 말씀드렸다. 국세청의 향후 운영 방향, 납세자와 동반자적 관계라는 국세청 본연의 역할 등 주로 국세청의 발전을 위한 고언(苦言)이었다.

한상률은 그런 나를 좋게 보았던 것 같다. 아니 좋게 보는 것 같다고 생각했다. 앞으로 국세청을 이끌어가야 할 사람이라며 나를 엄청 치켜세웠다. 여럿이 같이 있을 때나 공식 회의석상에서도 공공연히 나를 언급하곤 했다. 나중에 알게 되었지만, 그 무렵 국세청에는 '안원구가 차기 차장으로 온다'는 소문이 돌았다고 한다.

잃어버린 퍼즐

인수위 방해

2007년 12월 19일 이명박 대통령이 제17대 대통령으로 당선되고 대통령직 인수위원회를 구성했다. 김대중·노무현 대통령 때 청와대 파견 근무 경험이 있는 나는 인수위원회에 참여해 일을 하고 싶었다. 마침 동향으로 잘 알고 지내는 주호영 국회의원이 이명박 대통령 당선자의 비서실장이었다. 주 의원에게 의논하니, 인수위에 들어와 같이 일하자고 했다. 또한 인수위 총괄팀장을 맡은 박영준의 친구이자 내 친구인 현 YTN의 ㅇ국장도 인수위에 가는 것이 좋겠다고, 인연을 대겠다고 했다.

2007년 12월 하순경 한상률 전 청장으로부터 서울에서 만나자는 연락이 왔다. 은평구 '봉희설렁탕'에서 만났다. 한상률 전 청장이 만나자고 했던 요지는 내게 인수위에 가지 말라는 것이었다.

"청와대 근무 등으로 밖으로 돌면 (국세청) 내부에서 평가를 받아야 하는데(평가받기가 어렵지 않겠느냐)" 하면서 "앞길이 구만 리이고 앞으로 차장, 청장도 해야 할 텐데 국세청 내에서 일을 해서 국세청 사람들로부터 인정을 받는 것이 좋겠다"면서 "곧 인사가 있을 예정이니 중용해 쓰겠다"고 했다.

수장이 그렇게까지 말하는데 뿌리칠 수가 없어, 결국 인수위 참여는 포기했다. 바로 다음 날이 인수위원 명단 발표일이라

밤이 늦은 시간이지만 친구인 O국장에게 전화로 사정 설명을 하고 인수위에 가는 것을 포기한다는 의사를 전달했다. 주 의원에게는 밤늦은 시간에 미안한 소식을 전하기가 마땅치 않아서 연락을 미루고, 다리를 놓아주겠다고 했던 친구들에게도 국세청에 남아야 하겠다는 입장을 급하게 전달했다.

다음 날 아침 일찍, 인수위 명단에 내 이름이 빠져 있다며 주 의원에게서 전화가 걸려왔다. 미안하다는 말과 함께 국세청에 남아야 할 형편이라며 양해를 구했다. 내가 가려다 포기한 자리에는 이현동 당시 서울지방국세청 조사3국장이 가게 되었다.

그랬는데 2011년 3월 21일과 22일 대질신문에서 한상률은 전혀 앞뒤가 맞지 않는 딴소리를 했다. 설렁탕집에서 만난 사실과 인수위 파견근무를 만류한 사실은 인정하면서도 자기를 도와달라고 했던 얘기나 나를 중용하겠다고 했던 말은 없었다고 발뺌했다. 그리고 내게 인수위에 가지 말라고 만류했던 이유는 '인수위 부적격자란 소리를 들었고, 청와대에서 오라고 하지도 않았다'는 것이었다.

내가 인수위 부적격자이고 청와대에서 부르지도 않은 사람인데 굳이 만나서 인수위에 가지 말고 국세청 내에서 일하자고 만류하는 것은 전혀 앞뒤가 맞지 않는 얘기인데도 말이다.

한상률은 또 내가 인수위 파견 근무를 원했다는 것조차 처음엔 몰랐으나 파견 임박해서야 알았다고 했다. 나 대신 인수위에 가게 된 이현동의 파견 근무에 대해서도 신문을 보고 알았지 가는 줄도 몰랐다고 진술했다.

어떻게 조직의 장이 부하직원의 파견 근무를 모를 수 있으며 부하직원은 청장에게 보고도 하지 않고 다른 곳에서 근무할 수가 있는지? 만일 그게 가능하다면 국세청이란 조직의 큰 문제가 아닐 수 없다. 한 청장은 스스로 거짓말의 모순에 빠진 것이다. 한상률 전 청장의 주장에 의하면, 한상률 본인은 국세청의 수장으로서 조직 내의 누가 대통령직 인수위원회에 파견되는지도 모르는 직무를 유기한 청장이라는 고백이다. 또한 국가기관의 일개 지방국세청 국장이 대통령직 인수위에 조직을 대표해 파견을 나가면서 인사권자 모르게 마음대로 나갈 수 있는 곳이 국세청이라는 의미이니 대한민국의 중추기관인 국세청이 아수라장이 아니고 무엇이란 말인가.

2009년 9월 이현동 당시 서울국세청장이 월간조선 기자와 만나 나눈 대화에서 당시 대통령직 인수위원회 파견이 이루어진 정황이 드러난다.

기자: 차장님은 인수위에는 어떻게 들어가셨습니까?
이현동: 인수위는, 내가 인수위 하루 전날 뭐라는지 압니까? 뭐 소식 듣고 하기를 혹시나 싶어, 왜냐하면 TK 중에

서 갈 만한, 내밖에 없었어요. 갈 자격이 있는 사람은, 국장급 중에서 갈 사람, 내밖에 없었어요. 없는데 하루 전날, … 그때 짐이 굉장히 많았습니다. 뭐, 인수위 그쪽은 연락되지도 않고, … 안될 모양이다 하고 그날 짐을 다 뺐어요. 그런데 짐 빼고 불 끄고 누워 있는데 인수위에서 연락이 왔더라고요. 근데 그게 아마 그, 그, 내 친구 권오을이도 있었고, 권오을이. 거기 간다니까 하나 추천해달라 해서 나를 추천해준 모양이에요.

유임 로비

참여정부 말기에 약 3개월여를 남겨두고 임명된 한상률 청장으로선 이명박 정부에서도 연임하는 게 중요한 일이었을 것이다. 그러나 여러모로 불리한 상황이었다. 노무현 대통령 때 청장이 됐고(지난 정부 사람), 지연(충청남도 서산)이나 학연(서울대학교 농대)으로도 이명박 정부와는 연결이 되지 않았다. 게다가 한상률은 2004년 서울지방국세청 조사4국장 때 신성해운 측으로부터 5000만 원을 받았다는 소문까지 돌고 있지 않았던가.

'봉희설렁탕'에서의 만남 이후 한상률의 만류대로 나는 대통령직 인수위원에 가지 않았고 2008년 1~2월에 세 번 더 나를 대구에서 서울로 불러 올렸다. 만나는 방식은 여전히 내가 '집에서 대기하다 만나기 직전 전화로 장소와 시간을 통보받는' 점조직 접선 방식이었는데 장소는 늘 홍은동의 스위스그랜드호텔 일식당이었다. 한상률은 철저하게 이너서클을 가동, 점조직으로 국세청을 관리하는 스타일이었다. 나를 서울로 불러 올려 만나자는 약속을 할 때에도 우선 전화로 몇 월 며칠 서울에서 좀 보자고만 한다. 내가 서울에 올라와 대기하고 있으면 한두 시간 여유를 두고 전화가 와서 만날 장소와 시간을 정해준다. 아내는 이를 두고 '간첩 접선'이냐고 빈정댔다.

첫 번째 식사 자리에서 한상률은, 내가 이상득 국회부의장 아들 이지형과 친분이 있다는 것을 알고, 신성해운 사건과 관련해서 청장 인사가 어려울 것 같으니 이상득 부의장에게 말 좀 잘해달라고 부탁했다.

내가 그의 말에 선뜻 나선 것은 순전히 국세청을 위해서였다. 청장이 바뀐 지 불과 몇 달 되지도 않았는데 정권이 바뀌었다고 또 청장이 교체된다면 국세청의 업무에도 혼란이 생길 것이고 그로 인한 공백과 불편은 고스란히 납세자인 국민에게 돌아갈 것이 뻔하기 때문이었다. 이상득 부의장에게 직접 연락할 형편이 안 되는 나로서는 오래전부터 알고 지내던 이 부의장의 아들에게 부탁해 이상득 부의장과 만나는 약속을 잡을 수 있었다. 1월 중순경이었다. 국회 의원회관에서 이 부의장을 만나 "한상률 청장이 신성해운으로부터 뇌물을 받았다는 소문은 사실과 다르다. 국세청의 안정을 위해 한상률 청장이 유임돼야 한다"고 연임을 부탁했다. 대통령의 형이자 국회부의장을 맡고 있는, 그야말로 '정권 실세'를 찾아가 겨우 상사의 연임을 부탁하는 내가 딱해 보였는지 이상득 부의장이 오히려 나에게 다른 부탁은 없는지 물었다. 나에게 딱히 부탁드릴 것은 없다고 하고 국세청의 안정을 위해 한상률 청장의 연임에 대해 거듭 부탁을 했다. 그리고 돌아와서 한상률에게도 보고를 했다.

그러나 한상률은 2011년 3월 21일 검찰에서 이루어진 나와의 대질 신문에서 처음에는, 내가 대구·경북 인사들과 가깝게 지낸다는 사실도 몰랐고 연임 로비도 한 적이 없다며 시치미를 뗐다. 그러다가 "안원구가 찾아와 먼저 (자신의 연임 관련) 얘기를 꺼내기에, 그렇다면 불쑥 찾아가지 말고 기회가 되면 얘기해달라고 했던 것 같다"고 말을 바꿨다.

나도 기억하지 못하는 이상득 부의장을 만난 정확한 날짜를 한상률은 이미 알고 있었다. 한상률이 대질조사에서 내게 상기시킨 나의 국회부의장실 방문 날짜는 2008년 1월 22일이었다. 민간인이 국회에 들어가려면 신분증을 맡기고 방문 목적을 기입해야만 출입이 가능함은 누구나 아는 사실이다. 내가 이 부의장을 만나러 간 기록을 확보한 검찰이 피의자인 한상률에게 미리 알려주었음을 짐작할 수 있는 대목이다.

차장직 제의와 3억 원

한상률과의 세 번째 만남은 2008년 2월 22인 것으로 검찰 조사에서 확인이 되었다. 역시 홍은동의 스위스그랜드호텔 일식당에서였다. 그날 한상률은 내게 충격적인 제안을 했다. 국세청 차장직을 제의하며 3억 원을 요구한 것이다. 지금도 나는 그날의 일을 생생하게 기억한다.

검찰 조사에서 한상률은 처음에 나를 '잘 알지 못하는 후배'라고 지칭하며 전혀 만난 적이 없다고 했다. 그런데 나와의 대질 조사에서는 스위스그랜드호텔에서 한 번 만났다고 했다가, 계속되는 나의 일관된 당시의 기억과 검찰이 찾아낸 계산서 증빙 서류 앞에서 다시 말을 바꾸어 "한 번 만난 것은 확실한데 두 번째는 기억이 안 난다. 90%는 안 만났고 10%는 만났을 수도 있다"라며 상식적으로는 도저히 납득이 어려운 답변을 했다. 오죽했으면 한상률에게 나와의 대화 내용까지 제공해주던 검찰조차도 한상률 답변의 앞뒤가 맞지 않는 모순을 지적했을까. 그러나 나의 기억 속에는 그날의 장면이 매우 구체적으로 남아 있었다. 한상률의 만나자는 전화를 받고 나는 대구에서 서울로 올라와 늘 그랬듯이 집에서 대기하다가 전화로 만날 장소와 시간을 통보받고 스위스그랜드호텔로 향했다. 먼저 도착한 나는 한상률이 미리 예약해놓았다는 방으로 안내를 받았다. 일식당의 좁은 복도를 지나 오른쪽 끝에 위치한 방이었다. 한상률은 약속한 시간보다 한참 늦게 도착했고 식사로는 '대구지리'를 주문했던 기억이 있다. 평소와 다르게 한상률은 특별히 이름이 연도로 표시된 포도주를 시켰다. 검찰에서의 대질조사에서 그 포도주는 '1865'인 것으로 밝혀졌다. 그날은 유독 한상률이 내가 차장이 되어야 한다는 얘기를 반복했는데, 내가 차장이 되어야 하는 이유를 이렇게 덧붙였다.

"이 정부가 TK(대구·경북) 정부인데 TK 출신인 당신이 차장이 되어서 (청장인) 나를 도와야 하지 않겠느냐"더니 당시 중부지방국세청장과 서울지방국세청장이 대통령실 총무기획관과 ㅈ국회의원 등과 짝이 되어 뛰고 있, 본청의 ㅈ국장은 역할을 시켜봤는데 해내지를 못한다고 하면서 그들을 '쳐내야' 내가 차장이 될 수 있다며 "나도 열심히 뛰겠지만 나 혼자서는 역부족이니 당신도 노력해달라"고 말하는 것이었다.

나는 좀 당황스러웠다. 차기 주자로 유력하다고 알고 있던 선배들의 이름을 일일이 거론하며 나보고 선배들을 밀어내라니! 당시 국세청에는 나보다 선배 기수들이 많이 있었다. 한 청장이 언급한 두 지방청장은 한 청장과 동기인 21기였고, ㅈ국장도 이들의 한 해 후배인 행정고시 22기였다. 행정고시 26기인 나로서는 차장은 생각조차 해본 적이 없었다.

"아직 앞 기수 선배들이 많이 있는데 그렇게 되면 조직의 질서가 무너지게 될 것"이라며 "아무 자리에든 가서 청장님을 도와

드리겠다"고 차장직 제의를 거절했다. 한상률 전 청장은 "그것이 바로 내 인사전략"이라며 "당신이 차장이 되어야 능력 없이 자리만 지키는 앞 기수들에게 나가야 된다는 시그널을 주게 되는 것이고, 또 27회 후배들 중 능력 있는 사람이 많으니 그 사람들을 포진시켜 나의 체제로 정비해갈 수 있다"고 말했다. 자기의 구상대로 될 수 있도록 나도 차장이 되기 위해 노력을 해달라면서 두 손으로 내 손을 꼬옥 잡기까지 했다. 그러면서 정권 실세에게 10억 원을 만들어줘야 하는데, 7억 원은 자기가 준비할 테니 나에게 3억 원을 좀 만들어보라는 충격적인 요구를 했던 것이다.

망치로 머리를 한 대 얻어 맞은 것 같았다. 지금까지 나는 모든 일을 내 스스로 해결하고 개척해왔지, 누군가의 힘을 빌려서 대가를 지불하며 원하는 바를 이룬 적이 단 한 번도 없었다. 하물며 매관매직이라니! 그때까지도 한상률의 실체를 잘 알지 못했기 때문에 그 충격과 실망감은 더 컸다. 설사 3억 원이라는 돈이 있었다고 해도 나는 그 제의를 받아들이지 않았을 것이다.

그 만남이 있은 후 2008년 3월 말, 국세청 인사가 발표되었다.

고위공무원 전보 발령.
서울지방국세청 세원관리국장 安元九(대구청).
2008. 4. 1字

지방국세청장이 다른 지방국세청의 국장으로 하향 인사가 된 것이다. 국세청 개청 이래 초유의 좌천이었다. 아무리 생각해봐도 3억 원 제의를 거절한 것밖에는 강등당할 아무런 이유가 없었다.

2011년 3월 21일의 대질신문에서 나는 한상률에게 그때 왜 나를 세원관리국장으로 보냈는지 설명해보라고 했다. 한상률의 변명은 궁색하기 짝이 없었다. "서울청 세원관리국장은 세원관리에 있어 중요한 자리라서 앞으로 중요한 일을 할 사람인 안 국장을 위해 보직 관리 차원에서 배치한 것이다." 그야말로 '잘 알지도 못하는 후배'의 경력에 도움이 되라고 배려한 인사였다는 뻔뻔한 대답이었다.

나는 1982년 26기 행정고등고시 재경직에 합격해 83년 1년간 연수를 받은 후 광화문세무서 수습사무관, 서대구세무서 총무과장을 시작으로 대구지방국세청 총무·법인세·부가세·소득세 과장을 두루 다 거쳤다. 세원관리에 대해서는 누구보다 잘 알고 있다고 자부하는 사람이다. 그런 내게 요즘 말로 '스펙 쌓기'에 도움이 되라고 세원관리국에 보냈다는 것이다. 어불성설(語不成說)이 아닐 수 없다.

서울지방국세청 세원관리국장으로 출근! 공무원 생활하면서 이때만큼 출근하기 싫은 적이 없었다. 사무실에 나와 직원들 얼굴 보기도 민망했다. 그만둬야겠다는 생각이 굴뚝같았다.

그러나 좌천당하고 쫓겨나는 사람처럼 보이는 것은 그보다 더 싫었다. 임명장 수여식을 마치고 한상률은 나를 청장실로 따로 불러서 "그동안 너무 빨리 가서 주변의 질시가 있는 것도 사실이니 이참에 좀 쉬어가는 것도 방법이다. 조금만 기다리면 명예 회복시켜주겠다"고 했다. 그 말을 믿은 건 아니었지만 어찌 되었든 나는 청장의 요구를 거절한 죄로 강등당하고 쫓겨날 수는 없었다.

명예 회복시켜줄 테니 조금만 기다리라던 한상률 전 청장의 교묘하고도 집요한 몰아내기 압박은 이후에도 멈추지 않고 전 방위적으로 밀려들어 왔다.

집요한 사퇴 압박

청와대의 뜻

"청장이 하라면 하면 되는 것이고, 필요하다면 서울청장에게 지시해 공식적인 (세무조사) 명령을 내려주겠다. 그동안 태광실업 계좌 확보를 위한 방법이나 강구하면서 명령을 받으면 바로 들어가라"며 대통령에게 보고해 명예 회복을 시켜주겠다던 한상률 청장은 한 달이 지나도록 아무런 지시나 연락이 없었다. 대신 사퇴 종용이 들어왔다.

2008년 가을이었다. 인사동 식당으로 한상률이 고위직을 감찰한다며 만든 (실제는 개인 심부름센터 역할을 한) 특별감찰팀의 팀장 전창철이 나를 찾아왔다. 대뜸 "한상률 청장이 청와대에서 안 국장을 내보내라고 한다"며 청와대 정보문건이라는 걸 보여주었다. 그러나 청와대 근무를 해본 내 눈에 그것은 언뜻 보기에도 청와대에서 나온 것이 아닌 '찌라시' 수준의 문건이었다. 영문을 묻는 내게 전창철은 청장을 만나서 얘기를 들어보라고 했다. 그 길로 한상률 청장의 방에 찾아가서 전창철의 말이 사실이냐고 물었더니 청와대의 뜻이 맞다고 했다. 믿기 어려운 대답이라 나는 그렇다면 청와대 어디에서 그러냐고 재차 물었다. 한상률은 태연하게 청와대의 여러 군데서 나를 내보내라고 한다는 대답을 했다.

나의 상식으로는 있을 수 없는 말이었지만 그의 주저 없는 태도에 내가 직접 청와대에 알아보겠노라고 하고 방을 나왔다.

지방대 학장을 지냈으며 청와대에 인맥이 많은 후배가 인사기획 쪽에 알아보았다. 그런 사실이 없다는 대답이 돌아왔다. 선진국민연대 출신으로 MB 대선 캠프에 몸담았던 고향 친구는 민정 쪽을 알아보겠노라고 했다. 그곳도 마찬가지였다. "청와대가 부처 국장이나 내보내는 곳인 줄 아느냐, 국세청 사람들 참 이상하다"라는 면박만 들었다고 했다.

나는 한상률을 다시 찾아가서 청와대에 확인한 결과를 알려주며 저의를 의심하자, 아무렇지 않은 척 천연덕스럽게 사실은 청와대가 아니라 총리실이라고 말을 바꿨다. 그래서 이번엔 총리실에 나를 내보내라고 했는지 알아보았다. 총리실에서도 말도 안 되는 소리라는 대답만 돌아왔다. 한상률에게 총리실도 그런 사실이 없다고 하는데 왜 자꾸 그러냐고 했더니, "안 국장은 전 정부 사람으로 분류되어 있으니 나가야 한다"고 또 말을 바꾸었다.

그의 말대로 내가 전 정부 사람이라 나가야 한다면, 한상률 자신은 전 정부 사람이 아니란 말인가. 공무원치고 전 정부 사람 아닌 사람이 누가 있단 말인가.

공무원으로서 조직에 해악을 끼쳤다거나 아니면 비리를 저질렀다거나 하는 잘못이 있는 것도 아니고, 그저 청와대에서 이렇다더라, 국무총리실에서 저렇다더라 하면서 말을 바꾸며 무조건 사퇴를 종용하는 것을 나는 받아들일 수가 없었다. 차라리 청와대 뒤에 숨어서 비겁하게 핑계를 대지 않고 처음부터 후배들을 위해 용퇴해달라고 했으면 충분히 수용했을 것이다. 나이로나 기수로나 후배들을 위한 용퇴를 내게 권하기가 무리이긴 했겠지만….

한상률이 내게 사표를 강요한다는 사실을 알게 된 주변 사람들이 각자의 인맥을 동원해 한상률에게 나의 사표 종용을 거둬달라고 하기도 했다. 한상률은 부탁하는 사람들에겐 "알았다"고

하고 나를 불러서는 여전히 전 정부 사람 운운하며 압박을 하는 한편, 전창철을 통해 끊임없이 내 뒷조사를 하고 있었다. 청와대를 팔고 내 뒤를 샅샅이 뒤져도 나를 사퇴시킬 빌미를 찾지 못했는지, 나를 불러 〈사기의 인간경영법〉이라는 책을 보여주면서 빈정대듯이 읽어봤냐고 물었다. 이미 읽은 책이라고 하자, "한 고비 넘겼다"며 조롱하는 투로 말했다.

그 무렵, 서울지방국세청의 ㅅ국장이 내 방을 찾아왔다. 앞으로 좋은 일이 있을 거라며 한 청장과의 대화를 전해주었다. ㅅ국장은 한상률과 좋은 관계를 유지했던 것 같다. 한상률 청장이 휴가 중인 어느 날 ㅅ국장에게 "국세청에 근무하는 TK 사람들 중에서 누가 선두주자라고 생각하느냐?"고 묻더라는 것이다. "TK라면 이현동과 안원구 국장이 있는데 이현동보다는 아무래도 안원구가 능력 면에서 더 낫지 않겠느냐"고 하자 한상률도 "나도 그렇게 생각한다. 연말에는 중용해서 써야겠다"고 했다며, ㅅ국장은 전례 없는 좌천인사에 마음이 상한 나를 위로했다. 그러나 그 얘기를 듣는 순간 나는 한상률이 나를 기어코 쫓아내려고 할 것이란 직감이 들었다.

업무성과 조작

2008년 하반기에 느닷없이 한 청장이 고객만족도 평가를 통한 업무성과 평가를 인사에 반영하겠다고 공표하고 성과 평가를 실시했다. 나에 대한 평가 결과는 평가 결과 전체를 취합해 꼴찌(D등급)라고 했다. 당시 업무성과 평가는 업무성과 70%, 납세자신뢰도 평가 30% 두 분야로 나눠 점수를 매겼는데, 업무성과는 A평점을 받았는데 납세자신뢰도 평가에서 최하위인 D라는 것이었다. 세원관리국은 일선 업무를 하는 곳이 아니기 때문에 납세자신뢰도 평가를 한다는 것 자체가 어찌 보면 어불성설이었다. 어쨌거나 국장인 내가 꼴찌를 받는 바람에 세원관리국 과장까지 전체를 싸잡아 꼴찌가 되어 부하직원들에게 미안한 마음이었다.

한상률 청장은 "성과 평가 하위자는 교육을 가야 한다"며 나와 또 다른 국장 두 명에게 교육 발령을 내겠다고 했다. 그 후 얼마 안 되어 평가담당관이던 ㄱ과장이 내 방에 직접 들러서, 점수 계산이 잘못되는 바람에 D등급이 나왔다며 A등급으로 바로잡았다고 설명하는 일이 있었다. 어쩐 일인지 나만 점수가 잘못 계산되었다며 죄송하다고 했다. 그러나 성과 평가 때문에 교육 발령으로 내정된 인사 조치는 바로잡히지 않았다.

성과 평가 결과가 나오자 한상률 청장은 나에게 국내 교육과 해외 교육 중 선택하라고 했다. 내가 영어 연수 자격이 갖추어지지 않아 국내 교육을 희망한다고 하자 총무과장에게 통보하라고 했다. 그래서 나는 총무과에 국내 교육을 희망한다는 의사를 전달했는데 어찌된 일인지 발령은 해외 교육인 '미국 국세청 파견'으로 났다. 어학능력 자격을 2009년 8월까지 취득해야 한다는 조건의 파견 대기 발령이었다. 해외 교육을 가려면 토익점수로 790점 이상이어야 하는데, 나이 50이 넘은 내가 그 점수를 받기는 쉽지 않을 테니 자진사퇴할 것이라고 판단해 내린 발령이었는지도 모를 일이다. 잘못 산정된 평가 점수로 인사만 하고 점수는 다시 바로잡은 것이다.

2012년 한상률 수사의 참고인 신분으로 검찰에서 대질 신문을 하게 되었다. 나에 대한 사퇴 압박에 관련된 조사 문답 시, 한상률은 "인사는 반드시 성과 평가만을 가지고 하는 것이 아니고 여러 가지를 고려해 청장이 판단하는 것"이라고 하면서 교육 보내는 것이 (나의) 발전가능성을 고려한 배려 차원이었다고 변명했다. '잘 알지도 못하는 후배'인 나를 왜 그토록 배려했는지도 의문이다.

한상률 수사 때 참고인 조사를 받은 전창철은 "안원구가 백방으로 뛰며 구명운동을 했는지, 안원구를 사직시키지는 않고 교육을 보내는 것으로 정리되었다. 원래 중앙공무원교육원과 국방대학원, 미국 국세청 세 자리 중 한 곳으로 교육을 보내는 것으로 정리가 되었고, 안원구는 국방대학원을 희망했음에도 결국 한상률 청장이 미국으로 보내는 것으로 결정을 했다"고 증언한다.

한상률 청장의 지시를 받은 특별감찰팀은 내 주변을 은밀히 내

사했다. 최근 총리실의 민간인 사찰 사건이 드러나서 전 국민이 경악하고 있는데, 비슷한 시기에 국세청에서도 나를 표적으로 내 주변 사람들을 사찰했다. 내 가족은 물론 사업하는 친구, 처가 식구가 운영했던 사업체 등이 그 대상이었다. 그러고 보니 이명박 정부 초기에 불법 사찰은 모든 기관에서 전 방위적으로 행해진 모양이다. 내 경우, 아내가 운영하는 화랑이 집중 공격 대상이었다. 평생 월급통장 달랑 하나만 가지고 살았던 내 뒷조사에서 그다지 재미를 보지 못했는지, 화랑이 국세청에 신고한 매출계산서를 기초로 거래업체들을 파악해 나가기 시작했던 것으로 알고 있다. 화랑의 거래가 의심스러우면 정식으로 세무조사를 실시해 세금을 제대로 냈는지 조사하면 될 일인데, 국세청은 감찰실을 동원해 '그림 강매 확인서'를 써내라며 화랑의 거래 기업들을 찾아다녔던 것이다.

이처럼 상식을 벗어나는 막무가내식 압력이 내 주변에서 버젓이 일어나고 있었지만 나는 까맣게 모르고 있었다.

학동마을

2008년 10월, 전군표 전 청장 부인이 올케와 함께 종이로 대충 싼 그림을 들고 갤러리를 찾아왔다. 그림을 내보이며 유명한 화가 작품인지, 팔아줄 수 있는지를 물었고 최욱경 화백의 작품임을 안 아내는 최 화백의 회고전을 열었던 K화랑으로 갈 것을 권유했다. 전 청장의 부인은 한번도 화랑엘 가본 적이 없다며 얼마가 되든 여기서 팔아달라고 했다. 작은 작품이니 값이 나가면 얼마나 나가겠냐고 하면서. 그래서 위탁매매 계약서를 쓰면서 그림의 출처를 물어봤더니 한상률이 차장 시절에 선물로 주어 받았다고 했다. 통상적으로 고객이 작품 판매 위탁을 해오면 구입 경로나 출처를 구체적으로 묻는 것이 업계의 관행이라고 한다. 특히 작고한 작가의 경우 작품의 진위 여부를 가릴 수 있는 정황 정보가 되기 때문이다. 그러나 아내는 한상률 당시 차장에게서 받았다는 말에 더 이상 묻지 않았다고 한다. 그리고 바로 그날 K화랑에 전화를 걸어 가격을 물어봤으나 사장은 해외 출장 중이고, 직원은 아는 사람이 아무도 없었다. 그 후에도 수차례 전화를 걸어 물어봤지만 출장 중이다. 지금 자리에 안 계시다 등의 이유로 판매 가격을 알려주지 않았다. 인사동의 몇몇 화랑에 전화해서 물어봤는데도 아는 곳이 없었다고 한다. 옥션의 경매기록을 찾아보니 그 그림보다 좀 더 큰 40호 크기의 그림이 4000만~5000만 원 정도로 파악이 되었다. 그러나 정확한 가격은 확정하지 못한 채 몇 달이 흘렀고, 그림은 여전히 갤러리 한편에 걸려 있었다. 바로 고(故) 최욱경(1940~85) 화백이 그린 '학동마을'이라는 추상화이다. 가로 38cm, 세로 45.5cm의 소품이지만, 이 작은 그림이 뿜어낸 파장은 일파만파로 퍼져나갔다.

해가 바뀌어 2009년 1월, 미디어 작가의 개인전 전시 중이던 어느 일요일, 조선일보 기자가 갤러리로 찾아왔다. 갤러리에 최욱경 화백의 그림이 있다고 해서 왔다고 했다는 것이다. 그리고 전 청장의 부인이 내놓은 그림이라는 소문을 들었다고도 했다. 작품에 관심을 보였기 때문에 그림 판매에 도움이 되리란 순진한 마음에서, 아내는 그림이 걸려 있는 작은 방으로 기자를 안내했다. 문화부 기자 외에는 기자를 만나본 적이 없는 아내는 질문에 친절히 대답하면서 사진도 찍게 하고 잘 써달라는 부탁까지 했다.

"전군표 前 국세청장에 상납 추정
'뇌물性 그림' 매물로 나와"

다음 날 아침 조선일보에, 그것도 문화면이 아닌 사회면에 대문짝만 하게 난 큰 제목의 기사를 보고 아내는 아연실색하지 않을 수 없었다. 심지어 하지도 않은 말들이 아내가 한 것처럼 기사화되어 있었다.

노발대발한 전 청장의 부인이 아내에게 전화로 항의했다. 이게 어떻게 된 일이냐, 왜 사실도 아닌 일이 신문에 났느냐며 화를 냈다. 아내가 전 청장 부인의 항의전화에 쩔쩔매는 것을 옆에

이른바 '학동마을 사건'의 도화선이 된 조선일보 2009년 1월 12일자 기사.

잃어버린 퍼즐

서 지켜보며 대체 어떻게 된 일인지 물었다. 그제서야 갤러리에 문제의 그림이 있음을 알게 됐다.

헤럴드경제에 전 청장 부인이 남편과는 무관한 그림이라며 한상률에게 선물로 받았다고 흥분하며 화를 낸 얘기가 기사화되었다. 이후 기자들은 전 청장 부인과 더 이상 연락이 닿지 않았다. 그러자 아내가 후속 기사를 준비하는 기자들의 표적이 되었다. 며칠 동안 말할 수 없이 전화에 시달리고, 기자들이 카메라를 들고 화랑 앞에 진을 치고 있는 바람에 사람들이 전시 관람을 할 수가 없었다. 전시 중인 작가에게도 미안해서 얼굴을 들 수가 없었다고 한다. 그래서 궁여지책으로 화랑에서 철수한다는 조건으로 기자들의 질문에 응하기로 하고 한 번에 끝내자고 화랑 앞에 진을 치고 있는 기자들을 다 들어오라고 했다. '학동마을' 그림의 출처가 한상률이 맞느냐는 질문에, 한상률 차장에게서 선물로 받았다는 얘기를 들었다고 아는 대로 대답을 했다. 그리고 그것으로 끝이었다. 약속대로 기자들은 물러갔고, 전시장도 원래대로 돌아가는 듯했다. 그런데 그때부터 갑자기 내 이름이 언론에 등장하기 시작했다. 한상률의 이름은 사라지고 안원구가 인사 불만 때문에 이 사건을 기획했다는 내용이 그것이다. 그런데 알고 보니 나의 배후 기획설은 국세청에서 배포한 보도 자료에 기초한 것이었다. 국세청 보도 자료에 의하면 내가 현직 국세청장인 한상률을 겨냥해서 조선일보

한상률과의 악연

를 움직였다는 말인데, 과연 내게 그럴 만한 힘이 있었는지 나도 모르는 일이었다.

며칠 후 한상률의 골프로비 기사가 언론을 장식했다.

2007년 12월 25일 경주에 내려가 이상득 의원과 친한 포항 출신 기업인, 대통령의 동서 등과 함께 골프와 식사를 하고 유흥주점에서 술을 마시며 인사청탁을 했다는 것이다. 원래 이 사실은 기사화되지 못하고 잠복하고 있던 터였는데 학동마을 사건으로 시끌벅적한 틈을 타 뒤늦게 기사화된 것이다.

한상률은 경주 골프로비 의혹과 학동마을 그림 구설까지 겹쳐 2009년 1월 19일 사퇴했다.

한상률 수사 vs. 안원구 수사

나는 작금의 대한민국 검찰수사의 두 갈래, 봐주기 수사와 손보기 수사의 양태를 보여주는 대표적인 사례로서 한상률 수사와 안원구 수사의 쟁점을 비교하고자 한다. '한상률 게이트'가 철저히 봐주기 수사였다면 '안원구 사건'은 철저히 손보기 수사였기 때문이다. 두 사건의 선명하게 대비되는 수사 과정을 되짚어보면서 우리나라 검찰의 고무줄 수사와 이중적 잣대를 낱낱이 파헤치려 한다.

의혹 투성이 한상률 수사

신성해운 의혹

한상률 청장은 2009년 1월 15일 사의를 표명하고 19일 퇴임했다. 그림로비와 골프회동에 유임청탁 등의 의혹을 받고 사퇴했을 뿐만 아니라, 노무현 전 대통령을 겨냥해 박연차의 태광실업을 표적 세무조사했다는 의심마저 받고 있는 한상률의 출국을 어쩐 일인지 검찰이 수수방관했다. 퇴임 두 달 후인 3월 15일 한 청장은 돌연 유학 간다며 미국으로 떠났던 것이다.

며칠 후 참여연대에서 한상률 전 청장의 수사 촉구서를 검찰에 제출했으나 검찰은 10여 일이 지난 3월 30일 그림로비 사건을 특수2부에 배당, 수사에 착수했다. 의혹의 주인공은 이미 한국을 떠난 상태였다.

검찰은 또 소강상태에 있던 박연차 게이트 수사를 속개했다. 3월 21일 박연차 구명로비를 한 추부길 전 청와대 비서관을 체포하면서 한상률과의 접촉 의혹을 제기, 국세청을 압수수색했고 미국에 있는 한상률에게 이메일 조사서를 발송했다. 추부길 비서관의 '박연차 구명로비'가 있었는지를 확인하는 메일이었다. 한상률은 "청탁은 있었으나 받아들이지 않았다"는 내용의 답변을 해왔다.

민주당은 노무현 전 대통령의 죽음으로 이어진 박연차 게이트의 문을 연 한상률을 소환해야 한다고 요구했다. 당시 이귀남 법무장관은 여러 경로를 통해 소환할 예정이라고 하면서도, 사안 자체가 구속할 정도가 돼야 하는데 아직 범죄인 인도를 요청할 만큼 구증이 안 된 것으로 알고 있다며 미국에 범죄인 인도 요청을 할 생각이 없음을 밝혔다. 아무리 봐도 '도피성 유학' 중인 한상률과 검찰, 정권 핵심 사이에 무슨 '사연'이 있음이 분명해 보였다.

게다가 한상률은 미국에서 보란 듯이 기자회견을 열어 귀국할 뜻이 없다고 밝혔다. 한상률이 그렇게 당당할 수 있는 이유는 무엇이었을까?

우선 신성해운 사건과 관련해 검찰과 한상률 사이에 모종의 거래가 있었던 것으로 알려져 있다. 한겨레신문 2009년 12월 8일자에 난 "한상률-검찰-정권핵심 '수상한 관계'" 기사를 보면 그 모종의 거래 내막을 알 수 있다.

> 먼저, 신성해운 사건에서 검찰과 한 전 청장 사이의 거래 정황이 엿보인다는 게 민주당의 주장이다. 한 전 청장과 검찰 고위 간부에게 돈을 건넸다는 진술을 확보하고도 검찰이 이들을 소환조사하지 않은 배경에는 "당시 검찰 최고 수뇌부에 ㅁ사의 자금이 흘러들어 간 사실을 세무조사 과정에서 포착한 한 전 청장이 이를 들이대며 검찰과 '빅딜'을 했다"는 주장이 있다는 것이다. 실제로 지난해 한 월간지는 "검찰이 '검찰 로비 부분을

(사건에서) 빼자'고 (신성해운 이사 이재철 등을) 회유했다"는 의혹을 제기한 바 있다. 이에 대해 검찰은 "이 씨의 진술은 모두 '전해 들었다'는 것이었고 로비 당사자로 지목된 관련자들은 모두 로비 사실을 부인해 수사를 마무리했다"고 밝혔다.

당시 민주당 박지원 의원도 2009년 12월 7일 열린 국회 법제사법위원회 회의에서 신성해운 이사 이재철 씨가 2008년 2월 22일 서울중앙지검에 제출한 진술조서를 제시하며 신성해운의 국세청 로비사건 조사과정에서 한상률 전 국세청장과 서울지방검찰청 고위 간부에게 로비자금을 건넸다는 신성해운 측의 진술이 있었음에도 검찰이 이를 묵살했다는 의혹을 제기했다.

다음은 박지원 의원의 홈페이지(www.jwp615.com)에 게시돼 있는 조세일보 2009년 12월 7일자 기사 내용이다.

> 안원구 전 국세청 국장의 로비폭로에 따라 한상률 전 국세청장의 소환조사 요구가 거세지고 있으나 한 전 청장에 대해서는 이미 지난해에 있었던 신성해운의 국세청 로비사건 때 검찰이 소환조사했어야 했다는 지적이 제기됐다. (중략)
> 박 의원은 "신성해운 이재철 씨는 정상문 전 청와대 총무비서관의 사위로 자기 장인과 장모, 심지어는 자기 부인에게 한 달

에 500만 원씩 준 것을 전부 검찰에 상세히 제출했다"며 "또 2004년에 중앙지검 고위 간부에게는 2억 원을 줬고 한상률 당시 서울지방국세청 조사4국장에게는 5000만 원을 줬다고 검찰에 진술했다"고 말했다.

박 의원은 이날 출석한 이귀남 법무부장관을 향해 "그렇다면 한 전 청장은 그림로비에 관련되어서가 아니라 신성해운에서 5000만 원 받은 것을 이미 검찰에서 알고 있으면서 검찰 간부가 포함돼 있기 때문에 한 청장을 소환조사도 하지 않고 유유히 출국을 시킨 것 아니냐"고 따져 물었다.

이에 대해 이 장관은 "보고받지 못했다"고 답했고, 최교일 법무부 검찰국장도 "당시 처음엔 조사부에서 신성해운 사건을 조사했고 특수부에서 조사할 필요가 있어서 특수부로 재배정해서 조사했지만 그런 부분은 밝히지 못하고 종결했다"고 말한 것으로 보도됐다.

박 의원은 그러나 "이재철 씨가 이런 내용이 담긴 리스트를 검찰에 내자 검찰은 리스트를 다시 내라고 했다"며 "처음에 낸 리스트에는 검찰 간부가 포함돼 있어 그 부분을 삭제하고 다시 냈다. 그런데 문제는 (검찰 간부를) 삭제한 리스트에도 한상률에게 5000만 원을 준 것이 기재돼 있다"라고 지적했다.

박 의원은 이어 "이 씨가 자기 보호를 위해 처음에는 검찰 간부를 물고 늘어졌다가 증거가 없어서 다시 낸 리스트에서는 삭제

했을 수 있다고 본다"면서도 "거기에도 한상률에게 5000만 원을 준 것으로 기록돼 있다면 검찰이 조사해야 하는 것이 아니냐"고 강조했다.

뇌물 수수

미국에 머무는 동안 한상률은 세 곳의 주정업체로부터 6900만 원의 뇌물을 받았으며 몇몇 대기업들과도 고문 계약을 맺어 6억5000여 만 원을 받아 총 7억2000만 원의 금품을 받은 것으로 검찰 수사 결과 밝혀졌다.

검찰에 의하면, 한상률은 미국 체류비 및 향후 가속 생계비 등을 마련하기 위해 비서관이었던 장경상을 통해 기업들과 고문 계약을 맺었다. 미국으로 가기 한 달 전부터 부하직원 장경상에게 자신이 받을 고문료를 대신 받아줄 회계법인을 물색하도록 지시했다. 이 같은 내용은 2011년 8월 8일 한상률 사건 공판에 증인으로 출석한 장경상 원주세무서장과 그의 친구인 D 회계법인 ㅅ사무장의 증언에서 확인할 수 있다.

8월 8일자 뉴시스 보도에 의하면 "장경상 서장은 '(한상률 청장이) 출국 직전 내게 부탁했고 이후 친구인 ㅅ씨를 찾아 한 청장이 취직할 수 있게 했다'는 취지의 진술을 했다고 한다. 회계법인 ㅅ사무장도 '친구의 부탁으로 한 청장이 우리 회사에 취직하도록 도와줬다'며 '(한 전 청장의 취직은) 서류상 잘못된 것은 아니지만 사무실에 근무하는 것이 아니기 때문에 정상적인 것은 아니다'고 말했다"고 한다.

한상률은 그 무렵부터 D회계법인을 이용해 여덟 개 업체로부터 고문료 명목의 금품을 받기 시작했다. 그뿐만 아니라 2009년 4월, 한상률 측근인 구돈회 당시 국세청 소비세과장과 공모해 국세청 소비세과의 관리 감독을 받는 주정업체들로부터도 고문료 명목으로 금품을 수수해왔다. 이런 과정을 거쳐 D회계법인은 2009년 4월과 5월, 7월 세 주정업체와 세무 자문 계약을 맺어 월 150만 원씩 2010년 6월까지 총 6900만 원을 받아왔다. 그런데 한 업체로부터는 귀국해서 검찰 조사를 받을 때도 고문료를 받았다는 충격적인 사실도 드러났다. 그러니까 한상률이 D회계법인을 이용해 받은 고문료 총액은 7억2000만 원인데, 장경상을 통해 맺은 6억5000만 원의 계약은 불기소하고 구돈회를 통해 맺은 6900만 원의 계약만 기소를 한 것이다. 어떠한 기준으로 기소와 불기소를 결정하는지 궁금하지 않을 수 없다. 더욱이 현직인 구돈회는 한상률과 공범으로 범죄를 구성해놓고도 기소유예 처분을 함으로써 한상률에 대한 공소까지 유지되기 어렵게 한 것으로 보인다.

고문료 의혹 수사에 중요한 역할을 담당했던 두 인물, 장경상과 구돈회는 한상률의 '학동마을' 사건과 '월간조선 기사 불발'에도 깊이 연루된 인물들이다. 장경상은 한상률이 알지도 보지도 못했다던 '학동마을' 그림을 갑자기 S갤러리에서 구입 심부름을 했다며 나타난 인물이고, 구돈회는 《월간조선》에서 심층 취재했던 "백주대낮에 벌어지는 국세청 脫法행위"와 "2007년 大選 당시 태풍의 눈이었던 '도곡동 땅'의 진실"이라는 기사가 나가지 못하도록 두 달여를 《월간조선》을 뻔질나게 드나들며 협박과 회유를 일삼았던 인물이다. 구돈회는 한상률로부터 백용호와 이현동에 이르기까지 국세청장의 심복으로 곤란한 사안을 해결해주는 충성스러운 부하로 보인다.

한상률은 2011년 2월 24일 귀국할 때도 BBK 사건의 주역 중 한 명인 에리카 김과 하루 차이로 입국해 '기획입국' 의혹을 불러일으켰다. 이때도 검찰의 조치는 미온적이었다. 수개월 전부터 해외원정 도박혐의로 구설에 오른 신정환의 기사가 갑자기 떠들썩하게 언론을 달구기 시작했다. 언론들도 전직 국세청장이 국세청 간부를 매개로 기업들에게 돈을 받은 혐의를 연예인의 해외원정 도박혐의보다 가벼운 범죄로 여기는 듯했다. 이명박 정부의 특징인 '사건을 사건으로 덮는' 현상이 나타났던 것이다.

용산참사가 났을 때 강호순 연쇄살인 사건을 언론에 부각시켜 여론을 전환할 목적으로 청와대 행정관이 경찰청 홍보담당관에게 공문을 보냈던 일("용산사태 대응 위해 '연쇄살인' 적극 홍보" 청와대, 경찰에 이메일 공문… "촛불 차단" 오마이뉴스

2009년 2월 11일자 기사), 나를 긴급 체포한 후 예상치 않았던 언론의 관심이 쏠리자 갑자기 한명숙 전 총리가 대한통운 곽영욱 사장으로부터 미화 10만 달러를 받았다는 의혹을 제기하며 여론의 관심을 돌렸던 일("한명숙 전 총리 자금수수설, 다른 의도가 있나?" BBS뉴스 2009년 12월 4일자 기사) 등이 대표적인 사례일 것이다.

그러나 2012년 들어서는 일부러 '사건으로 사건을 덮을' 필요가 없어진 것처럼 보인다. 하루가 멀다 하고 정권 실세들의 다양한 비리 사건이 드러나는 바람에 그저 주워서 덮으면 될 지경이 되어버렸기 때문이다.

학동마을 그림

2009년 1월 한상률의 그림상납 의혹이 터져 나왔을 때 한상률은 "본 적도 없고 알지도 못하는" 그림이라고 했다. 그러고는 민주당과 참여연대의 고발에도 불구하고 유유히 한국을 떠나 2년여를 미국에 체류했다.

2009년 9월 7일부터 한상률과 관련된 '학동마을' 그림 수사가 시작되었다. 검찰은 K갤러리 대표, S갤러리 대표 그리고 한상률의 비서관이었던 장경상뿐만 아니라 그 외 사람들을 모두 조사했다. 한상률만 제외하고 말이다. 그런데 한상률은 "본 적도 없고 알지도 못하는" 그림을 비서관이었던 장경상이 갑자기 나타나 한상률의 지시로 S갤러리에서 500만원을 주고 샀다는 말을 한다. 그 그림이 2005년 K갤러리에서 전시했던 고(故) 최욱경 화가의 유작 '학동마을'이다.

그런데 그림이 판매된 시기와 관련해, 판매를 담당한 S갤러리 대표, 그림 구입 심부름을 한 장경상, 그림 매도를 위탁한 K갤러리 대표 그리고 남편에게 그림값을 주었다는 한상률의 부인 모두 각각 다른 진술을 한다.

한상률 부부의 진술에 의하면 2007년 5월 10일 이후에 그림을 구입했다는 주장이고, S갤러리 대표의 진술에 의하면 2007년 5월 3~4일에 그림을 구입했다는 주장이다. 물론, S갤러리 대표와 K갤러리 대표의 진술 사이에도 인수증을 주고받았다는 시점이 서로 다르다.

그림값은 현금으로 직접 주고받았다고 하기 때문에 아무런 기록도 증거도 없고, 그림의 원소유자인 화가의 동생은 그림이 팔린 줄도 모르고 그림값도 받지 못했다고 하기 때문에 그림이 판매된 시기는 매우 중요하다 하겠다.

그림을 실제로 사고판 것이 맞다면 이들이 진술한 시점과 정황이 모두 다를 수가 없기 때문이다.

또 검찰진술 조서에서 눈에 띄는 것은 S갤러리가 그림 판매 시점을 삼성특검 시기를 기준으로 기억하는 진술을 여러 번 한다는 점이다. 통상 분명치 않은 일을 기억해낼 때 우리는 그 일과 관련된 어떠한 경험을 토대로 유추하는 습성을 가지고 있다. 이러한 까닭에 S갤러리에게 '학동마을' 그림과 삼성특검이 어떤 개연성을 갖고 있는지 궁금하지 않을 수 없다.

삼성이 S갤러리와 K갤러리의 큰 고객이라는 것은 이미 널리 알려진 사실이다. 삼성에 미술품 구매를 대행해주던 S갤러리가 해외 미술품 구입과 관련해 관세법 및 외국환거래법 위반으로 처벌받자 '주거래처'를 K갤러리로 바꾼 것도 언론을 통해 알려졌다. 또 검찰조사에서 장경상은 2004년 K갤러리 심층 세무조사에 투입되었던 정황도 드러났다. 장경상은 오래 전 한상률 밑에서 일하기는 했지만 당시는 한상률과 업무상 아무 연관이 없었다. 그런데 장경상에게 그림 구입 심부름을 시켰다는 것이다.

학동마을 구입 자금에 대해서도 한상률은 횡설수설한다. 장모를 모시고 사는데 장모 생일에 처가 가족들이 찾아와서 고맙다고 전해준 돈이라고 했다가, 어버이날 처가 식구들이 장모 모시고 사느라 고생한다며 주고 간 용돈이라고도 했다. 전축을 사라고 했으나 못 샀고 그 돈으로 그림을 사고 싶어서 전에 모임에서 만난 적이 있는 S갤러리 대표에게 전화를 했다는 것이다. 그러나 S갤러리 대표는 검찰조사에서 한상률을 한번도 만난 적이 없다고 진술한다.

장경상이 그림을 가지러 갔을 때의 정황 진술과 S갤러리나 K

갤러리 측의 증언 모두 일치하지 않는다. 실제로 그림값을 지불했는지에 대한 여부도 확인되지 않은 채 허점투성이 진술에 의존해, 검찰은 한상률에게 '학동마을' 그림 취득 의혹에 대해 사실상의 면죄부를 준 셈이다.

이 사건을 조금만 살펴보면 크게 세 가지 의문점이 제기된다.

첫 번째, K갤러리 대표는 왜 '학동마을' 그림을 S갤러리에서 빌렸다고 거짓말을 했을까?

'학동마을' 그림 수사는 한상률의 미국 도피 후 K갤러리 대표의 진술서 제출로 시작한다. K갤러리 대표는 '학동마을' 그림을 S갤러리로부터 빌려서 전시를 개최하고 전시가 끝난 후 S갤러리에 돌려주었다는 거짓 진술서를 검찰에 제출했다. K갤러리 대표의 뒤를 이어 검찰조사를 받은 S갤러리 대표도 자기 소유의 '학동마을' 그림을 K갤러리 전시에 빌려줬다가 돌려받았다고 말을 맞춘다. S갤러리 대표가 본인 소유의 그림이라고 거짓말을 한 것이다.

두 번째, 왜 S갤러리 대표는 K갤러리 대표의 거짓말에 맞추어주었을까?

S갤러리 대표는 사실은 K갤러리 대표가 부탁해서 아무 생각 없이 본인이 "직접 화가로부터 구입한 그림"이라고 거짓말했다며 그림이 자기소유라고 했던 첫 진술을 번복한다. 원소유자인 화가 동생이 직접 K갤러리에 문제의 그림을 빌려준 것이 검

찰조사에서 밝혀지면서 S갤러리 대표의 거짓말이 드러났던 것이다.

세 번째, '학동마을' 그림 구입 심부름을 한 사람으로 왜 장경상이 갑자기 등장한 것일까?

장경상은 한상률이 '학동마을' 그림을 샀다는 2007년에는 한상률과 업무적으로나 직책상으로 아무런 관련이 없었던 사람이었다. 그러나 한상률이 미국으로 도망간 후 '학동마을' 그림 때문에 수사가 시작된 2009년에는 장경상은 한상률의 지시에 의해 기업들과 자문료 계약을 주선해주던 측근이었다. 이러한 사실에 비추어보면 그림수사를 받는 시기부터 현재에 이르기까지 장경상이 한상률과 연관된 일에 등장하는 것이 그다지 생소하지 않을지 모르겠지만, 2007년도에 장경상이 한상률 그림 구입 심부름을 했다고 등장하는 것은 매우 어색한 일인 것이다.

위의 세 가지 의문점에 기초하여 상식의 범위 안에서 추론하자면 K갤러리 대표는 본인이 '학동마을' 그림 판매와는 관련이 없음을 강조하기 위해 거짓말을 한 것으로 보인다. 세간에 떠돌던 5점의 그림이 국세청에 전달되었다는 소문과 연관된 의혹에서 벗어나기 위해 그림이 판매된 것으로 초점을 맞추는 데 급급했던 것은 아닐까라는 의심을 하게 되는 대목이다. 그러다가 검찰조사에서 그림의 실소유자가 화가의 동생인 것이 밝혀지자, 다시 K갤러리 대표는 그림을 S갤러리에 빌려줬고 판매는 S갤러리가 했다고 진술을 번복한다.

이 사건은 '학동마을' 그림을 한상률이 실제로 돈을 주고 구입한 것인지, 실제 구입한 것이 맞으면 구입 가격은 얼마였는지, 그림값은 어떤 방법으로 지불했는지가 쟁점이지 그림 소유자가 누구인지, 또는 누가 그림을 판매했는지는 중요한 쟁점이 아니다. 그런데 검찰은 왜 서로 모순되는 진술이 많고, 사고판 것이라면 거짓 진술을 할 이유가 없는데도 거짓말로 말을 맞춘 이유는 조사도 하지 않았을까?

검찰은 한상률의 '학동마을' 그림 취득 경위에 대한 수사는 하지 않고, '학동마을' 그림을 구입한 후 그 그림을 상사에게 '선물'했느냐 '뇌물'로 주었느냐를 가지고 기소하였고 재판하고 있다. 이는 애초에 2009년 1월 12일자 조선일보에 허위사실을 근거로 보도된 '학동마을' 기사와 민주당의 고발내용에 기초하여 수사를 한데 기인한 것으로 보인다. 그러나 설혹 수사의 시작이 그러하다고 해도 수사과정에서 모순된 진술과 의혹이 제기되면 실체적 진실이 무엇인지를 밝히는 과정이 수사가 아니겠는가. 항간에 돌던 삼성특검을 둘러싼 두 갤러리의 역학관계와, 한상률의 K갤러리 세무조사와 연관된 의혹에 검찰이 눈길을 돌렸어야 하지 않았을까!

참고인과 피고인이 뒤바뀐 대질신문

검찰은 한상률 사건의 참고인으로 나를 소환조사했다. 한상률의 진술과 나의 증언이 너무도 상반되고 언론에서도 주시하고 있으니 검찰도 최소한의 절차와 형식은 갖춰야 했을 것이다. 대질신문이 필요하면 하겠냐는 검사에게 대질을 하겠다고 했다. 한상률 봐주기 수사의도를 간파하고 있던 나는 가능한 한 여러 명의 증인을 남길 목적으로 피의자 한상률과 참고인인 나의 양측 변호사 입회하에 대질신문할 것을 요청했다. 그러나 검찰은 변호사 참관은 전례가 없다며 수용하지 않았다. 그렇다면 영상녹화라도 하자고 했다. 검찰은 처음에는 그것도 못하겠다고 하더니 위에 보고해서 물어보고 오겠다고 했다. 2시간 후 돌아온 담당 검사는 "오늘은 시간이 늦어서 영상녹화를 할 상황이 아니니 돌아가시라"고 해 결국 첫날엔 무산이 됐다.

그런데 검찰은 브리핑에서 내가 한상률과의 대질조사에서 영상녹화를 받아들이지 않아서 무산된 것으로 발표했다. 검찰의 거짓 브리핑을 눈치 챈 기자들의 질문과 영상녹화는 최소한의 조건이니 반드시 해야 한다는 나의 강력한 주장 끝에 마침내 주말을 지나 영상녹화하에 대질신문이 이뤄졌다. 2011년 3월 21일이었다.

국세청 시절 그에게 당한 일과 거짓말로 임기응변하는 그의 후안무치함을 생각하면 주먹이 울었으나, 냉정하게 아무 감정 없는 표정으로 조사실로 들어갔다.

나는 대질신문의 목적을 최대한 한상률의 (거짓)말을 많이 끄집어내 그의 말이 모순덩어리임을 만천하에 공개해서, 국민을 기만하고 국가 기강을 문란케 한 그의 파렴치함을 역사의 기록에 남기는 것으로 삼았다. 애초부터 제대로 된 수사는 기대하지도 않았던 것이다. 이명박 정권하에서 검찰은, 한상률에 대한 정상적인 수사를 할 의지도 능력도 없다는 것을 나는 알고 있었다. 그러나 만약 검사로서의 본분을 인식하고 있는 정의로운 검사를 운 좋게 만난다면, 후일을 위해 수사 과정을 사실대로 기록할지도 모른다는 일말의 기대를 마음 한구석에 갖고 있었던 것도 솔직한 심정이었다. 대질신문 외에도 세 번에 걸친 참고인 조사를, 하루를 넘기고 동이 틀 때까지 마다하지 않았던 이유도 이처럼 기록을 남기고자 함이었다.

조사실에 들어가는 순간 한상률을 향해 가볍게 목례를 했다. 그러고는 자리에 앉았다. 당황해하는 한상률의 표정이 옆에서 전해졌으나, 나는 미동도 안 하고 투명인간 대하듯 했다.

수사 검사조차 "주먹을 날리고 싶었을 텐데 어떻게 냉정함을 잃지 않느냐, 도를 닦았느냐?"고 혀를 내두를 정도였다. 한 대 친들 무엇이 달라지겠는가? 참고인인 나는 푸른 죄수복을 입고 볼펜 한 자루와 종이 한 장(그것도 검찰에 요청해서)을 가지고 책상 앞에 앉았다.

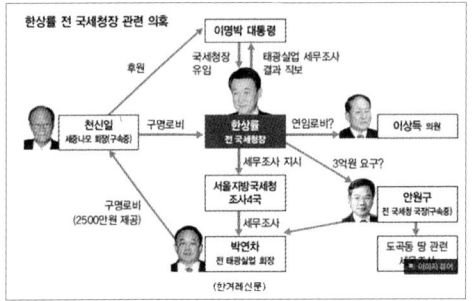
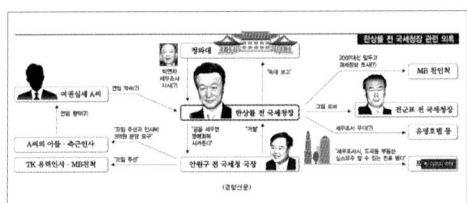
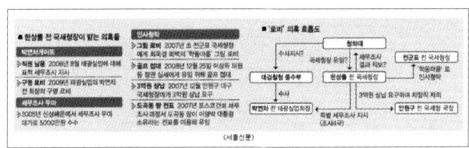
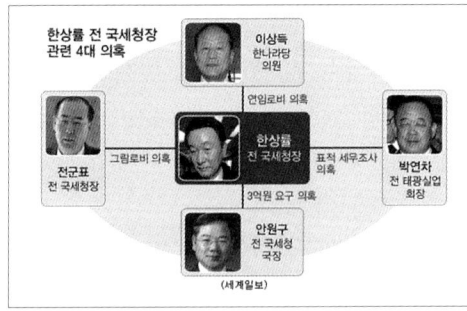

한상률 게이트를 정리한 도표들. 위로부터 한겨레, 경향신문, 서울신문, 세계일보.

피의자인 한상률 청장은 양복 차림으로 가방에 서류까지 잔뜩 챙겨 들고 나왔다. 수사를 받으러 나온 피의자인데 그는 무슨 청문회장에 나온 것 같았다. 그리고 특유의 임기응변으로 자신의 잘못을 가리기 위한 답변에 급급했다. 그러다 보니 방금 전에 자신이 한 말을 뒤집는 진술을 하는 코미디가 매 질문마다 일어났는데도 검찰은 그저 기록만 할 뿐이었다. 그 기록마저 믿을 수가 없어 나는 매번 검사에게 "방금 받아 적은 답변 내용을 다시 한 번 읽어달라"고 확인을 해야만 했다.

그것은 내가 생각하고 기대했던 대질신문이 아니었다. 피의자와 참고인 등의 말이 서로 다를 경우 서로를 맞대면시켜 진술하게 해서 사실을 밝히고 공정한 수사를 하기 위함이 대질신문 아니던가. 나와 한상률의 대질신문은 그저 검사가 두 사람을 동시에 불러 한방에서 질의응답하고 그대로 받아 적는, 속기사 역할 외에는 한 일이 없었다. 그러나 그들의 입장에선 아주 큰 일을 한 것일 수도 있다. '봐주기 수사'! 바로 그것이었다.

피의자 신분인 한상률은 나를 포함한 여러 참고인들이 검찰조사에서 한 진술 내용을 이미 알고 있었다. 정작 당사자인 나는 모르는 내용들이었다. 이를테면, 내가 한 청장의 연임을 부탁하기 위해 국회로 이상득 국회부의장을 만나러 간 날짜를 나는 1월 중순경으로만 알고 있었는데, 한상률은 1월 22일이라고 딱 짚어 말했다. 나도 모르는 날짜를 어떻게 아느냐고 되묻자 검찰은 당황스러워했고, 한 청장은 지난 신문에 다 나온 것이라며 얼버무렸다. 검찰이 참고인 조사 내용을 피의자 한상률에게 미리 알려주지 않았다면 도저히 있을 수 없는 일이었다.

태광실업 기획세무조사 의혹과 관련해서도, 처음에는 태광실업 세무조사를 지시한 적이 없다고 했다가 만찬장 풍경을 설명하는 과정에서 거짓말이 들통나자 나를 청장실로 불러 태광실업 세무조사에 투입시키고자 지시했다는 사실을 실토하게 된다.

내가 한상률의 호출을 받고 베트남 청장 접대 만찬장에 참석하게 된 경위를 말하자, 자기는 그날 만찬장에서 나를 본 적이 없으며 내가 참석할 수 있는 입장이 아니라는 것을 지금부터 설명해 보이겠다고 했다. 그러면서 내가 얼마나 터무니없는 거짓말을 하는지 입증해 보이겠다며 호기를 부리면서 장황하게 설명하기 시작했다.

내가 퇴근한 후 당시 국제협력담당관으로부터 청장 호출이니 빨리 오라고 해서 한국의 집 만찬장에 참석했다고 주장하자 퇴근이 빨라야 오후 8시인 점을 감안하면 퇴근해 있던 집에서 전화 연락 받고 한국의 집 만찬장 참석하기에는 물리적으로 도착이 불가능하다, 또 베트남 청장 일행이 국빈인데 만찬 중간에 국장이 참석했다는 것은 말이 안 된다고 했다.

그런데 호기를 부리며 나의 말이 거짓말임을 입증하겠다던 한상률은 불과 몇 분 뒤에 내가 태광실업 세무조사에 투입되지 않았다는 사실을 설명하는 과정에서 스스로 거짓말한 것을 시인하게 된다. 한상률이 나를 베트남 조사에 투입시키지 않은 이유를, "그런데 안 국장이 베트남 청장과 대면하면서 인사하는 순간 제가 크게 실망을 했습니다. 베트남 청장이 안원구 국장의 얼굴도 못 알아봤습니다"라고 하는 바람에 이제껏 나를 태광실업 세무조사에 투입지시를 한 적이 없다고 잡아떼던 주장이 꼬여버린 것이다.

만찬장에서 나를 본 일이 없고 내가 터무니없는 거짓말을 한다고 주장하다가, 내가 베트남 청장과 인사하는 장면을 보고 베트남 청장이 나를 잘 알지 못하는 것 같아서 투입시키지 않았다고 하여, 거꾸로 자기 발등을 찍고 만 것이다. 그때부터 한상률은, 나를 청장실로 불렀고 세무조사 투입지시도 했다고 시인하게 된다. 서울지방국세청 세원관리국장이던 나를 청장실로 불러 조사에 투입하려 한 것은 맞다고 시인하면서도 불렀던 날짜는 다르다, 대통령 독대보고는 하지 않았다는 뻔뻔한 거짓말은 계속했다.

검찰은 한상률의 지시로 베트남 청장 일행 만찬 자리에 내가 참석한 사실을 이미 만찬에 참석했던 직원의 참고인 조사를 통해 알고 있었다. 검찰은 "안원구 국장이 올 자리가 아닌데도 등장해 당황했다"는 직원의 진술을 통해, 이미 한상률이 거짓말하고 있다는 것을 파악하고서도 끝까지 그냥 듣고만 있었던 것이다.

이토록 한상률의 진술을 거의 속기사처럼 받아 적기만 하던 검찰이 스위스그랜드호텔에서의 세 차례의 만남과 내게 차장직을 제의하면서 3억 원을 요구했던 부분에 대해서는 정황이나 일관성에 있어 모두 내 주장이 사실이라며 내 손을 들어주었다. 그러나 그것도 기록으로 남기는 데 그쳤다. 검찰은 이외의 사실에 대해서는 한상률의 거짓말이 밝혀졌음에도 일언반구 확인이나 추궁도 없이 그저 받아 적기만 했다. 내가 아무리 사실을 얘기하며 한상률 전 청장의 진술에 조목조목 반박해도 검찰은 '수사 받는 피의자의 혐의를 참고인이 입증해 보이라'는 태도로 일관했다.

두 손 두 발 묶어서 링 위에 올려놓고 너 한번 싸워서 이겨보라는 식이었다. 무슨 대질신문을 이런 식으로 하느냐며 검사에게 항의도 하고, 누가 피의자고 누가 참고인인지 분명히 해달라며 수사 개선을 요구하기도 했지만, 검사는 수사 방식은 자신들 소관이니 맡겨달라며 나의 항의를 일축했다. 그리고 검찰은 결국 한상률의 주요 혐의를 모두 덮었다. 그리고 대질신문 때 개연성 높게 거론되었던 여러 의혹들에 대해서도 수사결과 발표 때 "안원구의 주장이 신빙성이 떨어지므로" 모두 무혐의가 된 것이다. 수사 전문가가 아니라 은폐 전문가들이었다.

잃어버린 퍼즐

극명한 대비

인지수사 vs. 고발수사

안원구 사건은 국세청의 청부로부터 시작된 수사였다는 것이 나의 생각이다. 검찰은 끝까지 인지수사라 했지만, 국세청에서 넘어온 자료를 바탕으로 한 청부수사였음이 분명했다. 그들의 말대로 인지수사였다면 압수수색한 후 2주일이 지나도록 나를 소환하지 못할 일은 없었을 것이다. 나의 혐의가 구체화되지 않은 상태에서 국세청이 넘겨준 자료에 기초해 덥석 압수부터 해놓고, 아내 화랑의 거래 기업들에 대한 저인망식 수사를 했다. 털면 먼지 안 나는 사람 없다고 했으니 누가 걸려도 걸려들 것이란 생각이었는지도 모른다.

반면 한상률 게이트는 고발수사였다. 민주당과 참여연대의 고발이 이어지자 마지못해 수사에 착수했으나 한상률은 이미 한국을 떠난 뒤였다. 한상률이 미국에서 기자회견을 열어 당당하게 의혹을 전면 부인함에도 검찰은 조용했다. 2년여 뒤 유유히 입국한 피고발인을 며칠씩이나 여유를 준 후 검찰에 출두케 하는 등 검찰은 미온적인 태도로 일관했다.

긴급체포 vs. 불구속

현행범도 아니고 국가 기강을 문란케 한 중대범도 아니며 흉악범도 아닌, 더구나 엄연히 국세청의 현직 국장 신분인 나를 그들은 한밤중에 긴급체포해서 인신을 구속시킬 정도로 급하게 격리시켰다. 소환을 준비하며 변호사와 함께 있는 나를 밤 12시가 넘은 시간에 긴급하게 체포한 것은 기자들의 눈을 피하고자 한 것으로 짐작이 된다. 대낮에 소환해서 포토라인에 세우면 기자들에게 내가 무슨 말을 할지 불안했는지도 모를 일이다. 하지만 그들의 의도와는 달리 더 떠들썩하게 만드는 빌미를 주고 말았다. 게다가 20여 일간 접견금지명령까지 내려서 나를 철저히 세상과 차단시키고자 했다. 그렇게 해서 그들이 나에게 씌운 혐의는 '국세청 국장 직위를 이용한 그림 강매'였다. 이 혐의가 한밤중에 긴급체포할 사안인지는 잘 모르겠다. 반면 한상률은 그림로비, 골프로비, 그리고 박연차 게이트의 단초가 된 태광실업 기획세무조사 의혹 등의 혐의로 고발당했음에도 2년간 도피성 미국 유학을 다녀오도록 방조했다. 그리고 수사예고라도 하듯이 출두일자를 미리 알려주며 불구속 수사를 했다.

손보기 수사 vs. 봐주기 수사

안원구 사건의 '공작'을 위해 내 가족과 주변은 물론, 조금이라도 나와 관련이 있는 사람은 모두 검찰의 수사 대상이었다. 나로 인해 시달림을 받은 한 지인이 아내에게 "검찰이 주변을 초토화시켰다"는 원망 섞인 하소연을 했다는 것으로 보아 내 주변을 남김없이 '털어서' 죄를 만드느라 혈안이 되었던 것이 틀림없다. 주변을 저인망식으로 뒤져서, 아무런 증거도 없고 구두로 한 이야기 하나를 꼬투리 잡아 그것도 자의적인 해석까지 곁들여 범죄로 구성한 다음, 기소하고 '죄 없음'을 피고인이 직접 입증하라는 식은 전형적인 손보기 표적수사였다.

그러나 한상률 게이트의 수사는 고발된 내용에 정황적인 증거가 분명하고, 관련 증인의 증언이 명확히 있었음에도 확실한 물증이 없어서 불기소한다고 하는 전형적인 봐주기 수사였다. 그림 취득 과정에 대한 의혹은 약식조사로 그치고, 수상한 자문료 수수에 대해시는 공여자에 대한 조사도 없었다. 공범으로 지목된 한상률의 부하는 단 한 번의 조사로 그쳤다. 와병 중이라는 핑계로 기소유예처분까지 했다. 그 외에도 여러 가지 제기되었던 의혹에 대해서는 아예 수사 대상에서도 제외한 것으로 보인다. 무죄판결을 이끌어내기 위한 수사였기에 애초부터 적극적인 수사를 할 수 없었을 것으로 짐작된다.

검찰의 왜곡, 의도된 브리핑

영상녹화 대질신문이 참고인인 내가 거부해서 무산되었다고 발표한 검찰의 언론 플레이는 이뿐이 아니었다. 한상률 수사 결과는 물론 나에 대한 참고인 조사 내용도 사실과 다르게 발표했다.

한상률 사건은 '게이트'라고 할 만큼 전형적인 권력형 비리 사건이어서 언론으로선 초미의 관심사였다. 검찰은 매일 안원구의 참고인 조사 결과를 브리핑했는데, 덕분에 참고인인 내가 피의자인 한상률보다 언론에 더 많이 오르내렸다. 그리고 이보다 덜 중요한 사안에 대해서도 수사 결과 발표는 검사가 기자실로 내려와서 기자회견 형식으로 해온 검찰이, 어쩐 일인지 한상률 수사 결과는 당시 3차장실에서 티타임을 겸한 약식 브리핑으로 대신했다. 일반적으로 사건의 수사결과를 발표할 때 배포되는 프린트물도 없었다. 최종 수사결과 발표일은 2011년 4월 15일 금요일이었다. 독자들이 신문을 잘 읽지 않는 주말에 기사가 나가도록 해서 가급적 적은 사람들만 읽도록 유도하는, 이명박 정부 들어 대세가 된 이른바 '김 빼기 작전'을 수행하는 것도 물론 잊지 않았다.

그런 갖은 노력에 덧붙여 수사 내용도 사실과는 거리가 먼, 왜곡된 내용이어서 나를 더욱 분노케 했다. 이를 항의하자 담당 검사도 하소연했다. "분명 정확한 사실을 보고하고 있다"며 "수사만 제 소관이지 발표까지는 내가 어떻게 할 수 없는 부분"이라며 답답한 심정을 토로했다. 그렇다면 어디서부터 왜곡되는 것일까?

당시 발표한 검찰의 수사결과 내용은 ①그림로비, ②태광실업 세무조사 직권 남용, ③유임 청탁, ④안원구 상대 3억 원 뇌물 요구, ⑤도곡동 땅 문건, ⑥고문료 수수 등이었다.

검찰은 이 중 그림로비 뇌물공여죄, 세 개 업체 고문료 수수건을 특정법률 가중처벌뇌물죄 및 뇌물수수죄만으로 기소했다. 나머지 일곱 개 업체 고문료는 재직 중 범행이 아닌 점을 고려해 불기소했다고 밝혔다. 나를 참고인 자격으로 불러서, 디아지오코리아를 비롯한 여러 기업들과 한상률이 관련된 의혹들에 대해서도 일일이 조사했던 내용들은 발표 내용에 없었다. '안원구 문건'이라 불리는 나의 메모에 있는 모든 한상률 관련 의혹들에 대하여 나를 조사했듯이 과연 한상률을 조사했는지는 의문이다. 한상률 봐주기 수사를 위해 걸림돌이 될 만한 '안원구 문건'을 수사해 믿을 수 없다는 결론을 내고자 검찰이 꽤 공을 들였다고 나는 생각하고 있다. 그런 목적이 있었기에 한상률 수사기간동안 3차장이 그렇게 열심히 나의 참고인 진술을 왜곡해 매일 아침 브리핑을 했던 것이 아니었겠는가.

고발 내용에 대해서도 죄가 될 만한 것은 수사 과정에서 미리 빠졌고, 공소유지가 어려워 보이는 내용만으로 기소해 한 청장이 빠져나갈 구멍을 만들어준 것이 아닌가 할 정도로 부실하고 책임 없는 기소였다.

검찰의 수사결과 발표 내용을 본 아내는 나와 관련해 왜곡시킨 부분을 빨간색으로 밑줄을 치며 울분을 토했다. 나 역시 이를 예견하고 참고인 조사 때마다 구치소로 돌아와서 기억을 되살려 대질신문 내용을 하나하나 복기했다. 그리고 이를 아내를 통해 변호사에게 전달되도록 했다. 그렇게 만들어진 것이 부록에 수록된 '한상률 전 국세청장에 대한 검찰 수사결과에 대한 입장'이란 보도 자료이다.

나는 수사결과의 문제점을 짚어 나의 진술이 왜곡되는 것을 방지하고, 실체적 진실을 밝히는 것이 우리 사회의 발전을 위해 꼭 필요한 일임을 분명히 하고자 했다. 검찰의 발표 내용에 문제되는 부분과 사실관계 진술, 추가 조사가 필요하나 검찰이 하지 않은 부분 등을 조목조목 지적했다. 그동안 내가 제기했던 피의자 한상률의 위법행위 혐의들에 대한 검찰의 수사결과 발표는, 모두 지나치게 형식적인 태도와 잘못된 선입견으로, 편향적이거나 터무니없이 부족한 조사로 사실을 왜곡한 것임을 밝혔다. 무엇보다 나에 대한 형사사건 절차, 수사단계에서 소지하고 있던 메모에서부터 이 사건 참고인 조사에 이르기까지 변함없이 일관되고 객관적인 사실을 말해온 나의 진술에 대해 "증언의 일관성이 결여된다"거나 "신빙성이 떨어진다"고 매도하고 일방적으로 피의자의 변명을 합리화하는 발표는 내 명예를 심각하게 훼손시키는 일과 다름없기 때문이다.

검찰의 수사결과를 접한 정두언 당시 한나라당 의원은 5월 12일 오마이뉴스와의 인터뷰에서 "내가 한상률 전 청장이 한 짓을 많이 알고 있는데 그중 10분의 1도 조사 안 됐다"며 검찰의 축소은폐 수사의혹을 제기하기도 했다. 정 의원은 "검찰도 다 알고 있는데 (조사를) 하다 말았다. 지금은 밝힐 수 없지만, 앞으로 다 드러날 수밖에 없다. 세상에 감출 수 있는 일은 없다"고 단언했다. 정 의원은 자신이 한상률에게 대선 직후 MB 가족 사찰 자료를 요구했던 것과 관련해서 "한상률 전 청장이 차장 시절 이명박 대통령 사찰을 주도했다. 그래서 17대 대통령직 인수위 때 사찰파일을 달라고 했는데 버티더라"며 "그러다가 한 전 청장이 이상득 의원에게 '내가 대통령 가족을 뒤지고 있다'는 식으로 모함을 한 모양"이라고 주장한 것으로 전해진다. 정두언 의원은 또 이 인터뷰에서 "대통령이 자신의 약점을 잡으려 한다고 오해했는지 나를 질책했다. (대통령이) 믿을 수 없는 사람의 말을 믿은 것"이라고 한상률에 대한 속내를 털어놓았다.

이러한 검찰의 부실한 공소는 재판 과정에서도 질타를 받았으며, 결국 한상률에게 무죄가 선고되었다. 한상률 재판을 담당한 서울중앙지법 형사21부 이원범 부장판사의 판단 근거는 '직접적 증거 부족'으로 압축된다. 한마디로 부실수사라는 지적과 다름없다. 주로 '증거 부족'으로 인한 무죄 판결은 '봐주기 수사'에 이은 재판에서 등장한다. 객관적 증거 없이 증인의 불분명한 진술만으로 유죄를 판결한 나의 경우에 '증거 부족'은 어떻게 설명할 것인지 묻고 싶다.

● ● ● ● ● ●

언론의 양극화 보도 양상

2009년 11월 당시 민주당 송영길 의원을 비롯한 '한상률 게이트 진상조사단'이 나를 만나기 위해 서울구치소를 찾았다. 그 자리에서 나는 한상률과 사이에 있었던 사실에 대해 있는 그대로 대답했다. 한상률의 부탁으로 이상득 의원을 만나 연임을 부탁했던 일, 한상률이 나에게 정두언 의원의 MB 자료 요청을 상의했던 일, 국세청 차장 진급 조건으로 3억 원을 요구한 일 등과 대구지방국세청장 시절 포스코건설 세무조사를 하면서 우연히 보게 된 '도곡동 땅' 전표 등에 관한 내용이었다.

당시 민주당 한상률 게이트 진상조사단이 발표한 나와의 특별 접견 내용은 언론사에 따라 아주 다른 양상으로 보도됐다.

한겨레·경향 등의 신문은 '권력형 비리' 사건이라며 몇 면에 걸쳐 심층 보도한 반면, 조선·중앙·동아 보수 언론은 사안 자체를 크게 보도하지 않았을 뿐 아니라, 나의 얘기를 반박하는 한상률의 주장에 더 비중을 두어 '진실공방'으로 몰아갔다.

경향신문은 "도곡동 땅 이명박 후보 것 적시 포스코 문서 세무조사 때 발견"이란 기사와 "물 마시는 의혹의 핵"이란 제목의 사진 기사를 1면에 싣고 "또 불거진 '도곡동 땅', 권력게이트로 번지나"(3면), "뉴욕의 한상률, 의혹 전면 부인…노 코멘트"(3면), "국세청장에 진상규명 촉구"(3면 사진 기사), "정두언, 한상률에 MB파일 달라 요구"(3면), "도곡동 땅, 10억 로비, 표적세무조사…다 밝혀라"(사설) 등 총 일곱 건의 기사를 게재했다.

한겨레신문도 "정두언, 한상률에 MB파일 제출 요구"(1면), "안원구, 'MB가 도곡동 땅 소유' 증거 갖고 있나"(3면), "한상률, 3억 요구설 사실 무근…귀국계획 없다"(3면), "청와대 '관계없다' 강조 속 '시한폭탄 터진다' 긴장"(4면), "이현동, 임성균, 백용호…정부 고위직 두루 얽혀"(4면), "월간조선-안 국장 사이에 무슨 일이"(4면), "갈수록 커지는 '국세청게이트', 한상률부터 소환해야"(사설) 등 일곱 건의 기사를 다루며 검찰의 철저한 수사를 촉구했다.

반면 '조·중·동'의 보도는 사회면에 각 두 개씩 실린 기사가 전부였고, 그것도 한상률의 반박 위주로 다뤘다.

"한상률 씨 입 열었지만 '국세청 진실게임' 정치권 비화" (중앙, 18면)

"안 씨, 끝없는 거짓말 … 귀국할 계획 없다" (중앙, 18면)

"민주, 국세청장에 진상조사 요구" (조선, 6면 사진 기사)

"송영길 "안원구(국세청 국장), 이상득에 한상률(前 국세청장) 유임 로비" (조선, 6면)

"3억 만들어오라 했다니… 그런 얼간이가 어디 있나" (조선, 6면)

"국세청 安국장, 이상득 만나 한상률 연임 청탁" (동아, 10면)

"美체류 韓 전 청장 "부하에게 인사 청탁 말 되나" (동아, 10면)

'펜은 칼보다 강하다'고 한다. 그리고 언론은 제4의 권력이라 한다. 불편부당한 시각으로 국민과 진실의 편에 서서, 사실을 제대로 보도할 때 그 권력은 정당화된다. 그렇지 않고 누구의 편을 든다거나, 사실 확인도 하지 않고 받은 보도자료 그대로 써 내려간다면 그 권력은 무기와 다름없는 것이 된다. 단어 하나, 토씨 하나에 사람의 목숨이 왔다 갔다 할 수도 있음을 나는 이번 사건을 겪으면서 너무도 절실히 깨달았다. 언론계 종사자들은 자신들이 가지고 있는 막강한 힘을 조절하는 법과 사용법을 깨우쳐서 기사 한 줄을 쓰더라도 역지사지(易地思之)의 자세를 잊지 않기를 진실로 바란다.

제6장

감옥에서 세상을 읽다

서울중앙지방법원은 '미술품 강매' 혐의로 구치소에 수감 중인 안원구(49) 국장 측이 "검찰이 아내와의 접견을 금지한 처분을 취소해달라"며 준항고장을 제출했다고 4일 밝혔다.
검찰 관계자는 "피의자에 대한 접견금지는 형사소송법에 따라 검사가 내리는 처분으로 안 국장의 경우 증거 인멸의 우려가 있어 접견을 금지하게 됐다"고 말했다.
안 국장의 부인 홍혜경(49) 씨는 이날 기자와의 전화 인터뷰에서 "남편이 체포된 후 구속영장이 청구된 게 19일 토요일인데 나는 일요일 10분 정도의 접견을 가진 게 마지막이었다"고 털어놓았다.
또 홍 씨는 "그나마 마이크가 꺼져 있는 상태라 얘기를 나눌 수 없었고 그날 오후 2시경 접견금지명령이 떨어졌다는 통보를 받았다"고 밝혔다.
그녀는 현재 변호인을 통해 남편 안원구 씨와 연락을 하고 있는 상황이다.
법원 관계자는 "변호인의 접견이 방해받았다는 이유로 준항고하는 경우는 가끔 있지만 이런 경우는 아주 드문 케이스"라며 "하루 이틀 사이에 결론이 날 수도 있지만 심리가 길어지면 한 달 이상이 걸릴 수도 있다"고 밝혔다.
준항고란 형사사건 피의자가 검사의 처분에 불복해 법원에 시정을 요구하는 절차다.

(아시아투데이. 2009년 12월 4일자)

제6장

감옥에서 세상을 읽다

접견금지명령

내가 변호사 사무실 건물에서 한밤중에 긴급 체포된 후, 아내는 어느 일간지 기자와 인터뷰를 하면서 한상률이 내게 차장직 제의와 함께 3억 원을 요구했던 사실을 얘기했다. 소환 한 번 없이, 변호사를 앞에 두고 체포되는 나를 보면서 이 모든 일의 시작이 한상률이라고 생각하던 아내는 도저히 그 분노를 참을 수가 없었다고 한다. 아내의 인터뷰 기사가 나간 후 나에게 '접견금지명령'이 내려졌다. 그러한 절차가 있는 줄도 모르던 아내는 그날 구치소 민원실에서 접견신청을 받아주지 않자 애꿎은 창구 교도관에게 사전 통보도 없이 이런 법이 어디 있냐고,

인권 침해로 경찰에 신고하겠다며 난리를 쳤다고 한다. 결국 변호사에게 전화한 후, 언론과의 인터뷰 기사가 나갔기 때문에 내려진 검찰의 결정일 것이라며 따라야 한다는 설명을 듣고 억울하고 분해서 눈물을 흘리며 돌아섰다고 한다.

그렇게 영문도 모르고 당한 '접견금지'는 20여 일이 지나서야 해제되었고 그때서야 유리창을 사이에 두고 아내의 얼굴을 볼 수 있었다.

집에서 의왕 서울구치소까지는 두 시간 가까이 걸린다. 더구나 30~40분을 기다려야 하는 일반 접견인 면회 시간은 단 10분. 그 10분을 위해 아내는 하루도 빼놓지 않고 매일 다섯 시간을 길에서 보내야 했다. 투명 아크릴창을 사이에 두고 나눈 대화는 거의 변호사 사무실에서 오갈 법한 내용이었다. 내가 마음대로 움직이지 못하니까 아내에게 밖의 일들을 파악할 수 있는 자료며 매일 오지 못하는 변호사를 대신한 연락까지 많은 일들을 부탁할 수밖에 없었다. 아내는 내 심부름은 물론이고 밖에서 돌아가는 상황을 브리핑해줬다. 그러다 보면 10분은 금세 지나갔다.

갑작스러운 나의 구속 이후 20여 일간 접견금지 기간에 아내는 나를 대신해 억울함을 호소했다. 평소 제한된 부류의 사람들만 겪어온 아내로서는 몰려오는 취재진을 혼자서 상대하는 것이 참으로 버거운 일이었을 것이다. 또 검찰이 의도적으로 언론에 왜곡된 정보를 흘리는 것에 저항하고 나의 억울함을 밝히고자 하는 노력이, 일부 특종보도 욕심이 지나친 기자들에 의해 폭로나 하는 사람으로 비춰진 것은 안타까운 일이다. 이 기회를 빌려 아내가 국세청의 치부를 드러내려 하거나 선정적인 폭로를 하고자 하는 것이 아니었음을 밝히고 싶다.

아내는 신문과 방송에 보도되는 내 관련 기사를 스크랩해서 면회 때 나에게 보여줬다. 양이 많은 자료나 인터넷 매체에 난 기사는 프린트해서 우편으로 보내줬다. 사실 확인을 거치지 않은 일방적인 기사에는 어처구니없어했고, 검찰의 의도된 수사와 언론플레이, 국세청의 세무조사를 이용한 치졸한 보복에는 분해서 어쩔 줄 몰라 했다. 그럴 때마다 나는 아내를 다독이곤 했다.

"일희일비하지 말라. 당신이 열 받아봤자 달라지는 건 아무것도 없다. 지금 그 기사는 우리 사건의 본질과는 아무 상관이 없다. 오히려 본질을 보는 데 방해가 될 수 있으니 아예 무시해버려라."

아내가 가장 흥분했던 것은 한상률 사건의 참고인 조사와 관련, 매일같이 검찰이 의도적으로 왜곡해 발표한 브리핑을 그대로 받아서 작성한 기사들이었다. 아내는 자기가 나를 옥바라지한 게 아니라 오히려 내가 아내를 위로했다고 말한다. 본래 내가 아는 집사람은 정치나 사회 문제에 크게 관심이 없는, 오로지 문화계가 세상의 전부인 것처럼 살던 사람이었다. 그런데 남편이 구속되고 옥바라지를 하면서 아내는 딴 사람이 되어 있었다. 투사가 되어가고 있었다.

전격 체포되어 최종 판결이 내려지기까지 1년 6개월이 흘렀다. 남은 6개월을 더 감옥에서 보내야 했다. 교도관을 비롯한 주변에서는 보석이나 가석방 등을 신청할 것을 권했으나 나는 하지 않았다. 감옥에서의 남은 6개월은 참으로 긴 시간이다. 상고심까지 끝나고 나니 그야말로 일각이 여삼추였다. 그러나 나는 대법원의 판결에도 승복할 수 없었고, 그러므로 가석방 신청은 할 이유가 없었다. 가석방 신청을 한다는 것은 법원의 판결을 인정하고 선처를 바란다는 뜻이라 여겼기 때문이다. 내가 4년에 걸친 국세청의 사퇴압박과 감찰, 불법감금, 구속 그리고 감옥살이의 고난을 견뎌낼 수 있었던 것은 국세청과 검찰이 씌워놓은 모든 혐의로부터 진정으로 결백했고 내 자신에게도 떳떳했기 때문이었다.

누군들 감옥생활이 힘들지 않겠는가? 겨울에도 습기가 차서 천장은 시커먼 곰팡이가 피어 있었으며 결로 현상으로 누워 있으면 얼굴에 물이 뚝뚝 떨어졌다. 생전 안 하던 빨래와 설거지로 주부습진에 걸리기도 했다. 여름에는 화장실에서 찬물 한 바가지 끼얹으면 그럭저럭 참을 만했으나 겨울 추위는 견디기 힘들었다. 그럴 때는 이보다 더 춥고 어려웠던 때를 떠올리며 이겨냈다. 그리고 나를 둘러싸고 있는 감옥의 창살은, 생각하기에 따라서, 1년여를 집요하게 나를 괴롭히던 바깥의 그들을 가두는 창살이기도 했다.

감옥 스케치

실제로 수감생활 초기에는 국세청의 온갖 협박에 시달리지 않아 차라리 편했다. 처음 접견하러 온 아내도 의외로 평온해 보이는 나를 보며 조금은 안도하는 눈치였다.

구치소의 하루 일과를 살펴보면 오전 6시에 기상해서 세수하고 아침 체조를 한다. 내 경우 5시면 잠이 깨어 나만의 기체조를 한 후 기상시간까지 책을 읽었다. 아침식사 후 독서, 점심식사 후 30분간 운동장에 나가 햇볕을 쬐며 간단한 운동을 한다. 운동이 끝나면 들어와 독서, 저녁식사, 독서, 밤 11시가 되면 취침시간이다. 감방은 24시간 내내 형광등이 켜져 있다. 구치소에서는 한 달에 1~2건, 1년에 20여 건의 자살 사건이 발생한다고 들었다. 때문에 밤에 잘 때도 소등을 하지 않는다. 그럼에도 불구하고 가끔씩 불상사가 나곤 하는데, 어느 날 갑자기 벽의 못을 제거한다든지, 끈을 모두 수거해간다든지 하면 또 한 명이 스스로 목숨을 끊었음을 짐작할 수 있다.

면회 신청이 들어오면 10~15분간 접견실에 나가고, 내 경우는 한 달에 서너 번씩 교도소장, 과장, 계장 등 교도관과 면담 시간도 있었다. 이는 나처럼 고위직 공무원 출신 수감자들에게만 해당됐다. 이때 교정행정의 실상과 교정공무원들의 애환을 조금은 알 수 있었다. 우리나라 교정행정은 여전히 '격리' 수준에서 벗어나지 못한 상태였다. 교화, 교정이 아니라 그저 죄인들을 사회와 격리시키고 사고만 안 일어나게 하면 된다는 것이 교정행정의 현실이었다. 교정환경이 이렇다 보니 교도관에게 자기발전이나 장래비전 같은 것은 없는 듯 보였고 그저 주어진 일, 시키는 일만 하면 된다는 차원에 머물러 있었다. 나는 기회 있을 때마다 그들에게 희망과 의욕을 불어넣어 주고자 했다. 그래서 내가 면담을 받는 게 아니라 그들이 거꾸로 나의 강의(?)를 듣는 일이 종종 벌어지곤 했다.

따지고 보면 그들은 출퇴근만 할 뿐이지 재소자들보다 더 희망이 없는 삶을 살고 있었다. 재소자들이야 형기를 마치고 나가면 그만이지만 그들은 일터이므로 평생을 그곳에서 있어야 했다. 물론 그들 스스로 택한 일이긴 하지만 힘든 현실 앞에서 어깨가 구부정해지는 것이 엄연한 사실이다. 그들에게 사명의식을 갖고 한 차원 높은 교정행정을 펼칠 수 있어야 한다고 얘기해주면 대개는 고마워하며 힘을 내곤 했다.

주말과 공휴일에는 일부 교도관들(그들도 공무원이므로)이 쉬어야 하므로 접견이나 운동시간이 없다. 때문에 휴일이나 명절 연휴 기간이 재소자들에게는 가장 고통스럽다. 아무도 찾아오는 이 없고, 잠깐이나마 바깥 공기 쐬며 운동을 할 수도 없기 때문이다. 그야말로 감옥살이였다. 우리 감방에는 사회에서 교회장로였던 재소자가 있어 주말이면 예배를 보곤 했다. 나는 종교가 없지만, 다른 사람의 신앙생활을 인정하는 입장이어서 기독교든 불교든 상관이 없었다. 마침 성경과 유럽사를 읽은 터라 예배 후 자연스럽게 종교 토론으로 이어지곤 했는데 장로는 "성경공부 덕분에 많은 것을 배웠다"며 내 강의(?)를 고마워했다.

내가 있던 감방은 비교적 큰 방으로 다섯 명 정도가 같이 생활했다. 방에 개인 사물함인 관물대가 네 개 있는 것으로 보아 네 명이 정원인 듯했다. 그러나 방이 모자랐는지 많을 때는 일곱 명까지도 함께 지냈다. 그때는 반듯이 누워 잘 수가 없어 옆으로 누워 '칼잠'을 자야만 했다.

개인 소지품은 가방에 넣어두고 사용했다. 대개 트레이닝복과 속옷, 세면도구 정도였다. 내 경우 재판 준비를 위한 서류가 관물대를 채우고도 감방의 한구석을 차지할 정도로 많았다.

밥을 먹은 후 설거지까지 해서 내보내야 하는데, 당번을 정해 돌아가며 설거지를 했다. 그런데 나는 열외를 시켜주는 경우가 많아 혼거방(混居房)에서 설거지를 한 기억은 별로 없다. 그러나 남부교도소에서는 독거방(獨居房)에 있었기 때문에 매일 세 번은 설거지를 해야 했다. 빨래까지 하다 보니 어느 날 주부습진에 걸려 있었다.

감방은 재래식 변기가 있는 방과 좌식 변기가 있는 방의 두 종류가 있다. 칸막이는 되어 있지만 방 안에 있는지라 어느 곳보다 깨끗이 청소해야 했다. 수도는 찬물만 나와 여름을 제외한 계절에는 아침에 따뜻한 물이 한 통씩 배급되었다. 이때도 다른 재소자들의 배려로 가장 먼저 그 물을 쓸 수 있었다. 그러고 보니 나는 감옥에서조차 많은 특혜를 누리고 있었던 셈이다.

재소자들 중 의외로 많은 사람들이 내가 왜 들어와 있는지를 아는 것 같았다. 밖에서 알고 있는 것처럼 처음 들어가서 신고식을 한다든지, 기존 재소자들이 텃세를 부린다든지 하는 일은 없었다. 내가 수감돼 있는 방은 공무원들만 있어서 싸울 일은 없었고 서로 돌려가면서 책을 읽는 독서실 분위기였다.

어느 날 어깨가 떡 벌어진 체격 좋은 재소자가 난데없이 지나가다 내게 인사를 했다. 얼떨결에 인사를 받긴 했지만 도통 누군지 기억할 수가 없었다. 누구시냐고 물었더니 대구가 고향인 사람으로 '고향 후배'라고 자기소개를 했다. 소개를 듣고 보니 예전에 조직의 보스를 지낸 적이 있는 사업가였다. 그날부터 나는 '형님의 선배'가 되어 여러 가지 특혜를 누리는 신분이 되었다. 교도관들도 나의 억울함을 공감했는지 사소한 불편함이 없도록 배려해주고자 애쓰는 걸 느낄 수 있었다. 용기를 잃지 말라고 응원하는 교도관이 여럿 있었다. 심지어 재판정에 출정을 다닐 때에는 끝까지 굴하지 말고 꼭 진실을 밝히라며 재판을 응원하는 교도관들도 있었다.

내 바둑 실력은 자타가 알아주는 아마 5단이다. 정식으로 배운 적은 없고 책과 TV를 보며 익혔다. 나는 상대와 겨루는 게임이나 스포츠를 좋아한다. 상대방과의 관계를 내 페이스대로 풀어나가는 데서 성취감을 느낄 수 있기 때문인 듯하다.

탁구는 국세청 대표 선수를 지냈을 만큼 치고, 골프도 레슨 한 번 받지 않고 바로 필드에 나갔음에도 상대에게 민폐가 안 될 정도는 되었다. 사실 골프 레슨을 받지 않았던 것은 코치가 자세 훈련을 한다면서 골프채를 내 머리 위에 갖다 대고 누르는 것이 싫었기 때문이다.

중학생 때는 씨름 선수로도 활동했다. 씨름은 중심이동 운동이다. 마냥 힘만 세다고 이길 수 있는 운동이 아니다. 힘과 기술, 정신력과 더불어 고도의 지략을 필요로 하는 운동이므로 나는 작은 체구에도 불구하고 두려운 상대는 없었다.

더 어릴 때, 초등학교 입학 즈음에는 장기 두는 법을 배웠는데 동네 어른들이 내게 시달림을 많이 받으셨다고 한다. 조그만 사내아이가 장기판을 들고 장기 좀 둔다고 하시는 어른들을 찾아다니며 이길 때까지 붙들고 늘어졌다고 하니 동네 어른들 사이에서 내가 기피 대상이 아니었을까 싶다.

불편한 동거–민간인 사찰팀

토사구팽(兎死狗烹)

서울구치소에서는 혼거방 중에서 공무원들만 모아놓은 방에서 생활했다. 같은 방은 아니었지만 다단계 사기 및 횡령 혐의로 들어와 있는 주수도 씨, 청탁과 금품수수 혐의로 구속된 천신일 세중나모여행 회장 등이 있었다.

이곳에서 민간인 불법사찰과 관련해 연일 메가톤급 사실들을 폭로하고 있는 장진수 전 주무관에게 증거인멸을 지시했다는 진경락 전 공직윤리지원관실 기획총괄과장을 만났다.

총리실의 민간인 불법사찰 문제가 불거진 것은 2010년 6월이었다. 국회 정무위원회에서 "공직윤리지원관실이 민간인을 무차별 사찰했다"는 폭로에 따라 검찰이 수사에 착수, 당시 총리실 산하 공직윤리지원관실의 진경락 기획총괄과장과 장진수 주무관 등이 증거인멸과 공용물건 손상 등의 혐의로 구속됐다. 불법사찰에 나선 점검1팀 직원들의 컴퓨터 자료를 지우고(ERASING), 영구삭제(DEGAUSSING)하라고 지시하고(진경락 과장) 실행한 혐의(장진수 주무관)였다.

진경락을 구치소에서 만났을 때 그가 구속 상태에서 검찰 수사를 받고 있던 시기인데도, 크게 걱정하는 사람처럼 보이지는 않았다. 내가 보기에는 재판을 받고 있는 사람 같지 않게 여유가 있어 보였다. 그러나 재판이 시작되면서 심경의 변화가 일어나기 시작했고, 1심에서 예상하지 않았던 실형을 선고받자 극도의 심경변화를 보이기 시작했다. 자신이 희생함으로써 이영호 전 청와대 고용노사비서관과 최종석 전 행정관의 연결고리를 끊어주었고, '윗선'에 대해서도 입을 다물었는데 애초의 약속과 다르게 감옥살이를 하게 되니 토사구팽(兎死狗烹) 당했다고 생각했던 것 같다.

그즈음, 그는 "최종석이 민정수석실의 지시를 받고 장진수에게 시킨 것이지 나는 아니다"라는 얘기를 여러 번 내게 했다. 또 장진수가 밖에서 누구의 사주를 받았는지 모르지만 (청와대와의 고리를 끊기 위해) 자신에게서 지시를 받은 것으로 이야기를 한다면서 장진수를 원망하기도 했다. 민정수석실을 원망하는 발언을 자주 했는데, ㄱ 민정비서관이 최종석에게 증거인멸지시를 내렸다는 얘기도 했다. 또 어느 날은 ㄱ변호사(전 청와대 법무비서관)가 자신의 증인 신청을 막는다며 변호사도 믿지 못하겠다면서 자신의 후배 변호사를 따로 접견하기도 했다. 이렇듯 자신이 억울하다며 나에게 조언을 구할 때마다 나는 "이해관계가 복잡하게 얽힌 경우는 상황을 단순화하고 자기 자신을 중심으로 생각해야 한다"고 조언해주었다. 그의 말대로 윗선이 있다손치더라도 대놓고 그를 챙길 수는 없는 노릇이다. 그를 챙기는 순간, 배후임을 스스로 밝히는 꼴이 됨으로.

임태희 비서실장의 위로금

진경락이 면회 온 부인이 해준 얘기라며 뜻밖의 사실을 알려 줬다. "(2010년 9월) 추석 무렵 임태희 청와대 비서실장이 직접 행정관을 대동하고 (진경락의 부인을) 찾아와 위로금을 전달하고 갔다"고 해서 "받지 말고 돌려주라 했다"는 것이었다. 진경락의 말처럼 비서실장이 직접 찾아와 위로금을 전달하려 했다면, 그 자체가 청와대 개입으로 연결될 수 있는 사안이다. "(나중에 청와대 개입 사실의 근거가 될 수도 있는데) 녹음이 되는 접견실에서 왜 그런 이야기를 주고받았느냐"고 걱정 반, 경고 반의 말을 해준 기억이 있다. 진경락과 임태희 비서실장은 한 번도 같이 근무한 적이 없는 것으로 알고 있다. 임태희 비서실장이 노동부장관 할 때 진경락은 청와대에 파견근무하고 있었고, 임태희 비서실장이 청와대 근무할 때 진경락은 총리실에 파견근무하고 있어서 한 번도 같이 근무한 적이 없다. 그런데 총리실의 과장이 구속되어 있는데 청와대 비서실장이 위로금을 전달했다? 뭔가 수상쩍은 냄새가 피어오르지 않는가?

이에 대해 임태희 전 비서실장은 얼마 전 가진 인터넷 매체와의 인터뷰에서 "입막음용 금일봉이 아니었다"고 해명했다. 그는 "공직을 수행하다 그런 것이니 그 자리에 있던 사람들이야 어쩔 수 없이 감당해야 할 일이지만 가족들은 용기를 잃지 말고 이겨내야 하지 않겠냐는 생각이 들어 신경이 쓰였다"면서 "그래서 지갑에 있던 돈을 1000원짜리 빼고는 다 최종석(전 청와대 행정관)에게 주며 가족들에게 고기라도 좀 사서 주라고 했다"고 덧붙였다. 위로금의 액수에 대해서는 "대통령 비서실장으로 근무할 때는 평소 축의금이나 부의금 등 현금을 쓸 일이 많아 비상금까지 합쳐 100만 원 정도 가지고 다녔다"며 "세어보지는 않았지만 대략 100만 원 좀 넘는 돈이었을 것"이라고 말했다. 그는 "그 100만 원을 최종석이 누구에게 나눠줬는지는 모르지만 대략 서너 가족 되는 것 같은데 그걸 입막음용 금일봉이라고 하는 것은 말이 되지 않는다"고 말했다.

진경락 과장은 1심 재판에서 컴퓨터 자료삭제 지시는 자기가 한 일이 아니고 실무자가 지시를 받아 한 것이라고 했다. 장진수 주무관으로선 배신감을 느꼈을 대목이다. 장진수 주무관은 "내가 죽고는 못 있는다, 가만히 있지 않겠다"고 진경락의 담당 변호사를 찾아와 항의했다고 한다. 이 역시 진경락에게서 들은 것과 같은 내용이다. 최근 이어지는 장진수의 폭로도 그 연장선상에 있는 것으로 보인다.

경상북도 청송 출신인 진경락 과장은 청와대 최종석 행정관과 행정고시 동기로 본래 청와대에서 이영호 밑에서 같이 근무하다 이영호가 만든 총리실 공직자윤리지원관실에 파견되었던 것이었다.

진경락 과장은 박근혜 새누리당 대통령후보, 남경필 새누리당 의원, 정태근 전 의원, KB 한마음 김종익 씨 등 정계 인물과 공기업 임원 등 민간인 불법사찰 시 총괄기획과장으로 근무하면서 불법사찰에 상당 부분 개입했고 당시 사찰 관련 자료를 보관하고 있을 개연성이 높아 보인다.

최근 언론보도와 당시 진경락에게서 들은 얘기를 종합해보면, 공직자윤리지원관실에서 민간인 불법사찰을 했고 그 내용은 청와대 최종석 행정관을 통해서 또는 진경락이 직접 이영호에게 전달했다고 한다. 그리고 또 다른 갈래는 이인규가 공식 라인을 통해서 민정으로 전달했다는 것이다. 그러다 국회에서 이 사실이 폭로되면서 진경락 과장이 청와대 개입의 꼬리 자르기로 희생양이 되었을 것이다.

1심에서 징역 1년의 실형을 선고받자 총리실에서는 그를 파면하기 위해 중앙징계위원회에 출석을 요구했다. 그렇지 않아도 자기 '진영'(진경락은 진영이라는 용어를 자주 사용했다)에서 챙기지 않아 실형이 선고된 데 불만이 있던 차에 해임까지 시키려 하자 그는 "중요한 사실을 출석해서 다 불겠다"며 변호인들에게 통보하는 한편, 탄원서를 보냈다고 했다. 면회실에서 만난 진경락은 자신이 보낸 탄원서가 중앙징계위원회로 가지 않고 청와대로 빼돌려졌다며 이럴 수가 있느냐고 내게 하소연을 했다. "자기들은 다 빠져 나간다"며 민정수석실을 원망하는 말을 자주 했으며, 중앙징계위원회로 보낸 탄원서에도 그러한 내용을 썼다고 했다. 그러던 중에 그 탄원서가 청와대로 전달이 되었는지 그때부터 진경락에게 특별면회가 이어졌다.

당시 진경락은 "내게 특별면회를 온 사람들이 2심에서는 나를 반드시 출소시키고, 출소 후에는 대통령과 독대하게 하고, 대기업 상무 이상의 직급으로 취업시켜주겠다는 제안을 했다"고 이야기했다. 진경락은 그의 말대로 항소심에서 집행유예로 출소했다. 진경락에게 들은 얘기들로 미루어보면, 증거인멸을 지시한 것은 민정수석실인 것 같고, 검찰과도 조율이 되어 있으니 걱정하지 말라는 약속을 받은 것 같다. 그러나 막상 수사와 재판을 받으면서 민정수석실로부터 듣고 기대했던 바와 다르게 일이 흘러가는 것으로 파악되었고 배신감이 들어, 내게 원망을 늘어놓았던 것이 아닌가 한다. 그러나 나머지 두 가지 제안에 대한 성사 여부는 나로서는 알 수 없다.

나는 면회 온 아내에게 이러한 얘기를 전했고, 아내와 진경락에 관한 대화를 나누고 얼마 안 되어 나는 진경락과 함께 지내던 방에서 다른 감방으로 옮겨졌다. 대개 공무원 방에 있는 사람들은 상고심이 끝날 때까지 한방에서 지내는 게 관례였는데 갑자기 관례가 바뀐 것인지는 알 수 없는 일이다.

범털 – 천신일, 주수도, 박연차

구치소에는 소위 '범털'이라고 불리는 사람들이 있다. 아마 일반 재소자들이 보기에 특별 대우를 받는 사람들을 일컫는 것으로 생각된다. 그 범털도 두세 가지 부류가 있는데 정부에서 고위직 공무원을 지냈거나 재벌총수를 포함한 기업가 등 부자, 그리고 폭력조직의 보스를 말한다. 그런데 내가 본 바로는 돈이 많은 부자가 진짜(?) 범털이었다.

이명박 대통령의 '절친' 천신일 세중나모여행 회장이 세무조사 무마 등의 청탁과 거액의 금품을 받은 혐의(알선수재)로 징역 2년 6월을 선고받고 내가 있는 서울구치소에 들어왔다. 천신일 회장은 그곳에서도 특별 대접을 받았다. 단 한 번도 다른 재소자들과 같이 하는 것을 본 적이 없다. 보통 접견할 때는 같은 대기실에 모여 기다리다가 각자의 접견실로 가도록 돼 있는데 대기실에서도 그를 본 적이 한 번도 없다. 항상 교도관과 별도의 대기방에서 담소하고 있는 모습만 볼 수 있었다. 도대체 어떤 신분이기에 그렇게 할 수 있는지 궁금하기 짝이 없었다. 그뿐만 아니라 환자복을 입고 환자병동에서 생활했고 아예 구속집행정지로 풀려나 삼성병원에 입원해 있다 들어오기도 했다. 대통령이 구속되었다 하더라도 그런 특별 대접을 받았을까? 구치소 안에서도 엄연한 신분 차이가 있음을 확인하며 씁쓸할 수밖에 없었다.

2007년 불법 다단계 판매 영업으로 2조1000억 원대의 사기죄와 회사돈 284억 원을 횡령한 혐의(특정경제범죄가중처벌법상 사기)로 징역 12년형이 확정되어 복역 중인 제이유 네트워크 주수도 씨도 감옥에서 만난 범털 중 한 명이다. 그는 나와 자주 대화를 하곤 했는데, "재판에 너무 기대를 걸지 말라"며 경험에서 우러나온 충고를 해주곤 했다. 그는 하루도 빠지지 않고 매일 변호사와 접견을 했다. 그래서인지 한때 감옥에서도 경영을 한다는 소문이 들린 적도 있다. 5년여의 긴 복역생활로 그는 어지간한 변호사보다 더 풍부한 실전 경험을 가지고 있었다. 장기 복역수인 만큼 다른 교도소로 이감되기도 했는데 끝까지 싸워서 결국 서울구치소로 다시 왔다.

내가 상고심 재판 결과를 기다리고 있을 즈음, 만약 내가 한상률의 지시로 태광실업 세무조사를 위해 베트남 계좌확보에 투입되었다면, 서로 조사자와 피조사자로 만날 뻔했던 태광실업 박연차 회장이 구속집행정지로 나갔다가 다시 서울구치소로 재수감되어왔다. 수감생활이 무척이나 힘들어 보였다. 그러나 감옥살이가 아무리 힘들다고 해도 죽은 사람도 있는데 그보다야 낫지 않겠는가. 그 역시 환자복 입고 병동에 수감돼 있는 '나이롱환자'였다.

장군 진급과 골프장 허가가 동시에 가능한 인물

운동장과 접견실을 오고 가는 중에 같은 고향 사람을 만나게 되었다. 내가 워낙 방송이며 신문에 오르내렸던 이름이다 보니 그가 먼저 인사를 건네왔다. 호탕한 말투와 준수한 외모가 일단은 좋은 인상을 주었고, 얘기를 거침없이 하는 것이 사람이 솔직 담백하게 느껴졌다. 이 사업가는 육사 출신으로 영관장교로 예편해 사업을 하다가 억울하게 구속된 사정이 있었다.

그는 S그룹 회장의 아들과 육사 동기생이었다. S그룹에서 용인 근처에 골프장을 건설하는데, 골프장 옆에 부대 탄약고가 있어서 허가가 쉽지 않자 S그룹 회장은 아들 친구이자 S그룹의 전 대표였던 K사 ㅇ사장에게 골프장 허가를 부탁했다. ㅇ사장은 탄약고를 맡고 있던 군부대 ㅅ대령에게 골프장 허가를 부탁하는 대신, ㅅ대령의 장군 진급을 인사담당관에게 청탁해주기로 했다. 뒤에 나오는 아시아경제에 실린 기사에서는 청와대 인사담당 공무원으로 되어 있는데 실은 이명박 정권의 실세 ㅂ씨라는 것이 K사 ㅇ사장의 설명이다. 그 중간에 앞의 실세 ㅂ씨와 대학 동기인 ㅊ씨가 끼어 있었다. K사 ㅇ사장의 노력으로 골프장 인·허가가 났으며 ㅅ대령도 장군 진급이 되었다. 이때까지는 모든 것이 순조롭게 진행되었고 성공한 로비였다고 한다. 당시 K사 ㅇ사장과 ㅊ씨 사이에는 실세 ㅂ씨에게 부탁해 골프장 허가와 장군 진급을 받아내는 조건으로 (실세

ㅂ씨에게) 골프 회원권 두 개와 2억 원을 주고, 토목공사도 실세 ㅂ씨 측에서 지정하는 사람에게 공사를 맡기는 조건으로 일을 성사시켰다고 한다.

일이 성사되고 난후 K사 ㅇ사장은 S그룹 회장에게 ㅊ씨와 약속한 조건을 이행하라고 요구했다고 한다. 그러나 S그룹 회장은 약속이행은커녕, 오히려 K사 ㅇ사장을 횡령혐의로 고발했으며 이에 반발한 K사 ㅇ사장도 S그룹의 골프장 허가 과정에서 불법 행위를 고발, 결국 ㅊ씨가 구속되고 실형을 받게 됐다. K사 ㅇ사장이 밝힌 이 같은 내용은 아시아경제 2010년 6월 18일자에 실린 기사를 통해 확인할 수 있었다.

'장군 진급 청탁' 식품업체 대표 실형

서울중앙지방법원 형사23부(부장판사 홍승면)는 18일 장군 진급 청탁과 함께 돈을 받은 혐의(알선수재)로 기소된 식품업체 M사 대표 채모씨에게 징역 1년을 선고하고 4700만 원을 추징했다.

같은 혐의로 기소된 대학교 시간강사 이모씨에겐 징역 10월, 집행유예 2년을 선고하고 2300만 원을 추징했다.

재판부는 "장군 진급 청탁과 관련해 돈을 주고받는 것은 법치국가에서 수치스러운 일"이라며 "채 씨는 특히 본인의 판단으로 돈을 요구해 받았고, 받은 돈의 상당액을 자신을 위해 쓴

점, 수수액이 6000만 원에 이르는 점 등을 고려했다"고 양형 이유를 설명했다.

이 씨의 혐의에 관해 재판부는 "실제 이 사건에 관여한 정도가 더 큰 게 아닌가 하는 의심이 있지만, 관련인 진술 등에서 장군 진급에 구체적으로 관여한 사실이나 청탁한 사실이 드러나지 않는 점 등을 고려해 형을 정했다"고 설명했다.

채 씨는 2009년 골프장 건설을 추진하던 투자개발업체 K사 대표 이모씨에게서 국방부 신모 대령의 장군 진급을 도와달라는 청탁과 함께 8000만 원을 받은 혐의로 지난 3월 기소됐다. 이 씨는 군 탄약고 인근에 골프장을 만들면서 당시 탄약고 과장인 신 대령의 장군 진급을 도와주고 골프장 인·허가를 받으려 채 씨에게 돈을 건넸고, 채 씨는 평소 알고 지내던 시간강사 이 씨가 청와대 인사담당 공무원 등과 친분이 있다는 사실을 알고 신 대령의 장군 진급 청탁과 함께 이 씨에게서 받은 돈의 일부를 건넸다. 시간강사 이 씨는 지난 3월 알선수재 혐의로 기소됐다.

이 기사를 보면 식품업체 M사 채 대표와 시간강사 이 씨가 장군 진급도 시키고 골프장 허가가 날 수 있도록 하면서 돈을 받은 것처럼 결론을 맺고 있다. 그러나 이 사건의 내용을 조금만 들여다보면 말이 안 된다는 것을 알 수가 있다. 실제로 대령을 장군으로 진급시켰다면, 인사권을 갖고 있는 사람을 움직였다는 얘기인데 그 사람이 누구인지가 사건의 핵심일 것이다. 또, 식품업체 M사 채 대표와 시간강사 이 씨가 골프장 허가를 직접 내주는 사람이 아닌 이상, 허가를 내준 사람과의 사이에 영향력이 있는 누군가가 있다는 얘기일 것이다.

또 하나, 이 사건의 이면에는 금권과 결탁한 검찰이 있다는 것이 K사 ㅇ사장의 주장이다. K사 대표인 ㅇ사장에 따르면 S그룹과의 사이에 퇴직금 등 금전문제로 다툼이 있던 중에 또 다른 금전관계에 얽힌 형사사건이 진행되고 있었고, 이 형사사건에는 1심에서 K사 ㅇ사장이 무죄판결을 받았다는 것이다. 그런데 S그룹 측에서 전직 검찰고위직 출신을 동원해 영향력을 행사했고, 결과는 2심에서 무죄가 유죄로 둔갑했다는 것이다. '무전유죄, 유전무죄(無錢有罪, 有錢無罪)'의 사례가 또 하나 탄생했다는 것이다. 밖에서 막연히 그럴 것이라고 알고 있는 것과는 달리 구치소 안에서는 '무전유죄, 유전무죄'를 철칙으로 생각하고 있다.

세상에 눈뜨다

2년간의 감옥 생활은 내게는 또 다른 세상을 체험하는 기간이었고, 새로운 세상에 눈을 뜨는 소중한 시간이었다.

교도소에는 교도행정의 일환으로 재소자들의 원활한 사회복귀를 지원하기 위해 다양한 교육 프로그램을 운영하고 있다. 그중 인기 있는 어학교육 프로그램은 몇 개의 교도소가 언어별로 나누어 교육하고 있는데, 나와 같은 방에 있던 재소자가 여주교도소에서 운영하는 중국어과정을 수학하고 싶어 했다. 중국어과정을 수학하기 위해서는 여주교도소로 이감해야 했고 그러려면 중국어과정 선발시험을 통과해야 했다. 같은 방에 있다 보니 그 사람이 공부하는 과정을 자연스레 보게 되었고, 좀 더 효율적인 공부 방법을 알려주고자 나도 중국어를 독학하게 되었다. 아내에게 중국어회화 책 한 권과 단어집을 넣어달라고 하여 공부를 시작했다. 아무래도 한자를 많이 아는 내가 다른 재소자들보다 습득속도가 빠를 수밖에 없었다. 혼자 공부해 다른 이들을 가르치는 날이 늘어나면서 나는 점점 자신감이 생기자 아내에게 중국어 신문을 구해 넣어달라고 했다. 아내는 중국문화원에서 발행하는 신문 등 몇 가지 신문을 구해 넣어주었고 신문을 읽는 데 그다지 어려움이 없는 수준까지 이르렀다. 약 3개월 만의 성과였다. 그러다 보니 감방 안에 중국어 제자(?)들이 생겨났다. 총 10여 명의 제자를 길러낸 것 같다. 많은 사람들이 중국어를 어려워하는 이유 중 하나가 중국어에만 있는 사성(四聲) 때문이다. 우리말에는 없는 사성은 영어로 치면 인토네이션(억양)으로, 똑같은 소리라도 사성에 따라 그 뜻이

달라진다. 사실 우리는 기본적으로 한자를 알고 있으니 서양 사람이 중국어를 배우는 것에 비해 더 유리한 조건이다. 내가 빠른 시간에 중국어 신문을 읽을 수 있는 수준이 될 수 있었던 것은, 사성을 무시하고 한자를 바탕으로 원리를 터득했기 때문이다. 감방 안에서는 녹음기나 테이프 등 소리를 들을 수 있는 수단이 허용 안 되었으므로 원어민 발음 공부는 할 수 없었지만 읽고, 쓰고, 독해해 소통하는 데는 무리가 없었다.

나는 원래 사람들과 대화를 나누며 서로의 생각을 논하는 자리를 좋아한다. 나중에 젊은 사람들과 소통하며 가르치는 일을 하는 것도 생각해본 적이 있다. 국세청을 퇴직하면 당연하게 여기는 회계법인의 고문으로 취업해 국세청 후배들에게 부탁하거나 부담을 주면서 또 다른 직장생활을 할 계획은 애초에 없었다. 수십 년을 공무에 충실하고자 나의 사사로운 생활을 가져보지 못했으니 퇴직하고 나면 가족들과 또 친구들과 편하게 소소한 일상의 행복을 느끼면서 살고 싶었다.

사건을 겪기 전 나는 공무원으로서의 조직 논리에 사로잡혀 있었던 것 같다. 국민에게 봉사하는 것이 공무원의 본분이라는 생각에서 단 한순간도 벗어난 적은 없었다. 그러나 내 자신을 되돌아보니 국가 조직이 곧 국민이라는 착각 아래 공직 생활을 해왔던 것 같다. 국세청은 국가 기관이고, 국가 기관은 국민을 위해 존재해야 한다. 그런데 국가 기관을 보호한다는 명분 아래 얼마나 많은 국민들이 희생되어왔는가. 나 역시 국세청을 보호한다는 어리석은 생각으로, 나를 사퇴시키고자 국세청이 저질렀던 민간기업 불법사찰 등의 황당한 작태를 내부적으로만 해결하고자 했다. 나는 감옥에 누워 이러한 나의 인식의 모순에 대해 참으로 많은 반성과 고민을 했다. 그것이 국가에 속한 것이든, 기업에 속한 것이든, 사사로이 작은 집단을 대표하는 것이든 조직이란 생명력이 없는 껍데기에 불과하다. 조직 스스로 할 수 있는 일은 아무것도 없다. 조직의 구성원들이 하는 다양한 역할이 집합을 이루어 그 조직을 성격 지을 뿐이다. 그런데 나는 그러한 조직에 누를 끼치지 않겠다는 명분으로 나를 사퇴시키기 위해 민간 기업을 사찰하고 협박하는 국세청을 처음부터 고발하지 못했다. 법과 절차를 거치지 않고는 사퇴하지 않겠다고 버티는 것으로 불법에 저항했을 뿐이다. 가장 먼저 내 자신에게 부끄러웠다. 나에 대한 사퇴압박보다 민간 기업을 사찰하고 협박하는 것이 훨씬 더 큰일이라는 자각을 미처 하지 못했던 내 자신이 너무도 참담해, 몇 날 밤을 뜬눈으로 지새우기도 했다. 우리 사회가 올바른 가치관을 지향하고 발전하려면 국민 한 사람 한 사람의 내부 자정과 자각이 먼저 이뤄져야 한다. 나는 과연 어떠했는지를 뒤돌아보니 내 자신이 한없이 부끄럽기만 했다.

다양한 분야의 책들을 섭렵하며 나는 사유의 폭을 넓히게 되었다. 운동장이나 접견대기실에서 다양한 사람들의 사정을 들을 수 있었고, 보수 진보 할 것 없이 거의 모든 언론 기사를 읽다 보니 과거의 내 사고 프레임이 얼마나 고착화되어 있었는지 반성하게 되었으며, 이를 깨닫고 나니 사고의 틀이 점점 확대되는 것을 느낄 수 있었다. 예전의 조·중·동 메이저 신문만 보던 나는 한쪽 눈을 감고 세상을 살았던 것과 마찬가지였다. 요즘 나는 경향신문, 한겨레신문, 오마이뉴스, 프레시안 등의 진보언론 매체도 같이 본다. 진보와 보수 언론 양쪽을 같이 읽다 보니 특정 사안에 대해 양측의 관점 차이를 비교해볼 수 있고, 그렇게 함으로써 행간을 읽고 기사의 의도를 파악해 어느 한쪽으로 치우치지 않는 균형을 유지하고 있다.

내가 2년의 형을 마치고 출소하기 두 달 전에 장인이 돌아가셨다. 장인이라고 해도 함께 모시고 살다 보니 내게는 친아버지와 마찬가지셨다. 사위의 갑작스러운 구속이 팔순이 넘은 장인에게는 큰 충격이었고, 결국 지병인 당뇨병과 심장질환이 악화되어 사위를 보지 못한 채 돌아가시고 말았다. 가망이 없다는 의사 진단을 받고 장례 때 나가는 것은 포기할 테니 살아계실 때 뵙게 해달라며 외출을 몇 번 신청했으나 끝까지 불허되었고, 장인은 아들 삼아 의지하던 사위를 보지 못하고 영면하셨다. 교도행정이란 것도 결국 다 사람을 위한 행정일 터, 가족의 신변과 관련한 외출제도는 원래의 취지가 무엇인지를 잘 살

감옥에서 세상을 읽다

펴볼 필요가 있다. 장례식에 불참하겠다는 조건이라면 살아계실 때 외출을 허락하는 것도 하나의 방법이라고 생각한다. 병상 면회를 위한 외출과 장례 참석을 위한 외출을 모두 허가하게 되면 잦은 외출을 유발할 수 있기 때문에 불허하는 것이지, 살아서 만나는 것을 차단하는 것이 목적은 아니지 않겠는가.

장인의 장례식에는 국세청 직원들 대부분이 문상을 왔다. 이때 한 직원이 "국장님 그래도 마음은 편하시죠?"라고 물었다. 죄 없이 당한 사실이 언젠가 밝혀질 테니 마음은 편하지 않겠느냐는 뜻이었다. 이처럼 대부분의 직원들은 나의 결백함을 믿어주었다. 물론 직원들 중엔 '권력 투쟁'으로 알고 있는 사람도 있을 것이다. 그러나 대부분의 직원들은 사필귀정(事必歸正)이라며 반드시 정당한 평가를 받을 날이 올 것이라며 위로해주었고, 나 역시 그렇게 믿고 있다.

나는 솔직히 행정고시에 합격한 사실을 제외하면 요즘 흔히 말하는 '스펙'을 가지고 있지 못했다. 물려받은 재산도 없고 명문대 출신도 아니며, 속칭 권력 실세들과의 혈연이나 학연도 없었다. 이미 어려서부터 나 스스로 갖추어야 한다는 것을 깨닫고 모든 것을 혼자 준비하고 극복해 나갔다. 때문에 누구의 도움을 받는 일도 없었고 딱히 신세를 갚아야 할 일도 없었다. 공무원이 되어서도 '일만 잘하면 된다', '공정해야 한다', '원칙대로 해야 한다'는 강박관념에 사로잡혀 있었다. 그동안 부탁할 일이 있어도 내가 부담스러워할까봐 안 했는데, 어떻게 이런 일이 있을수 있느냐며 가까운 친구들은 안타까워했다.

세상과 격리되어 지내는 동안, 지금까지 줄곧 선두에서 앞만 보고 달리느라 옆과 뒤를 돌아보지 못했음을 반성하는 시간도 갖게 되었다.

대학교 재학 중 고시에 합격하고, 졸업하자마자 사무관으로 임용된 후 군대를, 그것도 보병장교로 다녀왔다. 그리고 제대 후에는 국세청에 복귀해 20여 년 열심히 일만 하다 보니 어느덧 고위직에 올라 있었다. 사회를 구성하는 다양한 삶의 부침을 경험해보지 못했고, 어린 나이에 제도권 안에서 주류 사회의 사람들로부터 그야말로 대접받으며 안정된 삶을 살아왔던 것이다. 조직 내에서 나보다 뒤처진 사람들의 어려움을 안타까워하기보다는 그들에게 원인이 있을 것이란 생각을 하기도 했다. 그러나 그러한 나의 타인에 대한 태도가 얼마나 오만했는지 지난 2년 마음 깊이 반성하고 또 미안해했다.

처음엔 감옥에서 만난 사람들에 대해서도 나와는 다른 세상에 있는 다른 부류 사람일 것으로 여겼다. 그러나 진짜 억울한 사람들도 있었다. 특히 기업인 중에 억울함을 호소하는 사람들이 많았는데 그들의 얘기를 들어보니 우리나라에서 기업을 운영하는 것은 교도소 담벼락 위를 걷는 것이나 다름없다고 해도 과언이 아니었다. 이현령비현령(耳懸鈴鼻懸鈴)식의 법규 적용 때문이었다. 이를테면 법인일 경우 회사 돈을 쓰려면 이사회의 의결을 거쳐야만 집행이 가능하나 이사회를 소집해서 결정하기에는 시간이나 절차적인 문제 때문에 현실에서는 가지급금으로 우선 빌리고 나중에 결의를 받는 변칙 운영이 다반사로 일어난다. 만약 검찰수사를 받는 일이 생기면 임의로 회사 돈을 갖다 쓴 것이 되어 횡령죄가 성립하는 것이다. 동일한 행위를 검찰이 문제를 삼으면 죄가 되고, 그렇지 않으면(검찰이 문제 삼지 않으면) 괜찮은 것이다. 기업 운영이 복불복으로 되어 버리는 것이다.

또 사업 시작하면서 투자를 받았는데 사업이 실패해서 투자금을 돌려달라고 할 때 갚지 못하면 사기죄에 해당, 감옥살이를 해야 한다. 사업이 잘 안 되는 것이 범죄는 아니지 않는가. 그럼에도 불구하고 우리나라에서는 '사업실패=사기죄'가 성립되는 현실인 것이다. 이럴 경우 외국에서는 채무불이행죄를 적용한다고 한다. 민사법에 해당하는 채무불이행죄와 형사법에 해당하는 사기죄는 엄연히 구분되어야 할 것이다.

기업 입장에서는 검찰이 어떠한 기준으로 수사를 하는 건지 가늠할 수 없으니 불안하기만 하다. 그들의 하소연을 들으며 기업인이 마음 놓고 회사를 운영할 수 있는 사회, 기업인이 존경받는 사회가 되려면 어떻게 해야 할 것인지에 대해 진지하게 생각하게 되었다.

나는 이번 사건을 계기로 나와 다른 입장이 있다는 것을 이해하게 되었고, 다른 입장 또한 존중하게 되었으며, 주변을 둘러볼 여유도 갖게 되었다. 무늬만 선진국이 아닌, 모든 국민이 행복을 느낄 수 있는, 더불어 사는 사회가 될 수 있도록 앞으로 내 능력이 우리 사회 어느 한구석에서라도 보탬이 되도록 살고자 한다.

한 평에 누워 사람을 읽다

항소심이 끝난 후 나는 더 이상 재판준비를 위해 수사 자료를 분석하지 않아도 되었다. 시간을 내 마음대로 쓸 수 있었기 때문에 본격적으로 책 읽기에 돌입했다. 아내의 고생이 한 가지 더 추가된 것이다. 서점에 가서 책을 사다 나르기 바빴다. 내가 원하는 책이 없으면 여기저기 구하러 뛰어다녔다. 그런 아내 덕분에 나는 500여 권의 책을 독파할 수 있었다. 시간 가는 줄 모르고 책을 읽다 보니 어느새 1년이 지나갔다.

맨 처음 읽은 책은 성경이었다. 왜 많은 사람들이 종교를 갖는 것일까. 기독교가 유난히 많이 전파된 이유는 무엇일까. 성경에 도대체 무엇이 씌어 있는 걸까. 나는 성경 속의 이야기들이 궁금해졌다. 성경을 읽으면서 나는 신앙심보다는 오히려 성경에 등장하는 인물이나 장소 등의 실제 배경이 궁금해졌다. 모세의 출애굽부터 유대국가 형성과 멸망, 디아스포라(유대인 집단 거주지), 로마 지배하의 이스라엘, 예수 탄생 이후 지중해 연안을 따라 기독교가 전파되는 과정 등을 읽으면서 그 시대 주변 국가들의 관계 및 상호간에 미치는 영향 등이 궁금해졌다. 그래서 유럽의 역사를 읽기 시작했다. 유대교에서 가톨릭으로, 가톨릭은 그리스정교와 로마가톨릭으로, 종교개혁을 통해 기독교가 탄생하는 그 과정 속에 유럽 국가들의 흥망사가 들어 있었다.

7세기경에는 이슬람이 중동에서 태동, 동양과 서양의 가교 역할을 하면서 천년의 중동문화를 꽃 피우는 시대를 맞이했다. 그렇게 서양과 중동의 시대 상황을 정리하다 보니 자연스레 나의 관심은 인도로 옮겨 갔다. 인도의 브라만교에서 불교로, 다시 힌두교로 변천하는 과정을 따라가 보았다. 불교는 기원전 6세기경 인도에서 발생했고 이 시기에 중국에서는 노자와 공자가 활동했다. 수세기 후 인도의 불교가 중국으로 전파되었고 그 과정에서 중국의 역사 또한 나의 관심 범위에 들어오게 되었다.

가톨릭과 기독교, 이슬람교, 불교 등 대표적인 종교와 그들 종교 변천사의 흐름 속에 있었던 국가들의 역사를 공부하면서 종교에 대한 나의 인식도 변했다. 인간이 나약한 존재이니 어딘가에 의존하고픈 마음은 당연한 것이다. 그러나 그 의존처가 하나님이냐 부처님이냐 정령이냐는 그다지 중요하지 않다는 것이 나의 결론이다. 종교는 결국 인간이 만든 것이고 인간이 절대 신을 창조해 스스로를 종속시킨다는 것이 나의 생각이다. 내게 있어서 중요한 것은 종교의 사회적 역할이다.

《한단고기》 등 우리나라 상고사 관련 서적도 여러 권 독파하면서 우리나라 역사가 중국 역사보다 앞서 있음을 알게 되었다. 실제로 중국의 초기 왕조인 하·은·주나라는 우리 조상인 동이족(東夷族)이 세운 나라라는 증거물이 속속 나오고 있다고 한다. 대표적인 예로 우리가 통상 주역(周易)이라고 칭하는 주나라의 역이 동이족에서 전래되었다고 한다. 물론 중국은 인정하지 않는 설이다.

예전부터 관심을 가지고 있던 기(氣) 관련 서적도 여러 갈래로 읽었다. 추연의 《오덕종시설(五德終始說)》과 《황제내경(皇帝內經)》에는 깊이 빠져들기도 했다. 나 개인적으로는 《주역》이 사주명리(四柱名利) 쪽으로 치우쳐서 지나치게 관념적으로 느껴졌다. 비현실적이라는 생각이 들었다. 그에 비해 동양의학의 뿌리라고 할 수 있는 《황제내경》과 오행(五行)을 내 방식으로 이해해 인체의 장부 간 기능의 상호관련성을 연결 지어 정리하던 작업은 내게 쾌감을 주기까지 했다. 동양사상을 바탕으로 한 한의학 이론을 읽다 보니 우리가 그동안 절대적으로 신봉하던 서양과학이 밝혀내지 못하는 부분까지 동양철학

속에 그 답이 있는 것 같아 때로는 전율도 느꼈다. 이 부분에 대한 얘기는 나중에 자세하게 할 기회가 있을 것이다.

중국의 주자학이 우리나라에 들어와 성리학으로 발전하는 과정, 이(理)와 기(氣)의 차이에 대한 학문적 논쟁이 붕당으로 이어지는 과정을 보면 지금 우리의 정치판도 조선 중엽의 상황에서 크게 벗어나지 못한 듯하다. 조선 선조 때 동인은 남인과 북인으로 갈라지고 서인은 노론과 소론으로 갈라진다. 다시 노론은 시파와 벽파로 갈라지고 노론 세력의 뿌리가 현대의 보수우파로 연결되어온 것이 우리 역사의 흐름이다. 정치적 논쟁의 상당수가 그 사안의 본질은 도외시한 채 명분이나 정략에 치우쳐 허상을 붙들고 다투는 것이 현재 우리의 정치 풍경이 아닌가 한다. 조선 중엽, 백성들의 삶을 편안하게 하기 위한 정책을 논의한답시고 결국 당파싸움에 매몰되어 백성은 아랑곳 없었던 관리들처럼, 지금 우리나라 여의도의 풍경도 다르지 않다.

마오쩌둥과 덩샤오핑의 평전을 읽으며 중국의 정치와 경제에 대해서 본격적으로 생각해보게 되었다. 중국의 공산사회주의 창업(創業)자가 마오쩌둥이라면, '흑묘백묘론'을 앞세운 실리파로 중국을 지금의 위상으로 수성(守成)한 인물이 덩샤오핑이라는 것은 모두 알고 있는 사실이다. 나 개인적으로 덩샤오핑을 특별히 평가하는 이유는 중국공산당의 권력승계 방식이 덩샤오핑을 기점으로 체계화되었다고 보았기 때문이다. 나는 중국이 일당 독재 체제임에도 권력을 승계하는 방식이 꽤 합리적이라고 생각한다. 상호 대립적인 두 파(派)가 교대로 권력을 승계하는 방식으로 균형과 견제의 묘를 유지시켜 나가는 모습은 연구해볼 필요가 있다.

결국 세계사를 전체적으로 섭렵하게 되어버렸다. 각 시대별로 동시대의 다른 지역에서 공통적인 현상이 나타나거나, 시대가 다름에도 불구하고 같은 지역에서 공통적인 현상이 발견되는 역사를 읽으며 인간을 이해하는 폭이 넓어지는 것을 경험하기 시작했다. 그리고 문화적 경험을 공유하는 집단별로 그 사유의 방식은 동양과 서양이 현저히 다르다는 것도 깨닫게 되었다. 동서양 간 사유방식의 차이를 단적으로 볼 수 있는 예를 하나 설명한다면, 오감(五感)-안(眼)이(耳)비(鼻)설(舌)신(身)에 의해 인지되는 것만을 인식하고 나머지는 신의 영역으로 돌리는 것이 서양과학의 이론이라면, 오감(五感)-안(眼)이(耳)비(鼻)설(舌)신(身)과 육식(六識)-의식(意識), 칠식(七識)-말라야식 그리고 팔식(八識)-아뢰야식으로 인식하는 것이 동양철학의 이론이다. 이렇듯 동양과 서양은 존재를 인식하는 방식이 근본적으로 다르다.

자본주의의 흐름이 어디로 어떻게 변할 것인가도 나의 관심사였다. 최근 여야 할 것 없이 내세우고 있는 복지문제도 허상이 아닌 실상을 가지고 얘기해야 한다고 생각한다. 자본주의는 부자는 더 부자가 되고 가난한 사람은 더 가난해질 수밖에 없는 구조이다. 자본주의의 끝은 양극화임이 너무나도 자명하다. 결국 국가의 존속을 위해서라도 극단적인 양극화는 막아야 하고 그 지점에서 복지문제가 대두되는 것이다. 복지를 '하자 말자' 하는 것은 논쟁거리가 될 수 없는 일이다. 당연히 해야 하는 것이다. 국가가 존속하는 한 말이다. 그러므로 복지문제는 '하느냐 마느냐'를 두고 논쟁을 벌일 것이 아니라 '어떻게' 할 것이냐를 고민해야 한다. 'Why'가 아니라 'How'를 논의해야 한다는 것이다.

종교에서 시작한 내 독서편력은 세계의 역사, 동서양 철학과 기 철학, 오행이론, 물리와 화학, 공동체 연구를 포함한 사회학으로 옮겨지면서 대한민국의 정치, 사회, 경제 현실에 눈이 떠졌다.

리영희 교수의 《전환시대의 논리》, 《대화록》, 막스 베버의 '공동체'와 관련된 서적을 읽으면서 흔히 말하는 좌파를 이해할 수 있었고, 자유, 평등, 민주라는 정치 용어에 대해 다시 생각하게 되었다. 우리가 쉽게 말하는 보수와 진보, 좌파와 우파란 용어도 정확한 어원과 의미를 알고 쓰는 이는 드문 것 같다. 개념 정립이 안되어 있으니 똑같은 단어임에도 각자가 가지고 있는 개념이 저마다 달라서 그것으로 불필요한 이념 논쟁이 붙기도 한다.

중국계 미국인 쑹훙빙(宋鴻兵)이 쓴 《화폐전쟁》도 재미있게 읽었다. 로스차일드가(家)가 금권(金權)으로 미국을 장악하고 세계를 제패해가는 과정을 그린 책이다. 히로세 다카시의 《제1권력》에서도 금권의 힘이 얼마나 막강한지, 금권으로 세계를 어떻게 장악해가는지를 보여주는 줄거리로 재미있게 읽었다.

신자유주의 체제에서 탐욕스러운 금융자본이 어떻게 들어와서 이익을 챙기고 '먹고 튀는지', 주가조작이 어떤 방법으로 이뤄지는지에 관해서는 금융 범죄로 들어와 있는 재소자들의 체험담을 통해서 많은 공부를 했다. 그런 간접 경험은 제도의 문제점이나 시장구조의 맹점에 대해 깊이 고민하는 계기가 되었다. 이러한 계기로 인해 앞으로 우리나라의 여러 분야에 관련된 정책이나 제도개선 방향을 내 나름대로 정리해보는 시간을 가지게 되었으니 지난 2년이 내게 소중한 이유이다.

그 밖에도 해부학, 기경팔맥과 맥 짚는 법 등의 의학 서적, 보석 관련 책, 토종 약초에 관한 책 등 나는 아무런 경계를 짓지 않고 닥치는 대로 책을 읽어 나갔다. 그리고 그만큼 나의 시각도 넓어졌다.

제7장

내가 꿈꾸는 대한민국

유쾌한 오보

(전략)

공항 개항 전 공항 직원들을 비롯한 공항 관계자들은 지금도 언론들이 무책임하게 제기했던 '오보'들에 대해 원망의 목소리를 숨기지 않고 있다. 공항이 개항되면 공항 전체가 마비 상태가 될 것처럼 '과장 보도'를 하던 언론들이 개항 후에는 표변해 공항의 좋은 점을 경쟁적으로 보도하기 시작했다며 어이없어했다.

국가의 대역사를 평가하면서 부정적인 문제점만을 집중 보도하는 우리 언론의 행태는 어제 오늘의 일이 아니다. 그 비판의 행렬에 끼어들지 않았다가는 마치 언론이 할 일을 하지 않고 있는 양 비쳐질까봐 초조해하기도 했다.

인천국제공항에 대한 우리 언론의 부정적 보도가 공항의 정상적 개항을 이루는 데 작은 보탬이 되었을 것이라고 자부하기도 했지만, 이젠 부끄럽다고 말해야겠다. 공항 관계자의 해명도 외면하면서 당연한 언론의 책무인 양 제기해온 인천국제공항의 많은 문제점들이 하나씩 둘씩 '과장된 오보'로 나타나고 있음을 고백할 수밖에 없다. 인천국제공항에 관한 잘잘못을 보도해온 주무부서의 책임자로서 고해성사를 하는 기분으로 이 글을 쓴다. 그리고 그동안의 언론 보도들이 계속 부끄럽고도 유쾌한 오보가 되기를 기원한다.

(조선일보 2001년 4월 18일자)

제7장

내가 꿈꾸는 대한민국

국민의 정부 청와대 입성

동진정책(東進政策)

인생은 절대로 내가 계획한 대로 움직이지 않는다는 것은 살아오면서 여러 차례 경험한 일이다. 청와대 파견 근무도 원래 내 뜻은 아니었다.

행정고시 합격 후 1년간 서울에서 수습 생활을 마친 후론 줄곧 대구지방국세청에서만 근무했다. 대구지방국세청장으로 내려오는 선배들은 하나같이 내가 지방에만 있는 것을 안타까워하며 "중앙으로 진출할 것"을 권유했다. 황수웅 대구지방국세청장도 예외는 아니었다. 경주 출신인 황 청장은 교사생활을 하다 행정고시에 합격, 세무공무원이 되었다. 교사 출신이어서인지 나뿐 아니라 일 잘하고 싹수가 있어 보이는 후배들은 제자 가르치듯이 키워주고 끌어주었다. 법인세 과장인 나를 총무과장으로 발탁하고 모든 일을 맡기며 자신의 분신처럼 대해주었다. 그리고 중앙으로 진출해 좀 더 큰물에서 놀 것을 권유했다. 마침 본청 기획계장 자리가 나자 나를 추천해줬다. 그러나 당시 기획관리관은 이미 자신의 경북고 후배인 이현동을 기획계장으로 발령한 상태였다. 이를 안타까워하던 황 청장은 당시 청와대 비서실장인 김중권 씨에게 나를 소개하고 인사를 시켜주었다.

김대중 대통령은 영호남 화합을 위한 동진정책(東進政策)의 일환으로 경상북도 울진 출신의 김중권 씨를 비서실장으로 임명했다. 김중권 실장은 젊고 유능한 일꾼을 찾았고 황수웅 청장의 추천으로 내가 청와대에 들어가게 되었다.

청와대라는 낯선 환경에 적응하는 데는 시간이 좀 걸렸다. 나를 청와대에 보낸 황수웅 청장도 대구에서 올라와 국세청 차장으로 있을 때여서 가끔 만나 뵙곤 했다. 내가 어쩌다 힘들다고 푸념이라도 하면 청와대에서 나오라고 했지만, 마땅한 자리도 없어 섣불리 움직일 수가 없었다. 게다가 김중권 비서실장이 민주당 대표로 가는 바람에 바람막이도 없어져 버렸다. 그러나 늘 그래왔듯, 누구의 도움을 바라거나 기대지 않고 주어진 일만 열심히 했다.

청와대에 들어갈 당시 내 직급은 서기관, 국세청에서는 세무서장급이었다. 그러나 청와대에서는 문서 작성도 직접 해야 했다. 민정비서실 직원 18명 중 두 명이 여직원이었다. 한 명은 비서관 보조이고 나머지 한 명이 16명의 문서수발을 들기엔 역부족이었다. 그때부터 타이핑을 배우고 문서 작성법을 배워 직접 보고서를 작성했다. 처음엔 문서 한 장 치는데 꼬박 하루가 걸렸다. 한 달쯤 지나니 능숙해져서 필요한 문서작업을 혼자서 무난히 해낼 수 있게 되었다.

민심과 정보

영남 사람만 있는 곳에서 일하다 호남 말투를 듣는 것도 낯설었다. 왠지 겉도는 느낌이었다. 다행히 내가 있는 민정부서는 여러 지역 사람들이 다 있었다. 당시 우리 팀은 호남을 비롯해 부산경남, 대구경북, 충청, 경기 출신 사람들로 구성돼 있었다. 신광옥 전 법무차관, 김학재 전 민주당 국회의원, 김성재 경인방송 iTVFM 회장 등이 민정수석으로 있었으며 비서관은 김주원 변호사, 조근호 전 법무연수원장 등이었고 정창영 코레일 사장, 최평락 전자부품연구원장, 송재정 아시아개발은행 이사, 고 안철식 전 산자부차관 등이 경제 부문을 담당했다. 민정은 말 그대로 민심과 정보를 파악하는 일이 주 업무였기 때문에 각계각층의 사람을 접할 수 있도록 지역 안배를 해서 인선을 한 것이었다.

DJ 정부 초기의 청와대 민정비서실은 민정과 법무로 구성되었다. 법무비서실 안에 사정팀이 포함돼 있어서 그 밑에 소위 '사직동팀'이 있었다. 사직동팀은 경찰청 직제하에 들어 있으나 지휘는 민정의 법무비서관이 했다. 그러다 '옷로비 사건' 이후 사직동팀은 해체되었다. 민정은 민정과 민원비서실로, 법무비서실은 사정과 공직기강비서실로 분리되면서 사정비서관 밑에 검·경찰 실무자가 파견돼 사정 일을 했다. 요즘 심각한 문제가 되고 있는 민간인 사찰과는 차원이 다른 순기능적인 부분이 많았다. 당시 사정은 비리 첩보가 들어오면 확인하는 기동팀의 성격이 강했다. 노무현 정부 때는 이마저도 없앴다. 공무원의 복무기강 단속은 국무총리실 4행정조정실에서 담당했고 노무현 정부 때는 조사심의관실로 다시 이름이 바뀌었다. 주로 공무원의 근무태도 조사, 보안 점검이 담당 업무였다.

두 분야였던 민정비서실은 민정(민정 1), 사정(민정 2), 민원(민정 3), 공직기강(민정 4) 네 분야로 나눠졌고, 민원비서실에는 따로 친인척(관리)팀이 합쳐졌다. 민정은 말 그대로 민심과 정보 수집이 주 업무였고 사정은 비리첩보 수집, 공직기강은 장·차관 인사 점검을 담당했다. 나는 민정비서실에서 민심 동향 파악과 정보를 수집했다.

업무는 지역과 분야, 행정부처 세 카테고리로 나눠 분담했다. 내가 맡은 분야는 영남 지역, 경제 분야, 국세청과 건설교통부였다.

당시는 막 IMF에서 벗어난 뒤여서 국민의 체감 경기를 파악하는 일에 많은 할애를 했다. 과연 아랫목 온기가 윗목까지 전달되고 있는지 알기 위해 남대문시장의 공실(空室)을 조사하는가 하면 포장마차 하는 사람들에서부터 외국 기업의 CEO까지 만나 얘기를 들었다.

또 대구·경북 지역의 민심과 정세를 파악했으며 청년실업 문제, 의약분업 문제, 화물연대 파업 등 맡고 있는 분야에서 일이 생기면 원인을 파악한 후 해결책을 찾는 것도 민정의 역할이었다.

자기가 맡은 지역과 분야에 관한 정보, 인터뷰 내용, 정책 아이디어 등을 보고서로 작성해 올리면 다른 사람의 보고서와 취합해 대통령에게 최종 보고되는데 이때 내가 쓴 보고서가 위에서 다듬어지거나 한 글자라도 고쳐지는 게 싫었다. 기자들의 심정을 알 것도 같았다.

민정 시절, 조근호 비서관과 서울대학교 지리학과 류우익(현 통일부장관) 교수의 '트라이포트' 제안을 검토한 적이 있는데, 당시 류우익 교수의 제안이 상당히 설득력 있게 들렸다.

류 교수는 북한과 남한이 서로 유익하고 상호 도움을 주는 방법으로 3항(港, Tri-Port)을 만들자고 했다. 임진강 하구에 하항(河港)을 만들면 영종도의 인천공항(空港)과 바다의 항구(海港)가 트라이앵글 항구(3港, Tri-Port)를 형성해 남북한이 윈윈(win-win)할 수 있다는 것이었다. 남북이 대치하고 있는 임진강에 항구를 만들려면 북한의 동의가 필요하니 당시 김대중 대통령이 남북정상회담을 앞두고 있는 시점에서 보고서를 만들어 김정일에게 제의하는 것이 좋을 것 같다고 했다. 북한에서 괜찮다고 하면 남북협력 사업으로도 가능하다는 게 당시 류 교수의 주장이었다. 보고서를 작성, 비서실장과 대통령께 보고했던 기억이 있다. 류우익 교수는 이명박 정부에서 초대 비서실장을 지내고 현 통일부장관으로 재직하고 있다. 당시에는 교수 신분으로 자문을 하는 역할에 불과했지만, 이명박 정부의 대북정책을 직접 주도하는 입장임에도 본인의 '트라이포트' 구상을 추진한다는 정황은 보이지 않는다.

민정에서는 또 대통령의 일거수일투족이 여론에 어떤 영향을 미칠지에 대해서도 신경을 썼다. 대통령이 참석하는 행사가 있으면 행사 스케치를 하고 참석한 사람들의 반응을 들어 보고하기도 한다. 또 대통령의 외모나 행동에 대한 제언을 하기도 한다. 김대중 대통령의 경우 워낙 많은 사람들과 악수를 하다 보니, 대통령도 모르는 버릇이 있었다. 악수를 하면서 눈은 상대를 보지 않고 다음 사람에게 가 있는 것이었다. 이를 얘기했더니 다음부터는 꼭 상대를 보면서 악수를 했다. 내 말이 대통령에게 전해진 것이었다. 뿌듯함에 아무도 몰래 미소를 지었던 기억도 생생하다.

청와대 근무는 세상을 바라보는 내 시야를 넓혀주었다. 세무공무원으로만 근무했다면 경험할 수 없는 각계각층의 사람들을 만날 수 있었으며 의약분업이니 청년실업 문제니 하는 다양한 사회 문제와 현상들에 부닥치면서 나름대로의 해결책을 모색하는 한편, 사회 제반 문제에도 관심을 갖게 되었다. 나로선 커다란 행운이었고 국세청에 돌아갔을 때도 보이지 않는 내공으로 작용했다.

대개 파견 근무는 길어야 2년, 보통은 1년 후 본래의 소속 부처로 돌아가게 마련인데, 나는 기회도 거의 없었고 그나마 있던 기회마저 놓쳐 정권이 바뀌었는데도 계속 남아 있었다. 6년여 동안 청와대에 있다 보니 가끔 이곳이 내 직장이라는 착각이 들 때도 많았다. 청와대 장기 근무를 두고 후일 국세청에서는 내가 권력과 연줄을 대어 그리된 줄 아는데, 오히려 나는 소위 말하는 '빽'이 없었기 때문에 장기 근무를 하게 된 것이었다.

• • • • • • •

청년실업 문제와 대학 교육에 대해

청년실업은 지금도 우리 사회의 큰 문제이다. 내가 청와대에 근무할 때도 IMF를 겪으면서 청년들의 실업이 심각한 문제로 대두되었다. 나는 민심동향을 파악하고 정보를 수집해 정책제안까지 하는 업무를 맡고 있었기에 각 대학의 청년들 실태나 고민을 듣는 것도 나의 업무 중 하나였다. 그리고 청년들을 졸업 후 채용하는 주체인 각 기업들의 인사담당자들과도 수차례 면담을 하곤 했다. 그 과정에서 내 나름대로 청년실업 문제에 대한 해결방안을 고민해보았다.

우선 기업이 원하는 인재와 대학이 양산해내는 인재가 서로 다르다. 근본적으로 기업은 이윤을 추구하는 곳이지 인재를 양성하는 것에 목표를 둔 기관이 아니기 때문이다. 기업은 당장 현장에서 쓸 수 있는 인력이 필요한데 대학의 커리큘럼은 학문연구에 중점을 두고 있다. 기업이 요구하는 현실과 너무나 동떨어져 있는 것이다. 그러니 무역학과를 나온 학생이 다시 무역학원을 다녀야 하고 회계학과를 나온 학생도 별도로 회계학원을 다녀야 하는 아이러니한 사태가 발생하는 것이다. 대학은 학생들을 학문연구를 지향하는 그룹과 졸업 후 바로 현장에 취업을 원하는 그룹으로 나누어 그 목적에 맞는 커리큘럼을 짜고 강의하는 것을 적극 검토해야 한다.

또한 우리 교육의 최종 목표가 대학 입학에 있다는 것도 문제다. 사실은 대학에서 진정한 공부가 이뤄지는데 입시에 시달린 대다수 학생들은 대학 입학과 동시에 공부에서 손을 떼고 이후의 목표를 설정하는 데 소홀한 것이 현실이다. 심각한 문제가 아닐 수 없다.

교수들이 몇 십 년을 같은 강의 노트를 들고 학생들을 가르치는 제도적 모순과 기득권을 유지하고자 하는 현실적인 욕심이, 대학 교육이 빠르게 변화하는 현실에 알맞게 대처하지 못하는 이유 중 하나라고 생각한다.

진정한 '국익' … 인천국제공항 개항

인천공항 개항에 깊이 관여하게 된 것도 건설교통부가 민정에서 내 소관 부처였기 때문이었다.

인천공항은 6년여에 걸친 공사 끝에 2001년 3월 29일 개항했다. 그러나 개항을 보름 앞두고 가진 시운전에서 "폭발물 탐지 장치와 수하물 처리 시스템이 연계되지 않아 수하물 검사가 지연되거나 보안에 심각한 문제를 일으킬 수 있다"며 개항 일정의 전면 수정을 강력히 권고하는 전문 자문회사의 보고서가 있었다. 또 인천공항으로 가는 신공항 하이웨이에 회항로가 없어 한 번 잘못 들어서면 돌이킬 수 없이 길을 가야 한다는 문제점도 제기되었다.

많은 사람들이 문제투성이 공항을 개항했다가는 국가적 망신은 물론이고 엄청난 추가비용 부담에 시달릴 것이라며 개항 연기를 주장했다. 그러나 개항이 연기되면 예정된 e카고의 스케줄이 꼬이게 되고, 입주 예정업체도 막대한 피해를 입을 것이며 국가신인도도 추락하는 것은 불 보듯 뻔한 일이었다.

개항 강행이냐 아니면 연기냐를 두고 청와대 민정비서실이 나서야 했다. 인천공항에 막상 가보니 신공항 하이웨이 회항로 문제는 기우였다. 되돌아가는 길도 있었고 사고가 나더라도 관제탑에서 통제할 수 있게 되어 있었다. 언론에서 잘 모르고 문제 삼았던 것이었다. 문제는 사람과 수하물이 각기 다른 비행기에 탑승하게 되는, 수하물 분류 시스템의 오작동이었다. 건설교통부 인천공항추진지원단과 의견을 조율한 결과 수하물에 꼬리표를 추가로 하나 더 붙이면 될 것 같았다. 내 생각에는 간단히 실험을 해볼 수 있는 문제였는데 기술자였던 시스템 운용 본부장이 기어이 자기들 방식대로 처리하겠다며 고집을 부렸다. 그들 방식의 시연에서 계속 실패했고 결국에는 본부장을 교체하게 되었다. 그리고 내가 건의한 대로 대한항공과 아시아나항공의 직원들에게 트렁크를 가져오라고 해서 수하물 컨베이어벨트 시스템 모의실험을 했다. 결과는 성공이었다.

하지만 한 번의 성공으로 성급히 판단할 문제는 아니었다. 강동석 당시 인천공항 사장을 비롯한 건설교통부 인천공항추진단장 등은 개항에 문제가 없다는 의견이었고, 시운전 자문회사인 DLiA 항공컨설팅 컨소시엄이나 언론에서는 연기하자는 주장으로 팽팽히 맞서고 있었다. 파견 나간 청와대 정책·민정 합동팀, 국정원, 감사원 점검팀의 의견도 갈라졌다. 내가 속한 청와대 정책·민정 합동팀은 개항에 문제없다는 보고서를 올렸고 나머지 두 팀은 연기해야 한다는 보고서를 올렸다.

당시 김대중 대통령은 우리 팀이 주장한 개항추진 쪽의 손을 들어줘 3월 29일 마침내 예정대로 개항을 했다. 정작 개항 후 나는 한 달이 지나도록 편히 잠을 잘 수가 없었다. 언제 무슨 문제가 일어날지 예측할 수 없었기 때문이었다. 지금 생각하면 그때 무슨 배짱으로 그런 보고서를 올렸는지 지금도 모골이 송연해진다. 다행히 수하물 분류 시스템은 문제없이 잘 돌아갔고 인천공항은 명실 공히 동북아 허브 공항으로 발전, 최근에는 랭킹 1위에 오르는 세계적인 공항으로 자리매김했다.

그때 '무엇이 진정한 국익'인지 다시 한 번 진지하게 생각할 수 있었다. 그리고 모든 일은 결국 사람이 하는 것이고, 책임자의 판단이 일의 성패를 결정짓는다는 교훈을 얻었다. 모든 문제의 해답은 사람에게 있는 것이다.

당시 공항 건설에 참여했던 건설교통부 관계자들은 대부분 영전했다. 당시 건설교통부장관으로 있던 김윤기 장관의 뒤를 이어 오장섭 장관, 이후 추병직 당시 건설교통부 기획관리실장이 건설교통부장관이 되었다.

추병직 장관 취임 후 사석에서 우연히 만났는데, 나를 가리키며 "나를 장관시켜준 사람"이라며 치켜세웠다. 민정비서실의 업무라는 것이 각계의 다양한 사안들을 지원하고 문제해결을 모색하기 위해 동분서주하면서도 드러나지 않기 때문에 그 공을 인정받기가 어려운데, 가끔씩 이렇게 내 공로를 인정해주는 사람을 만나면 큰 보람을 느끼곤 했다.

빛 좋은 개살구

대개 청와대에 근무한다고 하면 많은 사람들이 무소불위의 힘을 가지는 것으로 생각하기 십상이나 실상은 그렇지 못하다. 특히 보이지 않는 곳에서 남모르게 일해야 하는 비서실 직원들의 고충을 아는 사람은 그리 많지 않을 것이다.

직원들은 대부분 새벽 같이 출근해서 밤늦게 퇴근한다. 저녁식사조차 구내식당에서 식권 내고 1500~2000원짜리로 때우기 일쑤고, 친구들을 만나도 다음 날 새벽 출근해야 하는 부담감에 마음 놓고 술 한잔할 수도 없다. 청와대 근무 시절 새벽 5시에는 집을 나와야 했으니 그야말로 별 보고 출근해서 별 보고 퇴근하는 격이었다.

우리가 근무했던 비서실 건물이나 경호실 건물은 옛날 시설로 노후하고 열악했다. 지금은 없어졌지만 그때만 해도 가판 점검이라는 업무가 있어서 오후 7시쯤 다음 날 조간신문 가판을 점검하고 나면 일러야 밤 9시쯤 퇴근하기 다반사였다.

김대중 정부 초기, 정부와 언론 사이의 갈등은 그리 크지 않았던 것으로 기억한다. 그러나 알려져 있다시피 노무현 전 대통령은 언론사들과 그리 사이가 원만하지 못했다. 노 대통령은 매사 그렇듯이 언론과의 관계도 정공법으로 대응하기를 지향했고, 그것이 보수언론과 대립각을 세우는 결과를 초래하게 되었다. 언론의 정당한 지적은 달게 수용하되, 정정해야 할 것은 떳떳이 요구하고, 오보에 대해서는 손해배상 청구도 불사하라는 것이 노무현 전 대통령의 뜻이었다.

보수언론의 과거 태도로 보아 결국 피해는 대통령이 입을 텐데, 실질적으로 손해를 보면서도 끝까지 밀고 나가는 대통령이 걱정되기도 했다.

내가 본 노무현 전 대통령은 그야말로 인간의 평등을 추구하던 분이었다. 노무현 전 대통령에게는 더 높은 사람도, 더 낮은 사람도 없었고 그렇기 때문에 기득권을 인정하지도, 기득권을 추구하지도 않았던 것이다. 그의 이런 철학을 엿볼 수 있는 대표적인 사례가 '기자실 폐쇄'로 잘못 알려진 일이다.

'선진취재방안'이란 이름으로 참여정부는 출입기자실 제도를 과감히 개혁하고자 했다. 정부부처의 출입기자실에는 많게는 100여 명까지 각 언론사 기자들이 상주하면서 정부정책에 대한 보도기능을 수행했다. 그러나 출입기자실의 모습을 보면 이런 본래의 역할을 떠나 언론사의 이익을 대변하는 창구로 이용되기도 했다. 정부정책을 언론사의 입맛대로 바꿔서 보도하기도 하고, 기자들의 요구를 해당부처가 들어주지 않으면 정책기사가 비판기사로 둔갑하기도 했다. 그야말로 권력 위에 군림하는 제4의 권력으로 행동했다. 노무현 전 대통령은 각 국가기관에 상주한 기자실을 폐쇄하고 몇 개의 브리핑 룸으로 통합해 기존 기자실의 부정적 기능을 개선하고자 했다. 이에 언론사들은 이러한 참여정부의 시도를 자기들 기득권을 위협하는 것으로 판단했는지 보수, 진보 할 것 없이 모두 한마음으로 벌떼처럼 달려들어 '기자실 개편'을 '기자실 폐쇄'라는 자극적인 문구로 둔갑시켜 기사화했다.

DJ는 '선생님', 노무현은 '친구'

청와대 파견근무가 결정되었을 때 기대 반, 두려움 반이었다. 그동안 전혀 접해보지 못한 곳에서 일을 한다는 점에선 기대가 됐지만, 영남 사람인 내가 김대중 대통령의 정치적 성향에 맞을지, 견뎌낼 수 있을지에 대해선 두려움이 앞섰다.

김대중 대통령의 첫인상은 '선생님', '큰 어른'이었다. 특히 영부인인 이희호 여사의 김대중 대통령에 대한 존경심은 옆에서도 느껴질 정도로 대단했다. 부부로서가 아닌 정치적 동지로서 따르고 존경하는 눈치였다. 김중권, 한광옥 실장의 뒤를 이어 김대중 정부 말기에 비서실장이 된 박지원 실장의 부지런함은 따라갈 사람이 없었다. 비가 오나 눈이 오나, 전날 어떠한 일이 있었더라도 매일 새벽 4시면 어김없이 대통령 관저에 가서 기다렸다가 대통령에게 보고하는 것으로 하루 일과를 시작했다. 그 성실함에 감탄사가 절로 나올 지경이었다.

직·간접적으로 접한 김대중 대통령은 매우 합리적인 분이었다. 이념적으로도 내가 들어서 알고 있는 김대중 대통령과는 많은 차이가 있었다. 그동안 많은 핍박과 고난을 당한 분이 맞나 싶을 만큼 말씀하는 것과 사고에 여유가 있었다. 거의 도를 깨친 수준이었다.

그러나 격의 없이 만나거나 대화를 나누는 일은 거의 없었기 때문에 과연 우리가 올린 보고서나 제안이 제대로 대통령에게 전달되는지 궁금했다. 그런데 어느 날 우리가 올린 제안대로 대통령이 실행하시는 것을 보면서 나의 선입견이 잘못되었음을 깨달았다.

노무현 대통령은 한 마디로 인간적인 대통령이었다. 노무현 대통령을 처음 본 것은 김대중 대통령 시절 해양수산부장관을 할 때 청와대에서였다. 당시 첫 느낌은 시골 농군 같았고, 기존의 정치인 이미지와는 거리가 있어 보였다.

그 후 대통령이 되어 청와대에서 모시게 됐는데, 겉으로 나타나는 모습만으로 판단한 나의 생각이 잘못이었음을 바로 알 수 있었다. 그는 대통령입네 하고 권위만 내세우지 않았다. 때론 동네 아저씨처럼, 때론 친구처럼 스스럼없이 청와대 직원들을 대하곤 했다. 그런 격의 없음이 거슬리는 사람도 있었겠지만 정말로 사람 냄새 풀풀 나는 인간적인 대통령이었다.

2004년 12월 8일 유럽 순방을 마치고 귀국하던 노무현 대통령이 갑자기 방향을 틀어 쿠웨이트에 들렀다 왔다. 당시 노무현 대통령은 전용기에 동승한 기자들에게 "이 비행기는 서울로 바로 못 간다. 쿠웨이트에 들러 아르빌을 다녀와야겠다. 자이툰 부대 배치가 모두 끝나고 장병들이 안착해 우리가 가서 장병들을 위로하고 격려하는 게 도리"라며 자신의 계획을 깜짝 발표했다.

언제 어떻게 될지 모르는 전쟁터에서 국가원수를 맞는 장병들의 사기가 충천했음은 충분히 짐작되고도 남는다.

자이툰 부대 방문 후 한국에 돌아온 날, 비서실로 웬 아저씨가 사막에서 군인들이 많이 쓰는 모양의 모자를 쓰고 들어와 여기저기 돌아다니는 것이었다. 바로 노무현 대통령이었다. 사막의 전쟁터에 나가 있는 우리 장병들을 위로하고 왔노라 하는 말 대신 모자를 눌러쓰고 나타난 위트는 과연 노무현 대통령다운 행동이었다.

참여정부 청와대

국민의 정부에서 4년 가까이 민정비서실에서 근무하다가, 참여정부로 바뀌면서 새로 생긴 정책실 내 정책수석실에서 정책

상황 업무를 담당하게 되었다. 그 당시 정책실장은 나의 대학 은사인 이정우 실장이었다. 정책실에서 근무하게 되면서 국세청으로 복귀하기까지 2년 남짓 기간 동안 정책상황, 정책기획 등 주로 경제정책에 관련한 업무를 담당했다.

그러나 기존의 정부가 5년 동안 국가를 운영하면서 축적한 많은 정보와 정책들이, 새로운 정부가 들어서면서 효율적으로 이관되지 못해 모든 체계를 새로 만들어야 하는 상황이었다. 이렇듯 정권이 바뀌면서 많은 정책적 아이디어와 경험들이 사장되는 현실이 나는 안타까웠다. 지난 정부로부터의 축적된 자료나 정책들을 전수받지 못했던 참여정부도 초기에는 잦은 직제개편으로 조직운영이 효율적이지 못했다. 이러한 폐단을 해소하기 위해 노무현 대통령이 청와대 운영체계를 시스템화하는 계획을 추진했다. 새로운 정부가 들어설 때마다 지난 정부의 시스템을 대부분 사장시키는 것이 마땅치 않았던 나는 마음속으로 대환영이었다. 그렇게 탄생한 것이 'e지원' 시스템이다.

청와대 인트라넷 e지원 시스템

우리나라는 5년마다 새로운 대통령을 선출한다. 좁은 관점에서 보면 정권마다 추구하는 가치는 다를 수 있겠지만 궁극적으로 국민을 중심에 두고 대한민국을 운영하는 데 있어서는 누가 대통령이든 지향하는 바는 같을 수밖에 없다. 그러므로 새로 선출된 대통령은 앞선 정부의 장점은 계승하고 단점은 개선하는 것이 바람직하다. 대통령은 대한민국 국민을 위해 국가운영을 대리하는 것이지, 대통령이 새롭게 선출될 때마다 건국이 이루어지는 것은 아니기 때문이다. 그러므로 정권이 바뀔 때마다 무조건 전 정부의 모든 것을 부정하고 새로 시작하는 것은 국력 낭비이자 국가적 불행이라고 생각한다. 그런데 이명박 정부는 '새 술은 새 부대에'란 모토를 내세우며 참여정부의 시스템을 전면 부정했다.

노무현 대통령은 청와대 업무를 전산시스템화해서 정권이 바뀌어도 업무가 단절되지 않고 이어지기를 원했다. 잘한 것은 계속 이어가고 잘못된 것은 고쳐가면서 계승 발전을 원했던 것이다. 시시콜콜한 기록이 다 남아 있으면 다음 정부에 공격의 빌미를 제공할 수 있다며 직원들이 반대하자, 노무현 대통령은 잘잘못을 평가받겠다는 자세로 일해야 한다고 일축했다. 참으로 놀라운 발상이고 획기적인 변화였다.

그래서 만든 것이 청와대 내부 전산망 'e지원'이다. 당시 나는 정책실에서 근무했는데 이때 대통령 지시사항 관리와 감사원의 정책감사 업무를 담당했다. 그때까지 대통령 지시사항은 총리실에서 오프라인으로 이행여부를 관리해왔다. 대통령의 지시사항을 e지원 시스템에서 관리할 수 있는 방법을 강구하는 것이 내가 맡은 일이었다. 하루는 노 대통령이 관저로 나를 불러서 e지원 시스템의 관리방안에 대해 "토론하자"고 했다. 대통령이 일개 행정관을 불러 "토론하자"고 하니 처음에는 긴장해 제대로 말도 하지 못했는데, 어느 순간에 대통령의 말을 가로막으며 설명을 하고 있는 내 자신을 보며 노 대통령의 격의 없는 친화력에 감동할 뿐이었다.

나는 정기적으로 열리는 국무회의에도 배석해 회의 중에 나오는 대통령의 지시사항을 파악하고 관리했다. 즉시 실행해야 할 사항, 중장기 계획을 세워 실행해야 할 사항 등을 분류하고 정리하면서 대통령이 이토록 많은 것을 직접 챙겨야 한다면 대통령 하기 참 힘들겠다고 생각한 적이 있다. 노 대통령은 미리 작성된 질문서나 지시사항을 읽는 게 아니라 즉문즉답(卽問卽答)을 하는, 진짜 회의를 했다. 적어도 노 대통령 시절 국무위원들은 미리 공부하지 않으면 대통령이 선호하는 토론 중심의 회의에 참석할 수 없었다. 노 대통령은 다방면으로 아는 것이 많아서, 장관들에게 실질적인 질문을 했고 장관들 역시 타 분야에 대해서도 의견을 내는 활발한 토론회를 주도했다. 또, e지원 시스템을 통해 보고서를 올리면 일일이 다 읽어보고 직접 댓글을 써서 내려 보내곤 했다.

나는 노무현 정부 중간에 국세청으로 복귀해 그 후의 일은 알 수 없지만, 다음 정부에 물려주려던 e지원 시스템은 이명박 정부에서 받지 않아서 봉하마을로 가져갔음은 이미 언론에 보도

된 바 있다. e지원 시스템 안에는 노무현 정부가 공격을 받을 수도 있는 온갖 정보들이 있었음에도 불구하고 국가운영의 효율화를 위해 다음 정부에 대의를 전하고자 한 것이 노무현 대통령의 의지였다. 이명박 정부가 이 시스템을 그대로 물려받아 취할 건 취하고 개선할 것이 있으면 개선해서 청와대 업무 시스템을 발전시켜 나갔으면 좋지 않았을까 하는 강한 아쉬움이 남는다.

'혁신과 지방분권', '4대 권력기관을 국민에게'

노무현 대통령은 취임사에서 국민통합과 개혁, 동북아 중심국가 건설을 기치로 내걸었다.

참여정부가 추구했던 혁신과 통합, 더불어 사는 균형사회를 만들기 위해 내놓은 다양한 정책들은 권력기관의 정치적 독립과 시민사회의 성장, 국가균형발전 토대 마련 등의 긍정적인 변화를 이끌어냈다.

노 대통령은 지역균형발전에 대한 확고한 소신과 철학을 가지고 과감한 개혁을 했다. 지역균형발전 의제를 국가 핵심 의제로 격상시키고 국가균형발전위원회를 구성해 구체적인 실천을 해나갔다. 행정수도 기본구상 수립 및 공공기관 지방 이전 계획 확정, 지역 혁신체계 시범사업 추진, 국가 균형발전 5개년 계획 수립이 그것이다.

그중 지방분권과 혁신도시는 수도권 집중과 인구 과밀화로 인한 폐해를 줄이고, 지역주의를 타파하기 위한 균형발전 정책의 일환이었다.

그러나 행정중심복합도시(세종시)나 낙후된 지역의 발전을 위해 공공기관 지방 이전을 통한 혁신도시 건설 등은 추진 과정에서 제대로 실현되지는 못했다. 더욱이 MB정부가 중앙부처 분산에 따른 행정 비효율과 자족용지 부족을 이유로 세종시 건설에 반기를 들면서 소모적 논쟁이 지속되기도 했다.

또 노무현 대통령은 4대 국가 권력기관의 제자리 찾기를 통해 사정기관의 정치적 중립을 위한 개혁에도 많은 노력을 했다. 국정원, 검찰, 경찰, 국세청의 인사에 청와대의 불개입을 선언하고 그를 실천했고, 4대 권력기관장의 독대 보고도 없앴다. 젊은 검사와의 대화도 그래서 마련된 자리였으나 노 대통령이 원했던 검찰 개혁 논의는커녕 젊은 검사들이 불만만 쏟아놓는 이상한 자리가 되고 말았던 기억이 있다.

노 대통령이 신념을 갖고 행한 일련의 정책들은 지역 이해관계나 정치적 입장에 따라 상반되는 의견과 그에 따른 갈등으로 순탄치 않았지만 '개혁과 통합', '국가균형발전'을 위한 노력은 높이 평가해야 한다고 생각한다.

얼마 전 김병준 당시 비서실 정책실장이 TV에 나와 노무현 대통령 회고담을 털어놓았는데, 나는 그의 말을 듣고 노 대통령이라면 충분히 그럴 수 있다는 생각이 들었다.

그의 회고에 의하면, 노 대통령이 탄핵됐다 다시 복귀했을 때 김우식 당시 비서실장이 김병준 실장에게 와서 노 대통령이 좀 이상하니 가서 만나보는 게 좋겠다는 말을 했다고 한다. 노무현 대통령은 "내 동지들은 다 감옥에 가 있고 청렴하게 살아온 내 가치관이 다 무너져 내린 마당에 대통령직을 수행하는 게 무슨 의미가 있느냐"며 사퇴하겠다고 했다. 두 실장은 대통령을 그만두는 건 좋지만, 재선거를 해야 하고 그에 따른 국가적 손실과 혼란은 어떻게 할 것이냐고 겨우 설득해서 대통령의 마음을 돌릴 수 있었다는 얘기였다.

그런 맥락에서 보면 노무현 대통령의 서거도 이해할 수 있다는 것이 노 대통령을 가까이에서 모신 친구의 얘기다. 전직 대통령에게 가한 이 정부의 탄압은 견디기 힘들 정도로 잔인했고, 이는 노 대통령이 이제껏 살아온 자신의 가치관을 송두리째 부정하고 짓밟는 것이므로 극단적인 방법을 택할 수밖에 없었을 것이라는 얘기다.

나는 노무현 전 대통령의 심정을 깊이 공감한다. 내가 국세청의 압박을 거쳐 검찰조사를 받고 재판에 임하면서 느꼈던 심정이 그와 같았기 때문이다. 누명을 씌워 나를 몰아내기 위해 그들이 했던 주장은 지난 26년간의 내 인생을 송두리째 부정하는 것과 다름없었고, 나는 내 삶의 가치를 지키기 위해 거대한 권력을 상대로 지난한 싸움을 할 수밖에 없었다.

감사원 정책감사 시스템화

민정비서실에서 정책실로 부서를 바꾼 내게 부여된 임무는 대통령 지시사항 관리와 감사원의 정책감사 관리였다.

감사원은 대통령 직속기구이긴 하나 헌법상 독립기관이었다. 감사원이 하는 일은 회계(법규)감사와 정책감사 두 가지가 있었다. 회계감사는 정해진 법규에 의거해 각 부처의 업무를 정기적으로 감사하는 것이고, 정책감사는 국가의 정책이 수립될 때 그 정책이 타당한지를 감사하는 것이다. 그런데 정책은 해당 부처의 필요에 의해서 또는 대통령의 큰 그림에 의해서 세우는 경우가 많은데, 만일 감사원에서 제동을 걸면 한 발짝도 나아갈 수 없는 경우가 생길 수 있다. 이 경우 감사원의 평가나 관점에 따라 결론이 다를 수도 있고, 국가 차원에서 보면 정책의 타당성이 다르게 평가될 수도 있다.

당시 공무원들은 감사받다가 볼 일 다 본다는 말을 할 정도로 많은 감사에 시달렸다. 예를 들어 지방자치단체의 경우 감사원의 감사, 각 부처 감사, 자체 감사 등을 받다 보면 1년이 다 갈 정도였다. 공무원들의 불만사항을 전해 들은 노무현 대통령은 공무원이 감사 때문에 일을 못해서는 안 되겠다는 판단하에 감사원을 재정비할 복안을 갖고 있었다. 그래서 회계감사는 국회에, 정책감사는 외부 평가기관에 이관하려 했다. 헌법기관인 감사원에서 들고 일어나는 것은 당연했다. 결국 노 대통령은 감사원 기능을 그대로 두되, 정책감사에 한해서는 해당 부처와 청와대 정책실의 의견을 반영한 감사를 하도록 하는 타협안을 내놓았다.

이 역시 일과성으로 그치지 말고 시스템으로 정착시켜 e지원에 접목시키라는 것이 노 대통령의 주문이었고, 내가 이를 맡게 됐다.

나는 감사원과 피감사기관, 청와대 정책실이 주기적으로 협의하는 체제를 만들었고 이를 e지원에 올려서 세 부처가 공유하고 조율하는 과정을 거치도록 시스템화했다. 그 후 나는 청와대에서 나왔기 때문에 이 시스템의 계속 사용 여부에 대해서는 알지 못한다.

청와대에서 감사원을 담당해본 나의 경험을 대구지방국세청장 시절에 아주 유용하게 활용했다. 대구지방국세청 감사관들이 내게 감사 결과를 보고하는 내용은 하나같이 몇 건을 적발해 얼마를 추징했다는 실적 위주였다. 감사의 본질은 처벌이 아니라 문제점을 개선하고 걸림돌이 있으면 제거해 처벌받는 일이 일어나지 않도록 하는 것임을 강조하며, 세무공무원이 과세를 안 한 것이 있다면 이유가 있을 테고 그 이유를 파악해서 향후 그런 일이 다시 일어나지 않도록 예방하고 대안 제시까지

할 수 있어야 한다고 강조했다.

이처럼 노무현 대통령은 국가 운영에 대한 비전, 운영체계 등에 남다른 철학을 가지고 있었고 그런 대통령 밑에서 일하면서 많은 것을 배울 수 있었다. 다만 그의 거침없고 솔직한 화법이 자신의 많은 장점을 스스로 가려버린 듯해 나로선 너무나 안타까울 뿐이었다.

국가와 사회를 향한 나의 제언

지난 4.11 총선에서도 나타났듯이 국민의 개혁 요구가 커지고 있고, 변화를 갈망하는 국민의 목소리는 높아지고 있다. 한 시대를 지배하거나 특징짓는 정신을 시대정신이라고 한다면 사회 저변에 흐르는 다수 국민들의 공통된 정서 또한 이에 해당할 것이다. 바람직한 정치지도자는 그 시대정신을 정확하게 읽고 거기에 맞추어 법과 제도와 관행도 필요에 따라서 바꿔 나갈 수 있어야 한다. 그러나 2012년 현재 대한민국의 현실은 어떠한가?

현재 우리 사회를 관통하는 국민 정서를 진단하고 평소 생각해 오던 나의 단상을 부족하나마 제시해보고자 한다.

우리 사회 전반에 만연되어 있는 '반MB 정서'는 심각한 수준을 넘어섰다. 정권 말기라고는 하지만 사상 최악의 정부라는 오명을 면키 어려워 보인다. MB정부의 이러한 평가는 MB 자신의 정치철학 부재와 역사 인식의 결여에서 비롯된 것으로 보인다. 전 국민적 합의가 필요한 4대강 사업, 한미 FTA, 고소영(고려대, 소망교회, 영포라인) 위주의 회전문 인사로 불리는 인사 전횡은 전형적인 독단주의와 소통부재의 단면을 보여준다. 국가기관을 사조직화해서 민간인을 불법사찰한 것과 내곡동 사저 매입 과정에서 보여준 국가예산의 쌈짓돈 인식은 그 정도가 심각하다. 뿐만 아니라 조·중·동의 보수언론사를 종편허가 등을 미끼로 유인해 비판 기능에 재갈을 물리고 KBS, MBC, YTN 등 주요 방송사 사장을 측근으로 임명하는 언론장악도 서슴지 않고 있다.

대외적으로도 친미 일변도의 외교노선으로 인해 미국 예속화 현상까지 초래하고 있을 뿐만 아니라 경제대국으로 부상한 중국은 경원시하는 심각한 편향외교의 문제점을 노정하고 있다. 또한 BBK 및 도곡동 땅 실소유주, 내곡동 사저 취득, 한국투자청의 1조4000억 원 투자손실(대통령직 인수위원회 시절), 자원외교 관련 이권(CNK, 미얀마 유전개발)과 소요된 자금의 출처 의혹, 흑자인 공기업(인천공항, 코레일 등)의 무리한 매각 추진, DDOS로 불리는 부정선거 사건 같은 헌정 질서를 파괴하는 국기문란 사건에 직·간접적으로 연루되어 있다는 점 등 열거하기에도 숨이 가쁘도록 다양하고 많은 의혹은 향후가 결코 자유롭지 않을 것임을 암시하고 있다.

검찰이 변해야 나라가 바로 선다

검찰과 경찰, 국정원, 국세청 등 4대 국가 권력기관이 가장 비개혁적이고 권위적인 조직으로 평가되고 있다. 국민의 변화 요구에는 귀를 닫고 기득권 유지나 조직 확장 등에만 관심을 갖고 있기 때문일 것이다. 특히 검찰과 경찰, 법원은 국민의 인신을 구속하거나, 재산권을 박탈할 수 있는 위치에 있기 때문에 그 집행에 있어서는 극도로 신중해야 한다. 글자 하나, 말 한마디에 따라 육체적 금전적 고통을 초래할 수 있음을 인식한다면 지금처럼 쉽게 권력을 휘두르지는 못할 것이다.

검찰은 매 정권마다 정권 유지에 기여하고 조직의 기득권을 지켜온 전력이 화려하다. 기득권을 유지하기 위해서 정치검찰을 자처하는 모습을 공공연히 보여주고 있으며, 국민들의 개혁요구를 철저하게 외면하고 있는 것이 현실이다.

진실을 밝힐 수 없다면 정의도 실현할 수 없다

한명숙 전 민주당 대표의 무죄판결 사건을 통해 검찰의 표적수사의 단면을 볼 수 있다. 총리 때만 해도 그의 존재감은 그리 커 보이지 않았다. 그런 그가 노무현 대통령 장례식장에서 추도사를 읽을 때 새로운 면을 보게 되었고, 뇌물수수 혐의로 검찰조사를 받고 결국 무죄판결 후 기자회견 때 또 다른 모습을 보게 되었다. 그는 이전의 한명숙 총리가 아니었다.

무죄판결을 받은 직후 "진실이 권력을 이겼다"면서 검찰이 더 이상 정치권력의 도구로 사용돼서는 안 된다고 강조했다. 건강한 검찰이 되는 데 앞장서 끝까지 싸우겠다고 말했다.

그 온화하기만 하던 한명숙 전 총리가 검찰조사 후 왜 이렇게 달라졌을까? 나 역시 검찰의 기획수사에 당한 사람으로서 그분의 심정을 100% 공감했다. 그야말로 겪어보지 못한 사람은 절대로 알 수 없는 결의에 찬 표정과 눈빛을 충분히 이해한다. 선진화를 위해서는 반드시 거쳐야 할 절체절명의 과제가 바로 검찰과 사법부의 개혁이다.

미국의 변호사 출신 작가 스콧 터로가 쓴 《무죄추정》이란 소설 속에 이런 글이 나온다. 주인공인 검사가 재판에 임하는 자신의 심정을 묘사하는 내용이다.

> 나는 피고인석에 앉아 있는 그의 기분이 어떨까 궁금했다. 그 자리에 앉아 인간의 가장 보편적인 권리인 상호간의 인격 존중, 심지어 자유까지도 맡겨놓고 다시 되찾을 수 없는 외투처럼 되었다는 사실에 피고인의 기분이 어떨까 궁금했던 것이다. 나는 피고인의 두려움, 극심한 좌절감, 처절한 외로움을 피부로 느낄 수 있었다.

그러나 지금은 그런 연약한 감정들이 사라지고 대신 광석처럼 굳건한 의무감이 내 마음속에 자리 잡았다. 이것이 내가 할 일이다. 그렇다고 무감각해졌다는 말은 아니다. 하지만 기소와 공판과 처벌이라는 일은 끊임없이 이어지고 있다. 이것은 세상을 굴러가게 하는 커다란 수레바퀴들 중 하나다. 나는 거기서 내가 맡은 역할을 할 뿐이다. 나는 진실과 거짓을 구별하고 선과 악을 판가름하는 우리의 사법제도를 집행하는 공무원이다. 이것은 금지되어야 하고 저것은 괜찮다고 주장하는 것이 내 일이다. 어떤 사람들은 그 오랜 세월 동안 기소하고 재판하고 피고인들이 오고 가는 것을 지켜보면서 내 모든 가치관이 뒤죽박죽되어버렸을지도 모른다고 생각했다. 그러나 다행히도 그런 일은 내게 일어나지 않았다.

나는 배심원단을 향해 돌아섰다.

"오늘 여러분은 사실을 찾아내야 합니다. 진실을 밝혀내야 합니다. 결코 쉬운 일이 아닙니다. 여러분, 실제로 범죄가 있었습니다. 누구도 그것을 부인하지는 못할 것입니다. 실제로 피해자가 생겼습니다. 고통도 생겼습니다. 왜 그런 일이 일어났는지를 알려주실 필요는 없습니다. 어떤 일의 동기는 영원히 그 일을 행한 사람의 마음속에 숨어 있을 수도 있습니다. 하지만 적어도 실제로 무슨 일이 일어났는지는 파악하려고 노력해주셔야 합니다. 여러분이 못하신다면, 우리는 이 남자가 무죄 석

방되어야 하는지 아니면 처벌을 받아야 하는지도 판단할 수 없을 것입니다. 또한 누구를 비난해야 하는지도 알 수 없게 될 것입니다. 진실을 밝힐 수 없다면, 과연 정의는 실현될 수 있겠습니까?"

대한민국 검찰의 슬로건은 '행복한 국민 정의로운 검찰'이다. 로고는 대나무의 올곧음을 이미지화한 직선 다섯 개이다. 가운데 선은 칼을 형상화한 것으로 정의를 상징하며 양옆 직선은 인권과 진실, 바깥쪽 양 직선은 공정과 청렴을 의미한다고 한다. '검찰이 이룬 정의 위에 국민들이 사회의 안정 속에서 사랑을 나누고 꿈을 실현하며 행복하게 사는 모습'이 바로 검찰이 추구하는 바인데, 과연 현실은 어떠한가? 위 소설의 주인공처럼 피의자의 입장을 생각해보고 진실을 밝혀 정의를 실현해보고자 노력하는 검찰이 그렇지 않은 검찰보다는 훨씬 더 많을 것이라고 나는 애써 자위해본다.

검찰공화국

이번 사건을 겪으면서 내가 체득한 학습효과 중 하나는 검찰 발표는 액면 그대로 믿을 수 없다는 것이다. 안타깝고 불행한 일이지만 나로선 그렇다. 검찰의 수사와 발표에는 무언가 정치적 의도가 숨어 있을 거란 의심부터 하게 되었다. 검찰의 발표를 그대로 옮겨 싣는 언론도 액면 그대로 받아들이지 않게 됐다. 검찰발 기사는 사건의 팩트(fact)보다는 행간의 의미와 배경에 더 관심을 가지게 되었다. 일간지 기자들의 경우 시간에 쫓기고 특종의 부담 때문인지 진실여부, 시시비비를 가리기 전에 우선 쓰고부터 보는 경향이 있는 것 같다. 물론 다 그렇지는 않겠지만 실수로 오보를 게재하더라도 정정보도해주면 된다는 자세는 지양되어야 한다. 당하는 사람의 입장을 조금이라도 생각한다면 단어 하나, 문장 한 줄 쓰기 전에 심사숙고해야 한다. 언론이야말로 불편부당(不偏不黨), 역지사지(易地思之)의 자세를 견지해야만 한다.

대한민국 검찰은 수사와 기소의 양날을 동시에 손에 쥐고 무소불위의 힘을 자랑한다. 검찰의 정치적 독립을 주장해야 할 검찰이 아이러니하게도 자신의 기득권을 지키기 위해 정치권과 결탁하고 정권의 시녀를 자처하고 있다. 일부 검사들은 검찰이 정권도 좌지우지할 수 있다고 생각하는 것 같은데 참으로 위험한 발상이 아닐 수 없다. 정권과 검찰의 단절, 하루가 급하게 이뤄져야 한다.

검찰을 향한 나의 고언

현재 우리 검찰은 수사권과 기소권을 모두 가지고 있다. 게다가 내부적으로는 검사동일체 원칙이라는 전근대적인 관행을 유지하고 있다. 이러한 상황에서는 견제장치가 전혀 작동할 수가 없다. 누차 언급했듯이 수사권은 경찰에, 기소권은 검찰에 주어서 상호견제하고 보완할 수 있도록 하는 것이 이상적이라고 생각한다. 그러나 당장 경찰 수사권의 독립은 어려워 보인다. 그렇다면 현실적인 방안으로 당분간 수사와 지휘는 지방검찰청이, 기소는 고등검찰청이 나눠 운영하면서 점진적으로 경찰에 돌려주는 방안을 검토해볼 필요가 있다.

검찰은 금융감독원, 국세청, 공정위원회까지 검찰 통제하에 두려 한다. 심지어 청와대와 정부 부처에까지 검사들을 파견해 국정에 영향력을 행사해서 '검찰공화국'이라는 비아냥을 듣고 있는데, 참으로 부끄러운 일이 아닐 수 없다. 검찰 파견제도 등은 시급히 개선해야 한다.

또한 '벤츠 검사' 사건에서도 알 수 있듯이, 각종 향응사건에 검찰이 연루돼 있으며, 검찰 내 주요 인물이 되기까지 스폰서 없이는 어렵다고 알려져 있다. 대형 게이트 사건에 검찰 관련자가 무수히 오르내려도 처벌받는 사람이 거의 없는 것은 검찰의 제 식구 감싸기 때문임은 공공연한 비밀이다. 그럼에도 불구하고 검찰조직은 깨끗하다는 비현실적인 이야기만 하고 있는데 국민들이 납득할 만한 자정제도를 마련해 달라진 모습을 보여주어야 한다.

국세청의 세무조사는 증거나 정황이 없을 경우 대부분 물러난다. 그러나 검찰 수사는 그렇지 않은 것 같다. 내 사건처럼 구체적 증거나 정황이 맞지 않아 혐의를 입증할 수가 없었음에도 어떻게 해서든 기소하고야마는 검찰의 행태는, 당사자들의 불신을 넘어 원한을 사기에까지 이르기도 한다. 국민의 검찰 불신은 검찰 스스로 초래한 일임을 깨닫고 수사관행을 바꿀 수 있도록 제도를 개선해야 한다.

우연히 던진 돌에 맞은 개구리는 죽을 수도 있음을 검찰은 인지해야 한다. 무리한 기소로 재판에서 무죄판결이 날 경우, 담당 검사 라인이 징계를 받거나 인사상의 불이익을 당하는 검사책임제를 반드시 도입, 기소에 신중을 기하도록 해야 한다.

현행 판검사 선발제도도 개선할 필요가 있다고 생각한다. 판사와 검사, 변호사 구분 없이 사법연수원 교육을 받아 동기의식이 형성되고 그러한 관계로 인해 재판에서 공정함과 객관성을 유지하기가 어렵게 되는 경우가 많다. 현재 로스쿨(Law School) 제도로 어느 정도 완화할 수 있는 것처럼 얘기하고 있으나 근본적인 해결책은 되지 못한다고 본다. 현행 사법고시 제도를 판사 임용고시와 검사 임용고시, 변호사 자격증 시험으로 분리해 실시하는 방안으로 국가고시 제도를 개선하는 방안을 연구할 필요가 있다.

재벌, 그들만의 잔치 끝내야

서민들의 골목 상권까지 잠식하고 제과, 음식점, 두부 제조업에까지 발을 들여놓으려는 문어발식 확장으로도 모자라 부의 세습까지 하는 것이 오늘날 재벌의 현주소다. 내가 일군 회사를 아들에게 물려주겠다는데 왜 딴죽을 거느냐고 반박할 수도 있겠다. 하지만 현재의 재벌이 어떻게 해서 생겨났는지 그 배경을 알고 세법에 따라 제대로 상속세를 냈다면 북한의 정권 3대 세습에 비견되는 재벌의 3대 세습은 이루어질 수가 없는 일이다.

재벌은 영어로도 그대로 번역되는 우리나라에만 있는 고유명사이다. 재벌은 우리나라가 개발도상국이던 박정희 대통령 시절, 해외 기업들과의 경쟁에서 싸워 이겨 우리나라의 경제발전과 산업화에 일조하라는 차원에서 무한 지원과 혜택으로 형성된 기업 형태이다. 오늘날의 재벌도 이처럼 국가 차원의 지원이 뒷받침되었기에 가능한 일이다. 재벌에 대한 국가의 지원 부담은 고스란히 국민이 지고 있음을 깨닫고 재벌 스스로 이익의 사회 환원과 재분배 등 사회적 책임을 져야 할 때라고 생각한다. 그러나 현실의 재벌들은 추악한 모습만 국민에게 보여주고 있다. 중소 협력업체와의 불공정한 거래, 골목 상권 장악, 빵집·두부 제조·음식점 등 문어발식 경영으로도 모자라 일감 몰아주기 등 편법 상속을 통한 금권(金權) 세습을 멈추지 않고 있다.

305

MB 정권의 수출 위주 경제성장 정책은 많은 서민을 울리는 정책이다. 재벌에게 좋은 수출 환경을 조성해주기 위해 고환율과 저금리 기조를 유지하고, 고환율과 저금리는 곧 물가 인상으로 이어져 서민에겐 부담이 될 수밖에 없다. 고환율과 저금리로 인해 이익을 얻은 재벌은 이를 서민들에게 되돌려주어야 한다. 이익의 사회 분배 당위성은 여야 모두 공감하는 것 같다. 다만 방법상의 문제에 부딪히는데, 이때 중요한 것은 재벌이 자발적으로 분배에 참여하도록 하고 국민은 재벌기업에 존경심이 생기도록 만들어주어야 한다. 이것이 바로 정부의 역할인 것이다.

재벌기업이 사회적으로 존경받을 수 있고 서민과 더불어 살아가는 분위기를 만들기 위해서는 '햇볕정책'과 '바람정책'을 적절히 병행해야 한다고 생각하며 다음과 같은 방안을 제시한다.

햇볕정책

재벌에 대한 이른바 햇볕정책으로 재벌이 사회적 책임을 다하게 하고 그로 인해 사회적으로 존경받는 분위기를 조성해야 한다. 재벌들이 재단을 만들어 기업의 이미지 홍보나 하는 방식이 아니라 사회에 실질적으로 기여하고 그 혜택을 국민들이 받을 수 있도록 하여 국민들이 자발적으로 기여자들에 대한 존경심이 우러나게끔 유도할 필요가 있다. 예를 들면 재벌이 재단

설립 자금을 기부하고, 기부재벌과는 무관한 단체에서 완전히 독립적으로 재단을 운영하는 방법이다. 이는 재벌들의 진정성 있는 사회 환원을 유도하고 국민들에게는 실질적으로 유·무형의 혜택이 돌아가도록 하는 길이다.

바람정책

지금까지 거대 자본이 세계 시장에서 경쟁력이 있다는 논리로 재벌을 정당화했지만, 결과적으로는 자기들만 독식했고 혈연 세습을 통한 대물림에만 열중해온 것이 사실이다. 국제경쟁 강화가 필요한 분야는 지원하되 국내 중소기업과 경쟁하거나 골목 상권 진출 등 서민 생계를 위협하는 업종에 진입하는 것은 원천적으로 규제해야 한다. 이를테면 국내에서 골목 상권 업종의 진입을 제한하고, 일감 몰아주기로 동일한 업종의 중소기업을 어려움에 처하게 하는 계열사 설립도 규제하고, 중소기업이 개발한 신기술 탈취 행위에 공정거래법을 엄격히 적용해 처벌하는 등 채찍을 적절히 사용해야 한다.

오너가 직접 경영하는 경우 경영실책에 대한 책임을 엄중하게 묻거나 형사처벌도 엄정하게 해야 한다. 특히, 사면 등의 특혜를 배제하는 방법으로 소유와 경영이 분리되도록 한다면 변칙 세습과 문어발식 사업 확장에도 제동을 걸 수 있다고 본다.

재벌에 대해 출자총액 제한, 금산분리(金産分離), 문어발식 확장 제한 등으로 규제하면 재벌기업 종사자와 재벌과 거래하는 중소기업이 어려워진다는 논리를 전개하는데, 그러면 재벌기업 직원이 아니거나 재벌과 거래하지 않는 다른 업체는 어려움을 당해도 좋다는 논리인가. 국내 중소기업과 더불어 살아가지 않으면 재벌의 존재를 인정하지 않으려는 움직임이 있다는 사실과 재벌은 경제계의 국가대표임을 자각하게 해야 한다.

금융권, 폐쇄적 환경 개선해야

최근에 동남아시아뿐 아니라 유럽까지 금융 위기가 지속되고 있다. 이러한 세계적인 불황과 금융 위기 현상은 신자유주의 경제가 실패했음을 보여준다.

우리나라도 최근 저축은행 사태, 외국계 펀드의 '먹튀' 논란, 권력형 주가조작 사건, 지하경제와 결탁된 기업사냥꾼의 암약 등 금융 관련 사고가 빈번히 발생하고 있다. 금융정책을 수립하고 감시해야 할 당국은 속수무책이며 제도적 법적 장치 마련은 하지 않고 미봉책으로만 넘기려 하는 것 같다.

저축은행 사태에서 드러난 것처럼 금융권 관계자들만의 이너서클이 있어, 제 식구 보호와 퇴임 후 자리 확보, 비용을 지불하는 피감사인이 회계감사인을 선정하는 형식적인 회계감사 등으로 이미 예견된 문제였다. 금융권의 폐쇄적 환경이 화를 키운 결과라고 할 수 있겠다.

특히 외환은행 사태처럼 외국의 금융 자본이 우리나라에 들어와 국내 자본시장을 흔들어놓고 투자금의 몇 배의 자금을 회수해가는, 이른바 '먹튀 현상'에 대해 이를 감독하고 규제해야 할 금융감독 당국이 묵인 방조하고 더 나아가 유유히 달아나도록 비호까지 하는 일은 매우 심각한 문제가 아닐 수 없다. 이는 '외국계 자금으로 위장한 검은머리 외국인 자금의 존재'를 의심케 하는 대목이다.

기형적인 금융감독기구 재정비 필요

금융 당국은 금융위원회와 금융감독원의 두 조직으로 구성되어 있다. 금융위원회는 국가기관으로 금융정책 수립 및 인허가 등을 담당하고, 금융감독원은 감독에 따른 대가로 금융회사로부터 분담금을 받아서 운영하는 반관반민(半官半民)의 기관으로 감독업무를 담당한다. 예전에는 은행감독원, 보험감독원, 증권감독원으로 업무가 분리되어 있었는데 이 기능을 통폐합하면서, 금융감독원이 금융회사의 법률과 규정위반에 대해 직접적인 행정조치를 취할 수 있도록 정부기관인 금융위원회에 소속되는, 기형적인 형태인 것이다. 금융기관으로부터 운영자금을 조달하는 금융감독원이 동시에 금융기관을 감독하는 권한을 가지는 셈이다. 이렇듯 정책과 감독, 금융회사가 모두 유기적인 관련성을 맺고 있다 보니, 감독기관 종사자가 퇴직 후

로비스트로 활동이 가능하다. 또 이런 폐쇄적인 금융 환경이 끼리끼리 문화를 만들고 'OO 사단', 'OO 사람' 등으로 불리는 병폐를 야기하고 있다. 피감 금융회사가 분담금을 지원하고, 정책과 감독의 구분이 모호한 환경은 명확하게 하여 서로 견제가 가능한 환경으로 개선돼야 한다. 또 금융감독원 출신도 은퇴 후 일정 기간 동안 금융회사에 재취업하는 것을 제도적으로 차단해 끈끈한 결속관계를 단절해야 한다.

금융감독원의 예금자 및 투자자 등 금융수요자 보호기능과 금융자산 건전성 확보기능이 상충하고 있는데 이 부분도 개선되어야 할 과제이다.

또한 현행처럼 피감기관이 회계감사인을 지정하는 불합리한 제도는 개선해야 한다. 회계감사 시 발견된 금융 관련, 세무 관련 문제점을 관련 기관에 통보하는 의무를 회계감사인에게 부여해 실질적인 회계감사가 이루어지게 해야 할 것이다.

외국계 자본은 무조건 선(善) 인식 버려야

IMF 위기 이후 외환보유고에 대한 '트라우마'가 있어서인지 외화부족을 이유로 외국자본이 들어오는 것은 무조건 선(善)이고 자본이 나가는 것은 무조건 악(惡)이라는 도식이 성립되어 있는데, 외환보유 역시 과유불급(過猶不及)이라고 생각한다. 1997년 외환위기 이후 국제통화기금에서 권장하는 적정 외화

보유고는 '유동성이 있거나 시장성이 높은 자산으로 통화 당국이 언제든지 사용 가능한 대외자산'으로 '각국이 최소한 3개월의 상품 및 서비스 수입대금을 결제할 수 있을 정도를 보유하라'고 권하고 있다. 외환보유고 확보도 중요하지만 우리나라에 들어오는 외국계 자본의 성격 파악도 못지않게 중요하다고 생각한다. 그 자본이 건전한 투자를 위한 것인지, 저의가 있는 불순한 자본인지도 철저히 가려내야 한다. 유입되는 외국자본의 성격을 신속하게 파악하는 방법을 개발하는 것이 중요하다.

금융기관 인사에 권력 개입 차단할 제도적 장치 마련

정권이 바뀔 때마다 민영화된 금융기관의 인사권 장악이 마치 전리품 챙기듯이 반복되고 있다. 사실 금융권 인사 장악은 산업 전반을 장악하는 것과 다를 바가 없고 기업들의 생사여탈권을 손에 쥐는 또 다른 권력 행사 수단이다. 기업을 운영하는 사람들은 사실 금융조달이 전부라고 해도 과언이 아닐 만큼 중요하다. 정치권력이 금융기관의 인사권을 통해, 투자나 대출 등에 그들을 이용해 사리사욕을 챙기는 금융사건이 최근에 빈번히 발생하고 있다. 국책은행이 아니더라도 공적 성격의 금융기관 인사에 권력이 개입하지 못하도록 투명한 기구를 만들어 인사권을 행사하는 방안이 필요하다.

민자 사업에 국민연기금 투자

외국계 자본의 국내 투자는 1997년 IMF위기를 겪으면서 시작되었다. 국제통화기금(IMF)은 외환위기를 빌미로 BIS 비율 맞추기 같은 금융 시스템의 변경을 요구했다. 우리나라가 마련한 안전장치를 다 해제하게 한 후 국가 기간산업과 알토란 같은 공기업의 민영화를 추진하게 했다. 당시 국가 이익에 반하는 외국계 자본의 무리한 요구에 저항하고 지키려는 노력을 했어야 했으나, 외환위기 극복이라는 대명제에만 초점이 맞춰져 거의 무방비 상태로 외국계 자본의 침투를 허용했다.

문제는 외환위기가 사라진 지금에도 외국계 자본 도입만이 능사라는 인식이 우리 사회에 만연돼 있다는 사실이다. 공기업과 기간산업은 당연히 국가에서 운영해야 한다. 그런데 세계 1위 공항으로 자리매김하며 순탄하게 운영 중인 인천국제공항을 비롯해 코레일(KTX), KT, 9호선 전철 등 국가 기간산업의 민영화 추진은 그 저의가 심히 의심스러울 정도로 터무니없는 일이다.

정부 측 논리는 민영화하면 경쟁구도가 되어 이용료가 내려가고 국민들이 쉽게 이용할 수 있다는 것인데, 과연 민영화한다고 이용료가 내려갈지는 의문이다. 더욱이 국가기간망을 사기업, 그것도 외국 기업이 인수할 때 국가안보망에는 위험이 없는지도 고려해봐야 한다. 국가 기간산업 건설에는 최소 조(兆) 단위의 투자금이 들어간다. KTX의 경우

15조 원을 투자해 건설해놓고 4000억 원에 매각하겠다는 것은 도무지 이해가 안 가는 일이다. 게다가 민자 사업자에게는 최소수입보장제도(MRG)까지 동원, 땅 짚고 헤엄치는 장사를 할 수 있도록 뒷받침한다고 하니 특혜도 엄청난 특혜가 아닐 수 없다. 만일 국내 기업이 민자 사업자로 선정된다면, 특정 기업 특혜의 시비는 있을지언정 이익금이 국내에 머무니 그나마 낫겠다. 그렇지 않고 외국계 자본에 국가기간망이 넘어간다면, 더 나아가 '외국계 자본을 가장한 검은머리 외국인 자본'에 팔린다면….

인천국제공항 개항과 비슷한 시기에 우면산 터널 공사 등 사회 기간산업이 동시에 많이 시행됐다. 당시 국민연금 운용과 관련, 많은 논란이 이는 것을 보며 민영화 사업에 외국자본을 끌어들일 것이 아니라 국민연금을 투자하는 안을 건의한 적이 있다. 민영화 사업은 위에서 말한 대로 정부가 반 이상 투자하고 최소수입을 보장해주는 등 특혜를 주니 손해는 없고 이익만 날 뿐이다. 여기에 국민연금을 투자해서 수익이 나면 그 수익은 바로 국민에게 돌아갈 것이니 국가와 국민 모두에게 이익이 되는 일이다. 나의 제안은 반영되지 않았지만, 현재 기간산업의 민영화 추진 논란을 보면서 그때의 일을 떠올려본다.

그런데 천정배 전 국회의원이 나와 비슷한 생각을 가졌던 것 같다. 기금관리기본법 개정안의 하나로 '연금을 주식뿐 아니라 사회간접자본(SOC)과 교육 및 복지시설에도 투자하고 일정 수익을 정부 재정에서 보전해주는 연금 투자 확대 방안을 추진하겠다'는 것이었는데 국회에서 받아들여지지 않은 것으로 알고 있다.

● ● ● ● ●

정치권과 결탁된 권력형 주가조작 사건

CNK, 시모텍, KMDC 등 정치권과 금융기관이 동원된 권력형 주가조작 사건, 한국투자청의 메릴린치 투자로 인한 1조4000억 원 상당의 투자손실 사건, 저축은행의 모럴해저드 사건 등을 보면 일정한 패턴이 보인다. 불법대출, 주가조작, 투자자 모집 과정 등에 실세들의 이름이 어김없이 등장하고, 또 투자를 하는 금융기관의 일반인이라면 도저히 있을 수 없는 무리한 투자결정이 수반된다. 배후에는 반드시 유력 권력자가 있을 것이다. 이들이 없이는 이러한 결과가 발생한다는 것은 불가능하므로 반드시 배후를 밝혀야 한다.

복지정책, WHY가 아닌 HOW로 해결

오세훈 서울시장의 결정적 낙마 원인은 무상급식 논쟁이었다. 4.11 총선에서 복지정책은 여야 할 것 없이 내세운 최대 공약이었다. 복지정책은 '하자, 말자' 하는 차원이 아닌 당연한 시대적 요구로 인식되고 있으며 국민들의 기대치도 매우 높다.

의식주와 관련한 생존 차원의 복지는 자본주의 국가에서는 국가의 존재 이유와 다름없다. 복지 혜택을 받는 사람들도 국가가 지원해줘서 감사하다는 인식이 아니라, 당연히 누려야 하는 권리로 인식하기 시작했다. 때문에 국민의 생존 문제와 직결된 의식주 문제, 즉 굶는 사람과 잘 곳 없는 사람이 없도록 해야 한다. 그리고 삶의 질을 향상시키는 선순환을 위한 생산적 복지는 예산의 허용 범위와 국민적 합의를 끌어낼 필요가 있다.

'선택적 복지'냐 '보편적 복지'냐를 놓고 여야 간의 논쟁이 팽팽한 이유도 결국은 재원을 어떻게 마련하며, 현실적인 재정이 허용하는 범위를 어디까지로 정할 것인지에 대한 의견이 다르기 때문일 것이다. 그러므로 예산의 우선순위 조정을 포함한 재원마련 방안을 검토하는 것이 선행되어야 한다.

복지정책의 재원마련을 위해 부유세 부과를 검토하자는 의견도 있으나 특정 계층에 대한 별도의 세금부과 방식보다는 고소득층에 세율조정과 상대적으로 부유한 사람들에게 다양한 형태(돈, 재능, 기술, 시설 등)의 기부문화가 확산되도록 유도해 재원을 마련하는 것이 바람직하다고 생각한다.

그 외 사회 현안에 대해

보수와 진보 개념 정립

우리가 흔히 쓰는 보수와 진보란 말은 본질적 의미보다는 각자의 이해에 따라 상대적 구분을 위한 용어로 쓰이고 있는 게 현실이다. 역사관을 바로 세우기 위해서라도 용어의 본질적 의미를 고찰해 사용할 필요가 있겠다. 좌파는 우파에 대응해, 또는 보수는 진보의 상대적인 의미로 지칭하는 용어가 돼버렸는데, 이러한 잘못된 용어 사용은 역사관의 변질, 가치관의 혼동을 유발할 뿐만 아니라 사고의 왜곡도 초래한다는 데 문제의 심각성이 있다.

해방 후 친일부역자가 청산되지 않은 채 미군정시대로 접어들면서, 미국에 의해 친일부역자들이 대한민국 설립의 기초를 닦는 주요 인물로 기용된 불행한 역사를 간과해서는 안 된다. 당시 국가와 민족을 보전하고자 했던 보수 항일투사들은 미군정에 의해 좌익으로 취급받았고, 친일하고 친미했던 매국인사들 중 다수가 국가의 기틀을 잡는 우익보수로 둔갑했다는 사실을 많은 사람들이 간과하고 있다.

일반적으로 공산주의와 진보 또는 좌익을 동일한 개념으로, 민주주의와 보수 또는 우익을 동일한 개념으로 설정해 상호 대치구도로 잘못 사용하고 있다. 그러나 공산주의는 시장원리와 대치되는 개념이고, 민주주의는 봉건주의와 대치되는 개념이다. 그러므로 보수와 진보, 우익과 좌익 등의 이념에 대한 개념과는 분리해 사용해야 한다. 그럼에도 좌익과 진보 성향의 인사를 공산주의자로, 우익과 보수 성향의 인사를 민주주의자로 분류하고 색깔논쟁으로 혹세무민하는 경향까지 있는데 이는 바로잡아야 한다.

가진 자와 못 가진 자, 자유를 강조하느냐 평등을 강조하느냐의 잣대로 우익과 좌익을 나누는 것이 현재 우리 사회의 보수 진보에 대한 분류 기준이라면, 더더욱 진보 세력을 단순히 공산주의자로 몰아가서는 안 될 것이다.
더 나아가 좌파와 우파, 보수와 진보를 반목적(反目的)·대립적(對立的) 개념으로만 볼 것이 아니라 협력적(協力的)·보완적(補完的) 개념으로 이해하고 사용할 때 사고의 왜곡도 사라진다고 생각한다.

친미 일변도에서 벗어나 중국과의 관계 개선 시급
친미 일변도의 현 외교정책의 균형회복이 시급하다.
G2로 급부상하고 있는 중국과의 관계는 대(對)북한 문제해결과 경제적 관점에서 소홀히 할 수 없는 매우 중요한 사안임에도 이명박 정부는 이를 경시하고 때로는 적대시하기까지 하는 어리석음을 범하고 있다. 역사적 교훈에서처럼 명(明)과 청(淸)나라 사이에서 등거리 외교를 펼친 광해군의 외교 전략을 참고해야 할 시점이다.
대북한 문제도 미국에만 절대적으로 의존할 것이 아니라 북한의 고리를 잡고 있는 중국과의 관계개선을 통해 해결하는 것이 현실적이고 실질적인 방안이라고 생각한다.

환경문제와 기축통화, 두 마리 토끼 잡는 탄소배출권

최근 미국 달러의 기축통화 지위가 흔들리고 있고 기후온난화 현상 등 환경문제 해결을 위한 명분으로 탄소배출권이 새로운 기축통화 화폐로서 자리매김하는 움직임이 활발해지고 있다. 2011년 말, 더반(Durban) 회의에 의하면 2020년부터 한국도 온실가스감축 대상국에 포함되므로 이를 대비하는 정책 구상이 이루어져야 할 것이다. 유럽과 미국의 바이오 에너지 개발, 중국의 태양열 개발 등 전 세계가 이산화탄소를 줄이기 위한 대비책을 마련하고 있는 데 비해 우리나라는 아직도 개발과 성장 논리에 기반한 철강, 화학, 조선 등 중공업에 치중하고 있는 것이 현실이다. 우리나라에 알맞은 대체 에너지 개발은 물론 지구 환경을 보호할 대책 마련에 중지를 모아야 할 때다.

변화의 기로에 선 국세청

30여 년을 국세공무원으로 봉직한 나로서는 작금의 국세청이 심히 걱정스럽다. 정확히는 국세청 수뇌부의 오만방자함과 충성이라는 미명하에 부화뇌동하는 직원들의 행태에 대한 걱정이다. 6년여 청와대 근무는 나에게 국세청의 실상을 객관적으로 볼 수 있는 기회를 주었다. 국세청의 현 위치와 나아갈 방향에 대해 고민하고 생각할 수 있는 기간이었다.

국세청은 검찰, 경찰, 국정원과 더불어 국가 4대 권력기관 중 하나이다. 이는 경제활동의 검열 기능인 세무조사 권한을 갖고 있기 때문이다. 간과하지 말아야 할 것은 세무조사는 정확한 소득의 흐름을 파악해 성실신고 여부를 검증하고 세금을 징수하기 위함이지 개인의 비리를 캐내 위협하거나 권력자의 정치적 목적을 이루기 위함은 아니라는 것이다.

세무행정은 합법적인 경제행위를 하는 국민 모두에게 직접적인 영향을 미친다. 국세청 직원들 중엔 세무조사권의 힘을 빌려 모든 분야에 영향을 미칠 수 있는 무소불위의 권력을 가진 것처럼 잘못 인식하고 정치적으로 악용하는 일이 종종 있다. 기업인들 중엔 정치인 후원회장을 하는 경우가 많은데 국세청이 이런 기업의 뒷조사 등을 통해 영향력을 행사하거나 검찰과 협력관계가 되어 정치적 사건의 출발점이 되기도 하는 것이다. '털면 나온다'는 잘못된 인식과 조사하면 어떻게 해서라도 원하는 실적을 만들어낸다는 국세청 직원들의 권위주의적인 사고는 하루빨리 버려야 한다.

국가시스템을 운영하고, 사회 기반시설을 건설하고 유지하며, 국민복지 등의 재원이 되는 세금의 원활한 징수는 국가 운영에 있어서 매우 중요하다. 납세자가 세금을 제대로 내지 않는다면 국가 존립에 문제가 생길 수 있다. 국세청이 국민 위에 존재하는 기관이 아닌 동반자적인 기관으로 거듭나야 하는 이유가 바로 여기에 있다.

국세청 개혁의 동력을 만드는 일, 대전환의 획기적인 변화는 건전한 철학에 바탕을 둔 리더가 이끌어야 한다. 성실하게 맡은 바 임무를 수행하는 대다수 직원들은 리더의 방침에 맞춰 따라갈 뿐이다.

사격을 해본 사람은 안다. 총부리에서는 단 1mm의 차이일 뿐이지만 총알이 날아가 박히는 곳은 천양지차가 난다. 정확한 방향을 잡아주는 일이 바로 리더의 역할이다.

국세청이 거듭나기 위해 전제되어야 할 과제 몇 가지를 제언하고자 한다.

수평적 동업자

우선 기업가의 기를 살리는 데 국세청이 앞장서야 한다. 자본주의 사회에서 기업인이 국부 창출의 원천이라는 데는 이론의 여지가 없다. 국부를 창출하고 그 부를 국가 재원 조달에 공여하는 기업인들의 기를 살리는 역할은 기업과 최접점에 있는 국세청이 해야 하는 것은 지극히 당연한 소명이다. 기업가를 사회적으로 존경하고, 기업가는 스스로 존경받을 수 있도록 처신하는 것이 선진사회로 가는 첩경이라 할 것이다.

이를 위해 기업과 국가는 동업자라는 인식을 공유해야 한다. 국세청과 기업은 서로가 징수하고 징수당하는 관계가 아닌 국부 창출이라는 공동의 이익을 같이 추구하는 동업자로서 자리매김해야 한다. 이익의 25%(1/4)를 법인세로 국가에 납부하는 우리의 세제하에서는 국가가 주주로서의 배당권리를 우선해 행사하는 것과 마찬가지이다. 그러므로 징수기관으로서만이 아닌 기업 이익의 극대화를 위해 국세청이 가지고 있는 모든 지식과 역량을 지원해 기업의 이익 창출에 보탬이 되어야 할 것이다. 국세청이 주요 가치로 추구해온 서비스 기관으로 자리매김하고자 한 노력도 여기서 답을 찾아야 한다. 국세청은 기업이익의 극대화에 기여해 근본적인 파이를 키워서 재정수입을 확보하는 것이 바람직한 역할일 것이다.

갑-을 관계 개선

국세청과 납세자 사이에 동반자 관계라는 인식전환이 시급하다. 국세청 조사자들은 모든 조사에서 실적에 연연하고, 조사 시에는 추징세액에만 관심을 가질 뿐, 납세자의 몰라서 더 낸 세금에 대한 고려는 없는 실정이다. 납세자가 잘 몰라서 세금을 더 냈다면, 세무조사 때 추징만 할 것이 아니라 더 낸 세금을 찾아내 돌려주자는 것이다. 그럼으로써 과납환급과 추가징수를 공평한 과세행정으로 신뢰하는 결과를 가져올 수 있을 것이다.

또 국가는 '갑'이고 납세자는 '을'이라는 인식이 상존하고 있는

데 이것도 바람직하지 않다. 예를 들자면, 국가의 징수편의상 소득세 원천징수를 납세자(기업)의 의무로 부여하고 있다. 이는 징수효율성 면에서 부득이하다고 하더라도 그 징수에 드는 비용에 대해서는 국가가 보상을 해주는 것이 합당한 것이다. 그러나 현행은 오히려 징수의무만 지워놓고 보상은 없이 이행을 위반할 경우에 가산세 등의 벌칙과 제재만 가하고 있다.

이뿐만 아니라 불복청구 중임에도 체납으로 확정하고 중가산금을 부과하는 것이나 필요 이상의 과도한 압류를 하는 것처럼 세법과 세무행정 관행에는 '국가는 갑'이고 '납세자는 을'이라고 규정하는, 균형을 잃어버린 대목이 곳곳에 존재한다.

세무서 문턱 낮춰야

세무행정이 기업하는 사람들에게는 어려운 것이 사실이다. 세법과 회계 용어가 어려워 전문가의 조력 없이는 이해조차 할 수 없는 경우가 대부분이다. 용어를 알기 쉽게 바꾸고 절차를 간편하고 단순하게 상식선에서 정리해 전문가의 도움 없이도 납세자 스스로 신고할 수 있도록 해주어야 한다.

많은 사람들이 세무서를 가고 싶지 않은 곳으로 꼽고 있다. 국세청이 국민들에게 소득 유무에 관계없이 경제적 수탈을 해가는 기관으로 잘못 인식되고 있는 탓이다. 이러한 막연한 불안감을 해소시키는 것도 시급한 과제이다.

또 사업자의 경우에 문제 여부와 상관없이 세무조사를 당하면 무조건 회사가 망한다는 막연한 두려움에서 벗어날 수 있도록 해야 한다. 세금 관련 궁금증이 있을 때 언제든지 쉽게 찾아가서 상담할 수 있는 분위기를 조성하는 것이 향후 국세청의 서비스 개선의 목표가 되어야 한다.

신중한 조세범칙

국세청은 세금징수가 본분임에도 조세범 고발이나 검찰에 수사 의뢰를 쉽게 하는 경향이 있다. 현행 국세행정의 흐름을 보면 무분별하게 고발을 남발해 스스로 검찰의 보조기관으로 전락하고 납세자에게 불필요한 부담을 가중시키고 있다. 조세범칙 규정을 적용하기 위해서는 세금 탈루의 고의성과 탈세의 수단과 방법이 '사기, 기타 부정한 방법'에 준하는 위법성이 있다는 국세청의 엄정한 거증이 있어야 한다. 단순히 금액이 크다는 이유로 세금 부과 외에 형사처벌을 한다면 대한민국의 사업자들의 상당수가 범죄자로 전락할 것이기 때문이다. 국민들은 현행 조세범 고발 규정과 기준이 공정치 않다고 느끼고 있으며 자기만 억울하게 당한다는 생각을 하고 있다. 이현령비현령(耳懸鈴鼻懸鈴)식 잣대로 납세자 불신을 더욱 조장하고 있음을 알아야 한다.

마일리지 제도 도입

사람들의 평균 수명이 올라가면서 고령화로 인한 사회문제가 심각하게 대두되고 있다. 따라서 라이프 사이클에 따른 노후 대비책을 정부 차원에서 검토해야 한다. 납세자의 노후 생계 보장을 위한 한 방법으로 세금납부 마일리지 제도를 실행해 볼 수 있겠다. 소득 활동이 왕성한 시기에 납부한 세금을 누적 관리했다가 은퇴 후 노후 생계에 문제가 발생해 국가에 도움을 요청하면 누적된 포인트로 생계를 보조해주는 제도이다. 납세자들은 세금 납부를 일종의 노후연금으로 여겨, 기꺼이 납부할 것이다.

해외진출 자본소득 과세

OECD 가입과 IMF 경제위기를 겪으면서 외국과의 자본거래가 급격히 증가하고 있다. 종전의 자본수입국 지위에서 이제는 우리 자본의 해외진출이 점점 증가해 자본수출국으로서의 지위로 점차 바뀌고 있다. 따라서 해외에 진출한 국내 자본이 점점 늘어나면서 그에 따른 소득이 발생하고 그 소득은 국내로 되돌아오고 있다. 그러나 이러한 해외에서 형성되어 국내로 유입되는 소득에 대해 과세를 할 수 있는 제도적 장치가 미비한 것이 현실이다. 국내에 뚜렷한 사업체가 없는데도 소비 규모가 크거나 출국이 잦은 사람들이 많은 것이 이러한 사실을 뒷받침

한다. 예전에는 해외진출과 해외투자 자본이 그리 많지 않았으나 최근 해외진출 자본의 규모가 커지면서 이에 따른 소득 발생도 증가하고 있어 이에 대한 관리가 시급한 상황이다. 한 마디로 '세금의 호적(稅籍)' 정리가 선행되어야 한다는 뜻이다.

증권거래세와 상장주식 양도소득세

지금까지는 자본시장을 보호 육성한다는 명분으로 상장주식 거래에 따른 양도소득에 비과세하고 있지만, 경제 여건과 환경이 바뀐 지금은 전면적 재검토가 필요하다. 상장 주식의 양도차익도 비상장 주식을 비롯한 다른 자산의 양도차익에 과세하는 것과 같은 맥락에서 과세하는 것을 적극 검토할 필요가 있다고 본다.

또한 급속한 전산화로 인해 초단기 거래가 가능해지면서, 단기 차익을 노리고 부나비처럼 몰리는 개미들의 단타 거래를 줄여주는 것도 필요해 보인다. 초단기 거래에 대해서는 제도적으로 불이익을 줌으로써 건전한 투자를 유도하고, 배당이득이 아닌 시세차익을 노린 불건전한 증권투자로 인해 발생되는 가정파탄이나 신용불량, 더 나아가 목숨을 끊는 일을 사전에 예방해 나가야 한다. 거래세 과세에 기간개념을 도입해 기간이 단기일수록 높은 세율을 적용하는 방법 등을 생각해볼 수 있다.

잃어버린 퍼즐

325 **영업 외 소득에 과세권 확대**

현행 세법은 기업의 영업활동으로 인한 이익에 대해서는 충실히 과세하고 있으나 금융거래로 인한 소득의 과세에는 너무나 관대한 경향이 있다. 기업공개, M&A 등 영업행위가 아닌 상장이익에 대해서는 과세권 행사가 제대로 되지 않고 있다. 기업의 경영활동에서 생긴 소득이 아닌 기업공개로 인해 얻는 금융수익에 대해서 엄정하게 과세함으로써 영업소득과의 형평성을 유지해야 할 것이다.

최근 금융자유화 바람을 타고 해외자본이 편법으로 국내기업을 인수 합병해 이익을 '먹고 튀는' 일이 빈번히 발생하고 있으며, 사채를 이용해 정상적인 기업을 황폐화시키고 회사 돈을 빼내 달아나는 기업사냥꾼이 비일비재하다. 국세청은 이를 금융감독 기관의 소관으로 돌리며 뒷짐을 지고 있는데, 해외자본과 지하자금을 이용한 금융거래로 인한 비정상적 수익에 조사권을 확대해 국익 보호에 앞장서야 한다.

공인 가치평가 기관 설립

부동산이나 상장기업의 경우 감정기관이나 주식시장을 통한 객관적인 평가가 있어 과세 기준을 삼을 수 있다. 그러나 비상장 주식이나 보석, 그림, 신기술 등 그 외 재산에 대해서는 공인된 가치평가 기준이 없으므로 과세 기준이 모호하고 억울함을 야기하거나 분쟁이 일어날 소지가 많다. 이러한 문제를 해결할 수 있는 객관적인 공인 평가 기관의 설립이 시급하다. 이러한 기능이 반드시 국세청 안에 있어야 할 필요는 없고 어디에든 설립하는 것이 중요하다고 생각한다.

국세청의 정치적 독립

국세청은 4대 권력기관으로 분류돼 청장이 차관급이긴 하지만 청문회 절차를 거쳐 임명하도록 되어 있다. 그러나 다른 권력기관과는 달리 국세청장의 임기가 정해져 있지 않아 정권이 바뀌면 임명권자에 따라서 임기가 수시로 다르게 정해진다. 정권에 따라 청장이 바뀐다면 권력의 눈치를 보고 권력의 시녀가 될 수밖에 없다. 정권에 구애됨이 없이 세원 확보, 세금 징수라는 국세청 본래의 업무에 충실하기 위해선 청장 임기제를 도입, 임기를 보장해주고 소신껏 일할 수 있도록 해야 한다.

또한 국세행정의 특수성을 반영해 국세공무원법을 제정할 필요가 있다. 국세청의 인사적체 문제 또한 심각한 상태이므로 국세공무원법을 제정해 이를 해소할 방안을 마련해야 한다. 반면에 정치적 세무조사나 세원 정보 외의 정보 수집에 대해서는 형사처벌을 하는 등의 강력한 규제를 해야 한다.

현역 때 시도했던 일들

1. 해외에 투자된 국내 자본의 호적을 만들어주자

2007년 국제조세관리관에 발령받아 처음 국제조세업무를 보게 됐다. 우리나라는 예전에 자본 부족국가로 해외 자본 유치 개념만 있었으나 2000년 이후 해외 진출 기업이 많아지면서 국내 자본의 해외 투자에 시선이 돌려졌다. 중국, 인도네시아, 베트남 등 동남아시아와 몽골, 우즈베키스탄, 체코 등 중앙아시아, 동유럽 등에 나가 있는 기업(개인사업체 포함)들이 6만~8만 업체나 되었다. 이들은 일차적으로 그 나라 세법에 따라 세금을 내고, 소득을 국내에 들여올 경우 우리나라에도 소득세를 신고하고 차액이 발생하면 그 차액을 납부해야 한다. 그러나 해외에서 발생한 소득을 국내로 들여오면서 신고하는 경우는 극히 드물다. 그도 그럴 것이 해외 진출 자본에 대한 신고가 안 되어 있기 때문이었다. 나가는 돈을 신고하고, 해외에서 벌어들인 소득을 국내에 들여올 때도 신고하게 하면 쉽게 관리할 수 있는 부분이었다. 이를 제안하자 '세원의 블루오션을 개척했다'는 평가를 받았다. 그리고 그때까지만 해도 한직으로 취급받던 국제조세관리국이 서로 오려고 하는 인기 부서로 변했다.

2. 전산실 DB의 활용

대구지방국세청장 시절에 한 일 중 하나가 전산으로 저장해놓은 자료의 활용이었다. 국세청의 전산화는 1977년 부가세제도 도입과 함께 이 뤄졌다. 당시 전산화의 주 업무는 개인 재산 상황, 소득, 거래 상황 등을 파일로 만들어 저장해놓는 것이 전부였다. '팀즈'라는 애플리케이션 프로그램이 있긴 했지만 실질적인 전산화와는 거리가 있었다. 이 방대한 자료를 활용하다 보면 경제정책 수립 등 많은 일에 도움이 될 것이라 생각했다. 그래서 시도한 것이 업종별, 연령별, 출신별, 병과별로 소득 자료를 분석해보았다. 기대 이상의 결과와 과세 정보를 얻어낼 수 있었다. 부가세 영세율 환급자료를 통한 경기동향 파악 등도 의미 있는 작업이었다. 또한 인터넷 환경이 급속도로 발달해 각 업체의 홍보용 홈페이지를 활용한다면 세원도 전산관리가 가능한 것을 확인할 수 있었다. 이는 원석을 가공해 보석으로 만드는 일에 비유할 만한 작업이었다고 감히 자부한다.

3. 해외로 눈을 돌려라

국세청 직원들의 행로는 대개 일정하다. 퇴직 후 세무법인에 들어가거나 세무사로 독립하는 것이 수순인데 나는 종종 직원 교육 시 시야를 해외로 돌릴 것을 당부하곤 했다. 해외에 나가 있는 우리나라 기업들을 공략하라는 것이다. 하다못해 배낭여행을 갈 때도 이왕이면 관심 있는 나라를 정해 그 나라의 국세공무원과 교류하면서 전문가가 되라고 주문했다. 그 이후 나의 조언대로 실제로 외국 전문 세무사로 활동하는 직원들도 여러 명 있다. 또 한국국제협력단(KOICA)의 지원을 받아 제3국가의 공무원을 불러 교육하고 그 나라에 진출해 있는 우리나라 기업인들과의 간담회 자리를 마련하는 등 국제조세관리 업무의 영역을 넓히기도 했다.

맺는 글

상생(相生)의 사회로…

책을 정리하는 내내 나는 내가 발 딛고 있는 이 나라가 혼돈의 시대를 겪고 있음을 다시 한 번 체감했다. 실체가 없는 허상(虛像)을 마치 실상(實像)인 양 알고 있는 많은 사람들을 관조하면서, 나는 이 시대의 한국을 이끌 지도자의 덕목은 어떠해야 하는지 단견이나마 얘기해보고자 한다.

현행 헌법대로라면 대통령의 임기는 5년 단임제이다. 아무리 대통령 책임제라 하더라도 5년 동안 할 수 있는 일은 제한될 수밖에 없을 것이다. 그럼에도 불구하고 지도자가 되겠다는 사람들은 그 한정된 시간 내에 자기만의 치적(治績)을 남기려 하는 데 문제가 있다.

무릇 지도자는 역사의식과 정치철학을 바탕으로 단시간에 무엇을 이루려 하지 말고 기초를 다지는 것을 목표로 해야 한다. 후대에도 지속 가능할 수 있도록 주춧돌을 놓고 방향을 잡아주고, 다음 사람이 그 위에 기둥을 세우고, 또 다음 사람이 지붕을 얹을 수 있게 해야 한다. 당대에 실적을 내려는 조급함이 우(愚)를 불러 온다는 사실을 재삼 강조해도 지나치지 않을 것이다.

지도자는 역지사지(易地思之)의 자세로 반대편의 의견도 경청하는 포용력을 갖추어야 하고, 상대의 옳고 그름을 따지기보다는 다름을 인정하고 그로부터 화합을 끌어낼 줄 아는 소양을 갖추어야 한다. 소통의 철학으로 국민을 이끌어 나가는 동력을 삼을 수 있기 때문이다. 지도자가 갖추어야 하는 덕목인 소통(疏通)이란 국민들의 마음을 읽는 것이다. 단순한 대화가 아닌, 진정 국민들이 원하는 것이 무엇인지 알려고 하는 의지와 자세이다. 조선 시대 임금의 처사에 대해 충고하며 사회도덕적 문제를 논의하고 건의하는 사간원(司諫院) 제도의 부활을 생각해볼 필요가 있다. 권력자 스스로가 견제를 받는 기구를 만들어 비판적 의견을 내는 것을 주어진 업무로 삼아서 권력자의 눈치를 보지 않아도 되는 제도적 장치를 마련하자는 것이다. 대통령이 되는 순간, 구중궁궐(九重宮闕)에 갇혀 "옳소"와 "지당(至當)"을 반복하는 참모들에 둘러싸인다면 역지사지와 다름을 인정하는 철학은 아예 사라지기 때문이다. 정치적으로 반대편에 섰다고 하더라도 능력이 있다면 기용하는 균형과 조화의 묘를 기대하는 것은 너무 이상적일까?

작금의 우리 사회는 마치 서로 다른 종(種)의 사람들이 같은 땅 위에서 살아가고 있는 것 같은 생각이 든다. 비록, 현대사회가 다양성의 사회이고 이 또한 존중받아야 하지만 우리가 바라는 사회는 서로 반목과 불신이 아닌 균형(均衡)과 조화(調和)를 통한 상생(相生)의 사회일 것이다.

한국의 미래를 이끌 지도자는 운무(雲霧)로 뒤덮인 허상을 깨고 제자리에 원래의 모습 그대로의 실상을 찾아내는 혜안과 통찰력을 가진 인물이 되길 기대한다.

2012년 5월 북악산 기슭에서

안 원 구

부록 1

BBK 사건 검찰 수사결과 발표 전문

지금부터 옵셔널벤처스 주가조작 등 사건 수사결과를 말씀드리겠다. 먼저 이 사건 진행 경과를 말씀드린다.

2001년 2월 코스닥 상장법인 옵셔널벤처스를 인수해 경영하던 김경준이 주가를 조작하고 회사 자금을 횡령한 후 12월 20일 미국으로 출국 도피해 2002년 8월 23일 중앙지검이 기소중지 처분과 함께 범죄인 인도 청구해 미국에서 절차 진행 중이던 금년 이명박 후보의 주식 차명보유 의혹사건이 접수됐고 서울중앙지검은 8월 13일 김경준 송환까지 이 사건을 일시 참고인 중지 처분했다.

금년 10월 18일 미합중국 법원에서 김경준 범죄인 송환을 결정했다. 금년 11월 6일 대통합민주신당이 이 후보를 증권거래법 위반 혐의로 고발해 검찰은 특별수사팀 편성해 수사를 재개했다. 11월 16일 김경준 국내 송환돼 본격 수사 착수했다.

수사팀 구성과 수사를 진행하며 가장 중요하게 생각한 기본 원칙을 말씀드리겠다.

검찰은 사건의 중대성과 수사 효율성을 고려해 특별수사팀을 편성 운용했다. 특수1부장이 주임검사를 맡고 11명의 검사와 수사관 41명 등 총 53명이 수사에 참여했다. 검찰은 이번 사건에 관해 그동안 많은 의혹이 제기됐고 국민 관심이 지대한 점을 감안해 특히 다음과 같은 점에 유념하며 수사를 진행했다.

첫째 불편부당하고 엄정 공평히 수사한다. 둘째 최대한 신속히 수사한다. 셋째 검찰이 할 수 있는 가능한 방법을 모두 동원해 실체적 진실 규명한다. 넷째 수사보안을 유지해 관계자들의 프라이버시를 보호한다. 다섯째 조사 과정에 변호인 참여를 허용하며 그 과정을 녹음녹화하는 등으로 인권보호에 최선의 노력을 경주한다.

지금부터 수사결과를 말씀드리겠다.

먼저 김경준에 대해 수사한 결과, 범죄인 인도청구 사건인 2001년 7월~10월 옵셔널벤처스 회사자금 319억 원을 횡령한 것, 2000년 12월~2001년 12월 옵셔널벤처스 주가조작, 셋째 2001년 5월~2002년 1월 미국 국무부장관 여권 7매 및 미국 네바다 주 국무장관 명의의 법인설립인가서 19매 위조 및 행사는 모두 혐의가 인정돼 특경법상 횡령, 증권거래법 위반, 사문서 위조, 위조사문서 행사 혐의로 오늘 구속기소했다.

주식회사 다스를 상대로 190억 원 투자금을 편취했다는 점은 김경준이 다스로부터 받은 돈 중 50억 원만 반환하고 나머지 돌려주지 못한 건 인정된다. 실제 다스에서 받은 돈은 투자일임약정에 따라 마프 펀드 등을 통해 주가지수 선물이나 주식에 투자했고 2002년 3월 BBK 투자자문업 등록이 취소돼 영업중단돼 투자금 운용 불가해지고 BBK가 모은 712억 원 중 다스에 대한 미상환금 140억 원 제외하고 모두 반환한 점을 감안하면 처음부터 편취의 의도를 갖고 다스를 속였다고 볼 수 없어 혐의 없음으로 불기소 처분했다.

다음 이명박 후보에 대한 수사결과다.

먼저 옵셔널벤처스 주가조작했다는 증권거래법 위반에 대해서 말씀드리겠다. 이 부분은 이 후보가 김경준과 공모해 주가조작을 했다는 것이므로 공모 여부가 중요한 쟁점이고 BBK 투자자문에서 받은 투자금이 옵셔널벤처스 주가조작에 쓰였고 BBK 법인계좌가 주식매매에 사용돼 BBK 실제 주인이 누구인지 밝히는 게 중요하다. 또한 김경준이 미국에서 송환되면서 2000년 2월 21일 이명박 후보가 Lke뱅크에 BBK 주식 61만 주를 49억999만5,000원에 매도한다는 내용이 적힌 소위 이면계약서를 제출해 그 진위 여부도 이번 수사과정에서 규명해야 할 핵심 쟁점이다.

주가조작 공모 여부와 관련해 이 후보는 2000년 2월부터 김경준과 Lke뱅크, BBK를 동업하다 2001년 4월 헤어졌고 옵셔널벤처스 인수나 주가조작에는 관여한 바가 없다고 공범관계를 부인하고 있다. 김경준은 검찰조사에서 본인의 주가조작도 부인하고 있을 뿐 아니라 이명박 후보와 주가조작을 공모한 바는 없고 언론에 그렇게 얘기한 바도 없다고 진술하고 있다. 실제 옵셔널벤처스 인수 및 주식매매 업무를 담당한 BBK의 직원들은 모두 김경준의 구체적 지시에 따라 옵셔널벤처스 인수 및 유상증자와 주식매매를 했고 일일거래 상황을 김경준에게 보고했으며 그 주식거래에 이 후보가 관여한 사실 없다고 진술하고 있다. 옵셔널벤처스 인수 및 주식매매 자금 흐름을 낱낱이 추적한 결과 김경준이 BBK를 통해 모은 투자금을 역외펀드로 보냈다. 외국 유령회사 명의로 국내에 들여온 뒤 옵셔널벤처스 주식을 매집하거나 유상증자 참여에 사용한 사실이 확인됐다. 또한 이 후보가 옵셔널벤처스 인수 및 주식매매에 쓰인 돈을 제공했거나 그로 인한 이익을 받은 증거가 발견되지 않았고 달리 이 후보가 김경준과 공모했다는 증거를 인정할 수 없다.

BBK 실제 소유자와 관련해 말씀드리겠다. 고발인인 대통합민주신당은 2000년 2월 15일 BBK 개정 정관에 이 후보가 발기인으로 이사회 주도하고 2000년 6월 하나은행 내부 보고서에 BBK가 Lke뱅크 자회사로 기재된 것을 근거로 제기한다. 둘째 다스가 BBK에 190억 원을 투자했고 이 돈은 LKe뱅크, EBK 자본금으로 사용됐다. 실제 BBK 투자자들은 이 후보와 친분이 있고 김백준은 BBK의 리스크 매니저로 근무했다는 이유로 BBK가 이 후보 소유이고 따라서 주가조작 책임 있다고 주장하고 있다. 그러나 김경준은 미국서 주장하던 바와 달리 BBK는 본인이 100% 지분을 가진 회사이고 이 후보는 지분을 갖고 있지 않다고 진술하고 있다. 또한 수사과정에서 2001년 2월 김경준이 BBK 증권중개는 Lke뱅크의 자회사로 편입하되 BBK는 계속 자신의 지분 100%를 유지한다는 사업구상을 기재한 자필 메모까지 발견됐다. 결국 김경준이 1999년 4월

27일 자본금 5000만 원으로 단독 설립해 1999년 투자자문회사 등록을 위해 창투사 이캐피털로부터 30억 원 투자받아 2000년 2월부터 2001년 1월까지 3회에 걸쳐 98.4%를 모두 매수함으로써 이후부터 1인 회사로 운영한 것으로 확인된다. 또한 BBK 정관 개정 및 하나은행 내부 보고서는 2000년 5월에서 6월 사이 김경준이 하나은행 투자유치 과정에서 Lke뱅크가 BBK 지주회사라고 거짓말하고 그 근거로 정관까지 임의로 바꿔 제출해 사실과 다르게 작성된 걸로 확인됐다.

소위 이면계약서 진위 여부에 대해 수사해보니 2000년 2월 20일 계약서 작성 당시 BBK는 이캐피털이 60만 주, 김경준이 1만 주 보유하고 있었다. 이 후보가 지분을 팔 수 없었고 계약서상 매매대금 기재된 49억여 원은 거래 관행상 이례적 금액이며 Lke뱅크에서 이 후보에게 그 돈이 지급된 사실이 없는 것으로 확인됐다. 또한 50억 원대의 주식을 매매하는 중요한 계약서에 이 후보의 서명이 없고 간인도 돼 있지 않는 등 형식면에서 매우 허술하다. 대검찰청 인형 및 지질 감정 결과에 의하면 계약서 도장은 2000년 6월 금감원에 제출된 서류에 찍힌 도장 및 이 후보의 인감도장과 다르고 2000년 9월 이후 김경준이 회사 업무용으로 보관해 사용하던 도장과 같고 소위 이면계약서는 잉크젯 프린터로 인쇄됐는데 당시 BBK 사무실에는 레이저 프린터 사용한 사실이 확인됐다. 이와 관련해 김경준은 수사 초기에는 이면계약서가 진짜라고 주장하다 위와 같은 여러 증거를 토대로 조사하자 위 계약서는 작성일자보다 1년 뒤인 2001년 3월경 사실과 다른 내용의 문안을 만들어 이 후보의 날인을 받은 것이란 취지로 진술을 번복했다. 결국 이 후보의 주가조작 혐의에 대해서는 이상에서 말씀드린 바와 같이 이 후보가 김경준과 주가조작 공모했다 볼 증거 없어 혐의 없음으로 불기소 처분했다.

주식회사 다스 주식 관련 공직자윤리법 위반의 점에 대해 말씀드리겠다. 이 사건은 다스의 설립 및 증자 시 납입된 자본금 출처 확인, 둘째로 이익배당 등 회사 경영수익 귀속주체 규명, 셋째 거액 투자 등 중요 의사결정권자의 확인 등이 핵심 쟁점이라고 할 수 있다. 이에 대해 이 후보나 다스 측에서는 주식회사 다스가 이상은과 김재정이 출자해 설립한 후 경영한 그들의 회사고 이 후보와는 무관한 회사라고 주장해왔다.

이에 반해 고발인 대통합민주신당 그리고 김경준 등은 다음과 같은 사유로 다스가 이 후보의 소유라고 주장하고 있다. 첫째 도곡동 매각대금 등 상당액이 다스에 유입됐다. 다스가 BBK에 190억 원 투자했는데 이 후보가 BBK를 소유하고 있으니 다스를 이 후보 것이라고 봐야 한다. 미국 소송에서 90억 원의 출처를 투명히 못 밝혔는데 이것은 도곡동 땅 매각대금일 가능성이 크다. 김경준이 다스에서 190억 원을 받는 과정에서 이 후보 측근 김백준과 다스 임직원의 말과 태도, 의사결정 과정을 보면 이 후보가 다스 실소유자로 추정된다는 것 등이다.

우선 다스의 설립 및 증자 시 출자자금과 관련해 말씀드리겠다. 다스는 1987년 7월 6억 원 자본금으로 설립됐고 그해 8월 4억 원이 유상증자됐다. 이후 김재정이 지분 26.4%를 이상은에게 양도했고 19억 원 유상증자가 이뤄진 뒤 김재정이 지분 4.16%를 김창대에게 양도하고 후지기공이 지분 전체를 이상은에게 양도해 현재는 김재정 48.99, 이상은 46.85%, 김창대 4.16%인 것으로 공부상 기재돼 있다. 주주들 간에 주식 이동은 1999년까지 종결됐고 그 후에는 변동이 없었다. 이 후보가 주주로 명부에 등재된 적은 없는 걸로 확인됐다. 다만 도곡동 토지 매각 대금 사용처를 추적한 결과 1995년 8월 유상증자 시 7억9,200만 원이 이상은 명의 유상증자 대금으로 다스에 들어갔고 2000년 12월 10억여 원이 다스 대표이사 가지급금 명목으로 입금된 사실 확인하고 검찰에서 김재정, 이상은 등 다스 주주, 경영자, 임직원은 물론 납품업자 등 모든 관련자에 대한 조사를 실시했다. 다스 9년 치 회계장부 검토하고 자금 흐름 면밀히 추적하는 등 노력했으나 이 후보 것이란 증거 발견 못했다.

회사 경영 이익 귀속에 대해 보면 다스는 1987년 설립 후 지금껏 후지기공이 주주로 있던 1993~95 사업년도 7000만원대 이익 배당 외 전혀 이익 배당이 없었으며 9년 치 회계장부 모두 검토하고 법인 명의 개설된 모든 계좌와 필요한 연결계좌 다 추적했음에도 다스 돈이 배당금 등 명

부록

목 여하를 불문하고 이 후보에게 건너간 흔적이 전혀 발견되지 않았다.
BBK에 대한 190억 원 투자와 관련해 2000년 당시 연매출 1780억 원, 당기 순이익 31억 원에 불과한 다스가 190억 원이란 큰돈을 BBK 투자하기로 결정한 주체를 실소유주로 봐야 할 것이므로 투자결정 과정 및 실제 의사결정권자 규명을 위해 이상은, 김재정 그리고 임직원은 물론 투자에 관련된 BBK 관계자, 다스 회계감사 맡은 공인회계사 등 조사하고 투자금 출처와 사용 내용을 모두 추적했다.

그 결과 BBK는 이 후보가 아닌 김경준의 회사인 사실이 밝혀졌고 당시 다스의 상당한 투자여력이 있어 적당한 투자처를 찾고 있던 상황에서 김경준의 투자설득 듣고 이사회 등 내부결정 거쳐 투자가 이뤄진 게 객관적 자료로 입증됐다.

다스가 투자한 190억 원의 출처는 거래업체에서 받은 납품대금 등 회사자금인 것으로 확인됐고 190억 원 추적 결과 그중 9억 원은 김경준 Lke뱅크 유상증자 납입대금 일부로 쓰이고 나머지 181억 원도 마프 펀드 주식이나 전환사채 매입 등 BBK 투자에 사용된 사실이 밝혀져 결국 다스의 정상적인 투자로 확인됐다. 결론적으로 이같이 검찰이 할 수 있는 모든 조사를 다 해도 다스가 이 후보 것이란 증거가 발견되지 않아 이것도 혐의 없음 불기소 처분했다.

(연합뉴스 2007년 12월 5일자)

■■ 부록 2

서랍 속에 묻혀진 '사퇴의 변'

국장 하나 내보내려고 가족과 아무 관계도 없는 민간인, 기업인들에게 가한 유·무형의 압박과 협박은 상식을 가진 사람들은 상상도 할 수 없는 것이었다. 그들은 그렇게 하면 순순히 제 발로 걸어 나가리라 생각했는가보다.

실제로 이렇게까지 하면서 다닐 필요가 있겠는가 싶어, 사퇴하기로 마음을 먹었다. 그런데 아내의 화랑과 거래한 업체들이 국세청으로부터 시달림을 당하고 있음을 뒤늦게 알게 됐고, 도곡동 땅 문건을 봤다는 것을 빌미로 내가 MB 뒷조사를 한 것으로 뒤집어씌우는 것을 보면서 생각이 달라졌다.

이 시점에 사퇴하면 그들이 조작해놓은 MB 뒷조사, 그림 강매 등의 혐의를 인정하게 되는 것이고, 이후 죽을 때까지 '안원구'란 이름 앞에 수식어로 따라다닐 것이 자명했다.

그것은 내 인생이 송두리째 부정당하는 것이었다. 불법과 불의에 무릎 꿇고 마음속에 응어리진 채로 살 수는 없을 것 같았다.

직원 하나 내보내기 위해 민간인들을 괴롭혀도 된다는 생각, 공무원이 또 다른 공무원의 사퇴 여부를 마음대로 쥐고 흔들어도 된다는 발상 자체가 잘못됐다는 생각이 들었다.

그때 써놓은 사퇴의 변은 다시 서랍 속으로 들어갔다. 그런데 내가 구속된 후 아내가 기자들의 취재에 응하던 중 내가 써놓은 '사퇴의 변'이 알려지게 되었고, 이를 오마이뉴스의 구영식 기자가 유일하게 실어줘 세상의 빛을 보게 되었다. 고마움을 전한다.

사퇴의 변

국세청은 최근 한상률 전 청장이 인사와 조사를 장악하여 개인의 자리보전과 영달을 위한 수단으로 조직을 이용하면서 개청 이래 전대미문의 희한한 조직으로 변질되었다. 수장 개인이 조직의 사유화를 통해 법과 시스템은 무시하고 파벌을 조장하여 끼리끼리 이너서클(Inner Circle)을 조성, 편 가르기 하도록 유도한 결과 만신창이 조직이 되어버린 작금의 현실을 마주하게 되니 가슴이 찢어지듯 아프고 절망스럽다. 세무행정은 어느 행정부처보다 전문성이 요구되는 업무로, 정권이 바뀌거나 청장이 바뀐다고 그 본질이 각색, 변질이 되어서는 안 되는 국가 중추 업무임을 지적해두고자 한다.

국세청이 영혼이 없는 집단이라 일컬어지는 것에 대한 통렬한 반성 또한 필요하다. 청장 한 사람에게 인사권이 집중된 구조로 인하여 눈앞의 인사 이득을 좇아 직원들은 이리저리 떠다니는 부평초가 되기를 자처한다. 나 또한 이 문제에서 완전히 자유롭지는 못함을 고백한다.

그러나 바람직한 조직이 되기 위해선 불의에 대하여는 지위고하를 막론하고 옳고 그름에 대하여 말할 수 있어야 한다는 생각은 확고하다. 공직자란 인사권자 개인이 아닌 오로지 국민을 위하여 국가에 봉사하는 의무만 있을 뿐이다. 그것이 우리 공무원의 근간이며 동시에 영혼이기 때문이다.

이제 나의 청춘이 고스란히 스며 있는 사랑하는 국세청을 떠나지만 공직자는 오로지 국민이 주인인 국가를 위해 일해야 한다는 소신에는 변함이 없다. 전직 수장 개인이 저지른 과오로 국세청 전체가 비리와 음모의 본체인 양 매도되고, 그 결과 5개월 동안이나 조직의 수장도 없이 표류해야 하는 비극이 다시는 되풀이되지 않기를 바라며, 그동안 꿈꾸었던 그러나 아직은 요원해 보이는 국세청의 청사진을 남겨두고 떠나고자 한다. 국세청이 징수기관이라는 사실에는 변함없으나 다면화된 산업구조와 변화된 사회적 기대의식은 더 이상 국세청이 징수기관에만 머물도록 허락하지 않는다. 그렇다면 앞으로 바람직한 국세청의 역할은 어떤 것인가? 우선 기업가의 기를 살리는 데 국세청이 앞장서야 한다.

자본주의 사회에서 기업인이 국부 창출의 원천이라는 데는 이론의 여지가 없다. 그들이 기실 현실적으로 최고의 애국자라고 해도 과언이 아닐 것이다. 국부를 창출하고 그 부를 국가 재원 조달에 공여하는 기업인들의 기를 살리는 역할은 기업과 최접점에 있는 국세청이 해야 하는 것은 지극히 당연한 소명이다. 기업가를 사회적으로 존경하고, 기업가는 스스로 존경받을 수 있도록 처신하는 것이 선진사회로 가는 첩경이라 할 것이다.

다음으로 기업과 국가는 동업자라는 인식을 공유해야 한다.

국세청과 기업은 서로가 징수하고 징수당하는 관계가 아닌 국부 창출이라는 공동의 이익을 같이 추구하는 동업자로서 자리매김하여야 한다. 이익의 25%(1/4)를 법인세로 국가에 납부하는 우리의 세제하에서 국가가 주주로서 배당권리를 우선하여 행사하는 것과 다름없다.

이러한 전제하에서 주주로서 국가와 국세청이 해야 할 의무는 자명해진다.

징수기관으로서만이 아닌 기업 이익의 극대화를 위해 국세청이 가지고 있는 모든 지식과 역량을 지원하여 이익 창출에 보탬이 되어야 할 것이다. 국세청이 주요 가치로 추구해온 서비스 기관으로 자리매김하고자 한 노력도 여기서 답을 찾아야 한다. 동업자 간에 무슨 갑과 을이 있으며 특별한 서비스가 따로 필요하겠는가? 자신의 일에 서비스가 따로 필요하지 않은 것처럼 국가의 재정수입도 기업 이익의 극대화를 통해 근본적인 파이를 키워 재정수입을 확보하는 것이 정답이라고 본다.

마지막으로 부당함에 굴하지 않고자 부단히 애썼으나 혼자의 힘으로는 역부족이었음을 인정하지 않을 수 없다. 목까지 차오른 많은 이야기들은 다음의 편안한 날들을 기약하며 아쉽게 접어두고자 한다. 나를 마지막으로 이러한 불행은 끝을 내고 후배들은 법과 상식이 통하는 환경에서 우리 본연의 업무만 할 수 있기를 소망한다. 올바른 국세청을 만들기 위해 나 또한 어디에서든 힘을 보탤 것이다.

미국 국세청 파견명령을 받고 준비 중에 사직하게 되어 준비기간 동안 일하지 않았으므로 내게 지급되었던 급여는 모두 반납하고자 한다. 어려운 직원들을 위해 조금이나마 보탬이 되었으면 한다.

2009. 06.

눈물로 얼룩진 항소심 최후진술

"존경하는 재판장님…"
한 줄을 미처 다 읽기도 전에 가슴 깊은 곳에서 뭔가 뜨거운 것이 올라와 내 목을 메우고, 눈에서는 뜨거운 눈물이 뿜어져 나왔다. 그동안의 일들이 영사기의 필름처럼 주르륵 흘러가며 실로 만감이 교차했다. 논리도 설득력도 없는 조사로 있지도 않은 죄를 뒤집어쓰고 지금 이 순간 법정에 서 있어야 하는 억울함, 검찰의 무리한 조사와 그런 검찰의 편에 서서 판결하는 사법부의 불공정함, 명예와 자존심을 최우선 가치로 알고 살아온 내 인생에 먹칠을 당한 모멸감, 이제 이 최후진술로 세상으로 나갈 수 있으리라는 실낱같은 희망… 이런 오만 단상들이 머릿속을 스치며 그동안 잘 버텨왔던 내 감정의 둑을 툭 건드린 것이다.

우리는 곧잘 어렵고 힘든 상황에 처한 사람에게 이렇게 말하곤 한다. "그래, 네 심정 충분히 이해해"라고. 그 지경에 당해보지도 않고 뭘 어떻게 이해한단 말인가? 국세청 국장이라는 지위를 이용해 강제로 기업들에게 아내가 운영하는 화랑에서 그림을 사게 했다는 '그림강매죄'로 엮여봤는가? '친구에게 차용증까지 써주며 돈을 빌렸고 당사자가 빌려준 것이 맞다고 법정 진술했음에도 명확한 증거가 없어 진술을 받아들일 수 없다'는 이상한 판결을 받아봤는가? '세무사에게 받지도 않은 돈을 받았다'며 변호사법 위반에 걸려봤는가?

한번 격해진 감정은 어떻게 추스를 수가 없었다. 최후진술서를 읽는 시간보다 끊기는 시간이 더 많았다. 아내도 울고, 형과 누나도 울고, 취재 나온 기자들도 눈시울을 훔쳐댔다. 법정 여기저기서 훌쩍이는 소리가 났다.

재판장은 5분간 휴정을 선언했다. 겨우 마음을 가라앉힌 후 다시 법정에 섰다. 다시 최후진술서를 집어 들었지만 또 목이 뻐근해지고 눈물이 앞을 가려 단 한 문장도 제대로 이어갈 수가 없었다. 그날 최후진술서를 끝까지 읽었는지는 기억이 나질 않는다.

사실, 재판이 열리기 하루 전까지도 나는 최후진술서를 쓸 마음이 없었다. 그냥 현장에서 내 생각을 말로 하려 했다. 그러나 변호사의 생각은 달랐다. 최후진술서는 재판장의 감정에 호소해 판결에 조금이라도 영향을 주기 위해, 선처를 바라는 의미에서 하는 것이므로 미리 준비하는 것이 좋겠다는 것이었다. 그래서 마지못해 겨우 생각을 종이에 옮겼고 이를 아내가 컴퓨터로 써서 가져와 재판장에서 받아 읽은 것이었다.

지금 다시 최후진술서를 보고 있자니, 새삼 그날의 감정이 복받쳐 왈칵 눈물이 쏟아진다. 어금니를 꽉 깨물며 다시 한 번 나를 다잡는다. 절대로 제2, 제3의 안원구가 나와선 안 된다고, 대한민국의 현재와 미래를 위해서도 절대로 나 같은 불행한 공무원이 되풀이 생겨선 안 된다고.

존경하는 재판장님

30년 가까이 대한민국 공직자의 신분을 가지고 살아오던 사람으로서 이 자리에 서게 된 점에 대해 죄송하고 비통한 마음을 금할 길이 없습니다.

저는 대학 재학 시절, 당시 처음 치러진 행정고시 재경직에 합격하여, 23살의 나이에 국세청에 사무관으로 임용된 후, 26년간 국세공무원으로 국가와 국민에 봉직하면서 스스로에게 부끄럽지 않은 삶을 살기 위해 노력해왔습니다. 그럼에도 불구하고 이번 수사과정과 재판과정을 통하여 제가 믿는 삶의 방식과 그것을 바라보는 시선에 많은 차이가 있었음을 여실히 깨달았습니다. 이러한 저 자신의 객관적인 인식부재가 이번 사건을 맞게 된 근본적 빌미가 되었음을 자각하고 그동안 제가 얼마나 세상을 폭 좁고 경직되게 살아왔는지에 대하여 깊이 반성하고 있습니다.

모두가 어려웠던 시절, 경북 의성에서 빈농의 막내로 태어나 오로지 스스로 갖추어서 미래를 고민해야 한다는 자각을 비교적 이른 나이에 하였던 저로서는 국가와 국민에 봉사하는 공무원이 선망의 대상이었습니다. 태어나서부터 부유함을 경험해보지 못한 저로서는 부에 대한 구체적인 상상을 할 수 없었고 명예로운 삶만이 성공의 상징이었습니다.

존경하는 재판장님
사람들은 저마다의 가치를 추구하며 다양한 방법으로 삶을 꾸려갑니다. 어떠한 삶도 그것을 구현하는 방식이 온당하다면 경중을 논할 수 없을 것입니다. 그러한 의미에서 제가 추구했던 삶의 방식 또한 하늘 아래 부끄럽지 않았음을 감히 자부합니다. 약관의 나이에 공직에 입문하여 사명감 하나로 살아온 인생이었습니다. 공직자로서의 본분을 망각하고 사욕을 추구한 적이 없었으며, 가족이나 친구든 또는 처음 대하는 납세자든 다 같은 봉직의 대상이라는 인식을 단 한 번도 놓친 적이 없었습니다. 그러므로 특혜나 불편부당의 유혹에 넘어가 공평하지 못한 처신을 한 적도 결코 없습니다.
검찰이 기소한 저의 서울지방국세청 조사국장 시절의 혐의에 관해서도 저는 업무를 추진함에 있어서 국세청이 마지막까지 지켜야 하는 조사업무의 엄정한 집행과 공정한 관리라는 덕목을 최우선시하였습니다. 불·탈법한 행위에 대해서는 엄정하게 집행하되 억울한 사람은 절대로 생기지 않아야 한다는 것이 저의 업무집행에서의 철학과 소신이었습니다.

'선 줄 알았거든 넘어질까 조심하라'는 성경 구절처럼 매사에 삼가며 살아왔습니다.

저의 생각이 이럴진대 조사와 관련하여 청탁을 한다거나 청탁을 받는다는 것은 제 스스로가 절대로 용납할 수 없는 일입니다.

평생을 몸 바쳐온 국세청에서 저를 지난 정부 사람으로 몰고, 국정 최고 책임자의 뒷조사를 한 사람으로 누명을 씌워 사퇴하라고 온갖 압박을 할 때도, 직업 공무원에게 지난 정부, 현 정부가 있을 수 없는 일이기에 법과 절차에 따라 거취를 정하고자 하였습니다. 그러자 공직기관에서 도저히 있을 수 없는 온갖 황당한 일이 벌어졌음은 재판장님께서도 재판 과정을 통하여 일부나마 파악하셨을 것으로 생각합니다. 처음에는 개인적인 억울함을 밝히고자 노력하였습니다. 그러나 국가기관에서 지방청 국장의 신분이던 저 한 사람을 내보내기 위해 도저히 믿을 수 없는 온갖 불법을 자행하는 것을 알게 된 후로는 저 개인만의 문제가 아니라고 생각하게 되었습니다.

국세청은 법과 절차에 따라 국민을 위해 국가의 주요 정책을 집행하는 대한민국의 중추 기관입니다. 어떠한 경우에도 조직 내 몇 사람의 사익을 위해 조직이 사유물처럼 이용되어서는 안 된다는 것이 저의 신념입니다. 밤낮을 가리지 않고 열심히 본분에 충실한 2만 명이 넘는 유능한 국세공무원들이 몇 사람의 사욕에 본의 아니게 동원되는 결과를 낳는 작금의 현실을 알고, 제 일신의 안위만을 챙기고 그냥 지나칠 수 없었습니다. 지위체계가 분명한 공직기관에서 하급 직원들이 국장을 강제로 불법 감금하고, 세무조사 권한이 없는 감찰에서 민간 기업을 불시 방문하여 특별세무조사를 협박하고, 26년의 공직생활을 그만두는 중차대한 일을 인사권자의 직접적인 의사표명 없이 감찰직원이 종용을 하고, 수십 년을 유지해온 해외기관 파견 자리를 저 하나를 사퇴시키기 위해 임의로 없애

버리는 이러한 일이 제가 그동안 그토록 자랑스러워하던 국세청에서 벌어졌다는 사실을 저는 지금도 믿고 싶지 않습니다.

국세청은 그동안 조직 내의 문제점을 가급적 은폐하여 외부로 유출되지 않도록 개인이 희생하는 것을 미덕으로 알고 지켜왔으나, 진정 국세청과 후배들을 위한다면, 조직의 병폐나 조직원의 그릇된 사고로 인해 빚어지는 일련의 불법적인 일들에 대해서 침묵해서는 안 된다는 것이 저의 소신입니다. '공의(公義)로서 정오에 빛과 같이 나타나게 하라'는 성경의 말씀처럼, 그릇된 관행은 드러내어 바로잡아야 하고, 썩은 부위가 있다면 과감히 도려내어야 새 살이 돋는 법입니다.

국가의 어떠한 기관도 영원히 그 안에 머무는 조직원은 갖지 못합니다. 끊임없이 새로운 사람들로 교체 순환되면서 조직은 주어진 역할을 변함없이 수행해가는 것 아니겠습니까? 사람은 가고 국가는 존속하는 법이니까요.

국세청 감찰이 저를 반년을 넘게 이 잡듯이 뒤진 후 결국 국세청 산하기관인 삼화왕관 CEO 자리를 제안했을 때, 만약 제가 조금이라도 공직자로서의 처신에 자신이 없었다면, 3년 임기에 연봉이 수억이 넘는 그 자리를 마다하지 않았을 것입니다. 제게 경제적 실리보다 중요한 것은, 제가 옳다고 믿고 살아온 제 인생에 대한 당당함이었습니다. 그리고 저를 계기로 부당한 공권력의 오남용에 대한 고리를 확실하게 단절하여 후배들은 법과 원칙이 보장되는 환경에서 각자의 역량을 최대한 발휘하는 공직생활을 할 수 있기를 바랐습니다.

검찰 수사과정에서, 같이 걱정했음직한 것은 청탁한 것으로, 만난 것은 소개한 것으로, 알아봐달라거나 기다려달라는 등의 하지도 않은, 아무 의미도 없는 말을 왜곡하여 구성하고, 증인들은 국세청과 수사기관이 의도하는 대로 마치 각본에 맞춘 듯한 진술을 하며, 심지어 일부 증인들은 법정에서조차 국세청과 수사기관의 눈치를 보면서 허위 증언을 하는 모습을 보면서 제 심장은 천만 번도 더 무너졌습니다. 현직 국세청 직원들과 국세청을 의식할 수밖에 없는 납세자들의 입장을 머리로는 이해하면서 가슴으로 원망스럽고 안타까운 것 또한 솔직한 심정입니다. 그러나 그런 사람들조차 제가 살아온 날들의 조각들이므로 다 수용하고 오히려 제 삶을 되돌아보는 계기로 삼고자 합니다.

존경하는 재판장님
가족과 세상으로부터 격리되어 낯선 곳에서 지낸 지 어언 1년이 되어갑니다. 상황이 바뀌고 시간이 전과 달리 흐른다 해도 여전히 변하지 않는 것이 있다고 저는 믿고 있습니다. 구름이 햇빛을 영원히 은폐하지 못하듯이 말입니다. 바람이 불어 구름이 흩어지면 홀연히 밝은 빛이 나타나지만 사실 끊임없이 움직이는 것은 구름입니다. 태양은 늘 그 자리에 있을 뿐입니다. 진실도 이와 같다고 생각합니다.

많은 분량의 자료 분석과 공판을 주도하시며 긴 시간 세심하게 살펴봐주신 재판부의 노고에 머리 숙여 깊은 감사를 드리며, 부디 공정하고 정의로운 판결 내려주시기를 간절히 소원합니다.

2010. 9. 24.
안 원 구

부록 4

한상률 전 국세청장에 대한 검찰 수사결과에 대한 입장

서울중앙지방검찰청 제2 특별수사부(부장 최윤수)가 2011. 4. 15. 발표한 피의자 한상률(전 국세청장)에 대한 수사결과와 관련하여, 참고인 안원구(전 서울지방국세청 세원관리국장)는 다음과 같이 문제점을 지적하고 입장을 밝히고자 합니다. 이와 같은 의견을 밝히는 것은 본인의 진술이 왜곡되는 것을 방지하기 위해서뿐만 아니라, 이건 진실을 밝히는 것이 우리 사회의 발전을 위하여 꼭 필요하다는 생각에서입니다.

다 음

1. 참고인 안원구에 대한 뇌물 요구의 점

> **[검찰 발표 요지]** 한상률이 당시 안원구를 2회 이상 만난 것은 인정되나 안원구 증언이 일관성 결여된다. 그러나 안원구 진술에 의하면 안원구에게 부탁한 후 다시 3억 원을 요구했다는 것인데, 상급자가 먼저 뇌물 요구한 것이 이례적이며, 더구나 청탁하는 입장에서 거꾸로 금품 요구까지 하는 것은 이상하다. 따라서 안원구 진술의 신빙성 떨어져 인정하기 어렵다.

가. 검찰 수사 발표의 문제점

1) "상급자가 먼저 뇌물을 요구한 것이 이례적"

뇌물의 '요구'는 통상 직무상 권한이 있는 사람이 그 권한의 행사로 인해 이익을 받을 사람에게 하는 것이 보통이며, 공무원 상호간에 인사 등의 명목으로 이루어질 때에는 당연히 상급자가 하급자에게 뇌물을 '요구'하는 것이지 하급자가 상급자에게 '요구'할 수도 '요구'할 일도 없는 것입니다. 특히 이 사건에서와 같이 "실세한테 필요한 돈이 있다"며 제3자에게 부탁하여 도움을 주겠다면서 그 대가를 요구하는 이른바 '상납요구'의 경우(그 '제3자'가 공무원인 경우 알선뇌물요구에 해당)는 이례적인 것이 아니라 오히려 매우 흔하고, 대법원은 이러한 사례들에 대하여 "알선행위는 장래의 것이라도 무방하고, 뇌물을 요구할 당시 반드시 상대방에게 알선에 의하여 해결을 도모하여야 할 현안이 존재하여야 할 필요는 없다"고 하면서 매우 폭넓게 처벌하고 있습니다(대법원 2009. 7. 23. 선고 2009도3924 판결). 최근 언론을 통해 보도된 사례만 하더라도 2008년 권정호 전 경상남도 교육감 사건, 2010년 해운대 소방서장 사건, 2003년 해군 인사비리 사건 등이 있습니다.

2) "청탁하는 입장에서 거꾸로 금품 요구까지 하는 것은 이상하다"

이상득 전 국회부의장에 대한 연임로비 부탁과 차장직 제의는 같은 날, 같은 장소에서 이루어진 것이 아니며 검찰은 이 사실을 누구보다 잘 알고 있습니다. 즉 피의자 한상률과 참고인 안원구는 2008. 1~2월경 3회에 걸쳐 스위스그랜드호텔 일식당에서 만났는데, 이상득 의원에 대한 로비 청탁은 호텔에서 처음 만난 날 있었고, 차장직 제의와 3억 원 요구는 호텔에서 세 번째 만난 날 있었으며, 따라서 당연히 연임로비 부탁과 차장직 제의 및 3억 원 요구는 별개의 대화 주제로, 별개의 맥락에서 이루어진 것입니다.

3) 참고인 안원구 진술의 일관성·신빙성

이 부분 혐의사실은 피의자와 참고인 안원구 두 사람만 있는 장소에서 은밀히 이루어진 것이기 때문에 뇌물요구를 받았다고 주장하는 참고인 안원구와 그런 사실이 없다고 주장하는 피의자, 두 사람의 상반된 진술 중 어느 것이 신빙성 있는지를 밝히는 것이 가장 중요하다고 할 수 있습니다. 이와 관련하여 검찰은 "참고인의 진술이 신빙성이 없다"고 일방적인 수사결과를 발표하였으나, 수사 과정에서 말을 바꾸고 일관성 없는 진술을 한 것은 참고인 안원구가 아니라 피의자였습니다.

즉 피의자는 처음에는 마치 참고인을 잘 모른다고 하면서 "잘 모르는 후배에게 3억 원이라는 돈을 요구할 얼간이가 어디 있냐"며 발뺌을 하였으나, 실제 참고인이 대구지방국세청장으로 재임하던 당시, ① 본부 간부회의 등 공식행사에서 자주 만난 것은 물론, ② 피의자가 2007년 가을경 대구를 방문하여 2~3일 동안 대구·경주에 동행할 정도였고, ③ 참고인이 경북대학교 출신으로 대구·경북(이른바 TK) 인사들 인맥이 넓다는 점을 알고 2007년 말 정권이 교체되던 때부터 대구에서 일하고 있는 참고인을 수시로 서울로 불러 단 둘이 만났고, ④ 국세청에서 중용하겠다고 이야기하며 대통령직 인수위원회 파견을 만류하고, ⑤ 참고인이 이상득 전 국회부의장의 아들인 이지형과 친분이 있다는 것을 알고 참고인에게 "신성해운 사건 조사와 관련하여 당시 서울지방국세청 조사4국장이었던 내가 신성해운으로부터 뇌물을 받았다는 소문으로 인해 국세청장 재신임에 부담이 된다"고 하면서 이상득 부의장에게 해명을 전해달라는 부탁을 하였으며, ⑥ 정두언 의원의 대통령 관련 조사 자료 요청에 대한 하소연을 할 정도로 가깝게 지낸 사이였기 때문에, "잘 모르는 후배"라고 하는 말은 전혀 이치에 맞지 않는 것입니다. 그럼에도 불구하고 "잘 알지 못하는 후배"라는 명백한 허위 진술을 하는 것은, 피의자가 이 사건과 관련하여 얼마나 숨기는 것이 많은지를 여실히 보여주는 것이라 하겠습니다.

반면 피의자와 달리 참고인은 호텔에서 만남이 이루어진 당시 피의자가 했던 말(이 정부가 TK정부인데 TK출신인 안 청장이 차장이 되어서 자기를 도와주어야 한다. 안 청장이 차장이 되어야 21~25회까지 앞의 기수들이 나가야 한다는 시그널을 줄 수 있고 27회 후배들 중 능력 있는 사람들을 포진시켜서 본인의 체제로 정비해 나가는 것이 본인의 인사전략). 당일 먹고 마셨던 식사 메뉴 및 와인의 종류나 피의자의 제스처 등까지 모두 생생하게 기억하고 있으며, 검찰 조사 과정에서 이를 일관되게 진술한 바 있습니다.

피의자가 이와 같은 제안을 하고 뇌물을 요구하였다가 참고인이 이에 응하지 않기 때문에, 그 이후로는 참고인을 서울로 부르거나 추가적인 요청을 하는 일이 거의 없게 됩니다(이후 태광실업에 대한 세무조사 시 베트남 계좌 조사를 위한 업무에 투입하기 위해 부른 것이 전부입니다). 그리고 이렇게 해서 소원해진 관계는 이후 국세청 초유의 하향인사(대구지방국세청장에서 초임 국장 보직인 서울지방국세청 세원관리국장으로 2단계 하향)로 이어지고, 결국 2008. 9~10. 본격화되기 시작한 참고인에 대한 사퇴압력으로까지 이어지게 된 것입니다.

나. 사실관계 진술

피의자(한상률)는 2008. 1~2.경 서울 서대문구 홍은동 소재 스위스그랜드호텔 일식당에서 참고인과 만나(피의자와 참고인 안원구는 모두 세 차례 위 호텔에서 만났음), "국세청 차장이 공석으로 있는데 내가 몇 사람과 타진도 해보고 알아보았는데 안 청장이 가장 적임이다"라고 하면서 참고인에게 국세청 차장 자리를 제안하였고, "실세한테 필요한 부분(돈)이 있다. 권모는 김모와 짝이 되어 뛰고 있고 오모는 정모 의원과 짝이 되어 뛰고 있으니 당신도 노력해라, 나도 뛰겠다"고 말하면서, "10개를 만들어야 하는데 그중 3개를 만들 수 있겠느냐"고 하고 대화를 나누는 중에 "3억 원을 만들 수 있겠느냐"고도 다시 요구하였습니다. 이는 공무원이 그 직무에 관하여 뇌물을 요구한 것으로 「특정범죄 가중처벌 등에 관한 법률」 제2조, 형법 제129조 수뢰죄에 해당합니다.

다. 추가 조사가 필요했으나 하지 않은 부분

검찰도 그즈음 피의자가 참고인을 서울에까지 불러 올려 독대하였다는 점 자체는 부인하지 못하고 있으며, 실제 당시 국세청 차장 자리가 공석이었다는 점, 당일 피의자와 참고인이 나눈 대화나 제스처 등에 관한 참고인의 진술이 매우 구체적이고 명확하다는 점 등을 고려하면, 참고인의 진술이 사실이라는 점을 알 수 있습니다. 검찰은 참고인이 당시 위의 일식당에서 결제한 신용카드 결제 내역을 확보하였는 바, 그즈음 위 호텔 일식당의 예약 내역이나 피의자의 이용 내역(신용카드 사용 내역, 현금영수증 내역 등)을 조사하면, 적어도 회동 자체와 관련된 사실관계는 보다 명확해질 것입니다.

2. 참고인 관련 혐의사실 ② : 사퇴를 위한 직권 남용

> **[검찰 발표 요지]** 일부 언론이 도곡동 땅 한상률에게 보고했고, 그로 인해 한상률에게 사직 강요받았다는 의혹을 제기하였으나, 안원구 본인도 한상률에게 보고한 사실 없다고 진술하였고, 다만 2007 6, 7월경 당시 감찰 받던 중 감찰과장에게 이 문건 얘기를 처음 꺼낸 것이라고 얘기하였다.

가. 검찰 수사결과 발표의 문제점

지난 2월 피의자 한상률이 귀국한 이후 검찰은 기회가 있을 때마다 피의자와 관련된 모든 의혹에 관하여 빠짐없이 조사하겠다고 하였고, 2009년 당시 피의자에 대하여 제기된 압력 중에는 "청와대의 뜻이라며 참고인 안원구의 사퇴를 압박하였다"는 직권남용 부분이 포함되어 있었습니다. 또한 검찰은 참고인 조사를 진행하면서 참고인에 대한 사퇴압박 부분을 상당시간 질문하였고, 피의자 한상률과 참고인의 대질조사에도 그 내용이 포함되었습니다.

그렇다면 검찰은 이 부분 의혹에 관한 수사결과를 발표하였어야 마땅할 것인 바, 이를 누락하고 그 일부에 해당하는 '도곡동 땅 문건' 부분만을 들어 간단히 언급하여 이 혐의에 대한 수사의지가 전혀 없음을 드러냈습니다. 이는 매우 의도적이고 검찰 스스로 밝힌 조사범위나 실제로 이루어진 조사의 실질과도 어긋나는 것이며, 그 자체 상식적으로 이해하기 어려운 일입니다.

나. 사실관계 진술

피의자 한상률은 ⅰ) 2008. 9.~10.경 당시 특감팀장이었던 전ㅇㅇ로 하여금 "청와대에서 안 국장님을 나가라고 한다"는 말을 전하고 '청와대 정보문건'을 보여주게 하였고, ⅱ) 그 말을 듣고 청장실로 가 확인하는 참고인에게 "청와대 뜻이 맞다, 청와대 여러 곳에서 그런다"라고 대답하였으며, ⅲ) 이후 다시 "청와대가 아니라 총리실이다"라고 하고, 총리실도 아니라고 하며 참고인 안원구가 확인했을 때는 "그래도 안 국장은 전 정부 사람이라 나가야 한다"고 하면서 직접 사퇴를 언급하였고, ⅳ) 이후 성과평가를 통해 꼴찌라고 하면서(그 결과가 바로잡아진 이후에도) 해외 교육 발령을 하였으며, ⅴ) 2009. 1. 19. 09:00경 감찰팀 직원들로 하여금 참고인의 휴대전화를 빼앗고 당일 11시간 동안 감찰 사무실 빈 방에 감금한 채 화장실에 갈 때도 두 명이 감시하게 한 다음, ⅵ) 그 시간에 감찰 직원들을 참고인의 처 홍혜경의 거래기업으로 보내 거래 자료를 내놓으라고 하고 '그림 강매' 사실을 인정하라고 하는 등의 방법으로 참고인의 사퇴를 압박함으로써, 공무원이 그 직권을 남용하여 사람으로 하여금 의무 없는 일을 하게 하거나 사람의 권리행사를 방해하였는 바, 이는 형법 제123조의 직권남용죄에 해당합니다.

다. 검찰 조사 과정에서 밝혀진 사실

피의자는 사퇴 종용 사실 자체를 부인하고 있으나, 참고인에 대하여 피의자가 가한 일련의 불이익(구두 압박, 성과평가 왜곡, 갑작스러운 교육발령, 휴대전화 압수와 감금, 가족에 대한 특별감사와 이후 이루어진 구속수사 등)은 조직적인 사퇴 종용과 그 거부에 대한 보복조치라는 것 이외에는 그 이유를 설명할 수 없습니다. 또한 당시 특감팀장이었던 전○○은 이번 검찰 조사에서 피의자의 지시로 참고인에게 사퇴하라는 이야기를 전한 사실을 인정하였고, 대질 조사 과정에서 피의자는 조사 내용 관련 사실을 전해 듣고 전○○을 만났다는 사실을 이야기하면서, "청와대에서 나가라고 한 사실이 없는데 왜 그런 얘기를 했느냐"고 했더니 전○○이 "청장님을 위해서 그렇게 얘기한 것이다"라고 하기에 나무랐다고 진술함으로써 사퇴압박 사실을 시인하기도 하였습니다.

라. 추가 조사가 필요했으나 하지 않은 부분

검찰조사 과정에서 피의자는 사퇴종용 사실 자체를 부인하였고, 이에 참고인은 당시 그 말을 들은 참고인이 확인해본 권○○나 참고인이 피의자를 말려달라고 부탁한 국회의원 주○○, 기업인 김○○ 등에게 확인하면 그 사실을 쉽게 확인할 수 있고, 필요한 경우 당시 특감팀장 전○○이나 허○○ 등과 참고인의 대질조사를 해야 한다면서 추가 조사의 필요성을 지적하였습니다. 그러나 검찰은 이러한 관련자들에 대한 추가 조사를 전혀 하지 않고, 이 부분 직원남용 혐의를 밝히는 데 필요한 최소한의 조사도 하지 않았습니다.

3. 이른바 '도곡동 땅 문건' 관련

> [검찰 발표 요지] 안원구가 2007년 7월 도곡동 전표를 발견했다는 실무자로부터 보고를 받았다고 주장하였으나, 국세청 직원들 모두 조사했음에도 그 문건을 보거나 확인한 사람이 한 사람도 없었다. 1997년에 작성된 전표는 조사 대상에 포함되지 않은 데다가 안원구는 이 문건 자세히 보지 않아 내용 정확히 기억을 못하는 점, 전표에 직원 기재하는 부분 없다고 진술하는 점 비춰 도곡동 땅 기재된 문건 보고받았다는 안원구 진술 사실 아니라고 판단하였다

가. 검찰 수사결과 발표의 문제점

1) "국세청 직원들 모두 조사했음에도 그 문건을 보거나 확인한 사람이 한 사람도 없다"

검찰은 참고인이 말한 2007년 포스코 세무조사 당시 국세청 직원들을 모두 조사하였지만 참고인 안원구의 진술과 다르다고 하고 있으나, 과연 당시 관련자들(현직 국세청 직원뿐 아니라 전직 직원들 포함)을 '모두' 조사하였는지 의문일 뿐 아니라, 국민적 관심의 대상이자 선거 과정에서 큰 쟁점이 되었던 현직 대통령 관련 사건에 대하여 현직 세무공무원들이 순순히 진술해줄 것을 기대하기는 어렵습니다. 따라서 참고인이 자료로 제출한 녹취록과 대조하면서 이 부분과 관련하여 일관된 진술을 하고 있는 참고인과 대질조사 등을 통해 그 진술의 신빙성을 확인해야 하는 것이지, 막연히 일회적인 진술만으로 "봤다는 사람이 아무도 없다"고 인정하는 것은 있을 수 없는 일입니다.

2) "2007년 하반기 실시된 포스코건설 조사 대상에 1997년 전표는 포함

되지 않고, 문건 자세히 보지 않아 내용 정확히 기억을 못한다"

검찰은 위 문건을 보았다는 참고인 진술의 신빙성을 부인하면서 그 근거로 2007년 조사대상에 1997년 전표가 포함되지 않는다는 점과 참고인이 그 내용을 정확히 기억하지 못한다는 점을 들고 있으나, ① 세무조사 대상이 2002년부터라는 것은 당해 회계연도 동안에 일어난 조세법 위반을 검사한다는 뜻이지 2002년 이전의 문서나 자료를 볼 수 없다는 것이 아니며(조사 대상 회계연도의 문제점을 밝히기 위해 이전, 이후 자료를 함께 보는 것은 매우 일반적인 일입니다), ② 참고인이 4년도 넘는 시간이 지난 후에, 정치적으로 민감하여 빨리 덮어야겠다고 판단하여 복사나 기록을 하지도 않고 그저 단 한 차례 보았을 뿐인 전표의 내용을 '정확히' 기억하지 못하는 것은 오히려 자연스러운 일이므로, 이를 근거로 참고인 진술의 신빙성을 부인할 수는 없습니다.

3) "안원구 본인도 한상률에게 보고한 사실 없다고 진술"

검찰은 "피의자가 이를 몰랐으므로 그것 때문에 사퇴를 압박하였다는 주장은 허위"라고 보았지만, 참고인은 피의자 한상률의 사퇴압력이 당초부터 도곡동 문건 때문이라고 한 것이 아니며, 2008. 2. 차장직 제안·상납요구 거절에 대한 보복으로 시작되었다고 한 것입니다(이후 대구지방국세청장이었던 참고인을 서울지방국세청 세원관리국장으로, 국세청에서 유래를 찾아볼 수 없는 2단계 하향 인사를 하였음). 또한 참고인은 단 한 차례도 위 문건에 관하여 피의자 한상률에 직접 보고한 적이 있다고 하지 않았으며 2009. 6. 감찰과장에게 이 문건 얘기를 처음 꺼낸 것이라고 얘기해왔습니다. 따라서 이를 근거로 하여 참고인의 주장을 믿을 수 없다고 하는 것은 지극히 형식적인 태도로 참고인 주장을 오해하였거나 의도적으로 왜곡하고 있는 것입니다.

나. 사실관계 진술

참고인이 대구지방국세청장으로 근무하던 2007. 7.부터 2008. 3.까지 대구지방국세청 관내 포스코건설 정기세무조사를 진행하였는데(담당 조사1국, 국장 장○○, 2과장 안○○, 반장 우○○), 당시 포스코건설에서 제출한 문건들 속에 '도곡동 땅(번지 기입되어 있었음)의 실소유주 이명박'이라고 기록된 문건을 조사자가 발견하고 참고인에게 문건을 가지고 와 보고하였습니다. 이에 참고인은 정치적으로 민감한 때 정치 쟁점화가 우려되고, 국세청이 정치적 회오리에 휘말릴 수 있고 그 문건 자체가 조사 대상 연도가 아니고 포스코건설 법인조사의 본질과는 관련이 없다고 판단하여, 담당 국장과 과장에게 보안을 철저히 유지하고 심지어 포스코건설 측에도 모르게 하라고 지시하였으며, 이후 누구에게도 이를 말하거나 한 일이 없습니다.

그런데 이후 사퇴 압력이 계속되던 2009. 6.경 감찰과장 안○○으로부터 "청와대에서 안 국장이 대통령 뒷조사한 사람으로 분류되어 있으니 사퇴하라"는 말을 들었을 때 "나는 대통령 뒷조사를 한 적이 없고, 오히려 포스코 정기세무조사 때 우연히 발견된 도곡동 땅 실소유주가 이명박이라는 것이 표기되어 있는 전표를 눈 감아줘서 MB가 대통령이 되는 것을 도운 사람이다"라는 이야기를 하였던 것입니다. 당시 국세청은 직원을 대구에 파견하여 당시 조사국장이던 장○○를 통해 사실확인을 하였음에도 불구하고, 이후 오히려 참고인에게 도곡동 땅 전표 발견 사실을 가지고 정부와 맞서려고 한다면서 더욱 극렬한 사퇴 압박을 가하였습니다.

다. 추가 조사가 필요했으나 하지 않은 부분

위와 같은 경위를 고려하면, 이른바 '도곡동 땅 문건'에 대한 참고인의 진술과 그 진위는 피의자가 직권을 남용하여 참고인을 사퇴시키려고 한 행위의 주요한 동기·배경이 될 수 있는 것으로써, 피의자의 직권남용

혐의와 관련하여 그 사실관계가 명확히 확정될 필요가 있습니다. 따라서 사실 확인을 위하여는 2007년 당시 조사 담당이었고 이후 국세청 감찰계장으로부터 확인조사까지 받았던 위 장○○(당시 대구청 조사1국 국장, 현 세무사)뿐 아니라 당시 1국 2과장 안○○, 반장 우○○를 반드시 참고인과 대질 조사를 하여 그 진술의 신빙성이 확인되어야 할 것이며, 특히 2009. 9. 24. 참고인이 서울로 출장 온 위 장○○를 만났을 때 장○○가 "본청 감찰계장이 '안원구 국장이 대구청장 시절 VIP와 관련된 도곡동 땅에 대한 내용을 덮으려고 한 사실이 없다는 확인서를 써달라'는 요구를 했지만, 써줄 수 없다고 했다"고 말하기도 한 사실이 있는지, 무슨 뜻으로 한 말인지 등 녹취록을 통해 확인할 필요가 있습니다.

그리고 만약 그 진술이 참고인의 그동안의 진술이나 녹취 내용과 다르다면, 이 부분은 반드시 참고인과의 대질 등을 통해 그 진술의 신빙성이 확인되어야지, 참고인과의 대질 등 확인 작업도 없이 피의자의 변소나 장○○의 진술만을 일방적으로 신뢰하여 조사를 종결하고 참고인의 주장이 사실이 아니라는 식의 잘못된 수사결과를 발표해서는 안 됩니다.

4. 기타 참고인 주장과 관련된 부분

> **[검찰 발표 요지]** 태광실업 세무조사 직권 남용은 국세청 조사사무처리 규정에 국세청장에겐 지방국세청장 간 조정 권한 있다. 서울에서 경남 김해 소재 태광실업 조사한 건 국세청 조사사무처리 규정에 따른 적법 절차에 해당하며, 실제 2007년 태광실업을 교차조사한 게 확인되어 직권남용이라고 보긴 어렵다.

가. 태광실업 세무조사 관련

검찰은 피의자 한상률이 2008. 7.경 부산 · 경남 소재 기업인 태광실업에 대한 세무조사를 서울지방국세청 조사4국에서 담당하게 하는 등 직권을 남용하여 표적 조사하였다는 혐의와 관련하여, 국세청장의 조정권한을 들어 적법하다고 발표하였습니다.

그러나 ① 당초 피의자가 주장했던 '교차 조사'의 개념에 의하면 태광실업 조사를 서울청이 담당하는 대신 '교차'로 부산청이 조사한 기업이 있어야 하는데 이 부분 설명이 전혀 없고, ② 검찰이 들고 있는 규정에 의하더라도, 국세청장이 조사 관할을 조정하는 것은 "업종과 사업규모, 주된 사무소 또는 사업장 소재지, 그 밖에 실제 사업이 이루어지는 장소가 따로 있거나 세무관서별 업무량과 조사인력 등을 고려하여…"(국세청훈령 조사사무처리규정 제6조 제2항) 하는 것인데, 태광실업의 이 사건 세무조사가 위 사유에 해당한다고 볼 이유가 없으며, ③ 피의자는 위 조사가 본격적으로 시작되기 이전 당시 강등 인사를 당해 서울청 세원관리국장으로 근무하고 있던 참고인(하기휴가 중)을 청장실로 불러 "태광실업에 대한 세무조사를 계획하고 있다"고 하는 등 단순히 관할 조정이 아니라 본청 청장이 서울청 세원관리국장이었던 참고인을 직접 불러 조사에 투입하려 하였다는 것 자체가 통상적인 조사라면 있을 수 없는 일이고 (위 규정에 의하더라도 국세청장의 권한은 관할을 '조정'하는 것이고 구체적인 조사의 지시는 '서울청장'이 했어야 하는 것인데, 본청 청장이 서울청 소속 국장에게 직접 지시를 한 것입니다), ④ 구체적인 조사 방법에 있어서도 태광실업의 베트남 신발공장 계좌확보를 위해 베트남 국세청장의 환심을 사기 위하여 참고인에게 사비(私費)로 선물을 사라거나 만찬 참석은 물론 사적인 접대까지 하게 하는 등 이례적인 지시를 하였다는 사정을 고려하면, 단지 위 규정이 있다는 것만으로 곧바로 직권남용이 아니라고 하는 것은 지극히 형식적인 결론입니다.

무엇보다 피의자는 "세원관리국장이 어떻게 세무조사에 관여하느냐"고 하며 소극적인 태도를 취하는 참고인에게 "1주일에 한두 번씩 대통령에게 직접 보고를 하고 있는데, 이번 세무조사에 공을 세우면 대통령에게 보고해서 인사를 통해 명예를 회복시켜주겠다"고 설득하면서 청와대(대통령)에 직접 보고하는 사건이라는 취지의 이야기를 하였는 바, 이를 아무리 보아도 '실무부서의 자체 판단에 의한 관례적인 조사'라고 볼 수 없는 것입니다. 이와 관련하여 검찰은 기자와의 질의응답에서 "안원구는 피의자가 청와대에 주 2회 이상 직보를 한다고 했는데, 청와대 쪽 확인한 결과 재임기간 중 주 2회 이상 청와대 방문 없다고 한다"고 답변하였다고 하나, 만약 실제 전직 대통령을 겨냥한 표적세무조사를 대통령에게 직접 보고한 것이라면 이를 방문기록이 남는 공식보고를 통해 했을 리가 없을 것이라는 점에서 도무지 이해할 수 없는 해명이라 하겠습니다.

한편 대질조사 시 태광실업 세무조사에 참고인을 사무실로 불러 투입을 지시한 사실은, 피의자가 처음에는 부인하다가 만찬장에 참고인이 참석한 것이 밝혀지면서 결국 시인하였습니다. 이 사실을 통하여도 피의자가 사전에 태광실업 세무조사를 준비하였다는 참고인의 주장은 사실임을 확인할 수 있을 뿐 아니라, 피의자가 매우 기본적인 사실도 숨기려 한 점 그리고 이건 세무조사에 대하여 (참고인의 참여사실까지 부인하는 등) 피의자 스스로 정당하다고 판단한 것이 아니라고 추정할 수 있는 점 등을 알 수 있습니다.

나. 연임을 위한 정치권 로비

> **[검찰 발표 요지]** 경주 · 대구에서 지역 경제인들과 골프 치고 저녁 함께 한 것은 사실이나 참석자에게 연임 청탁한 사실은 확인되지 않았다. 이상득 의원은 안원구를 만났다는 사실을 기억하지 못한다고 한다

피의자가 국회의원이나 대통령 친인척들을 대상으로 국세청장 연임 또는 국토해양부장관으로의 영전을 부탁했다는 혐의와 관련하여, 검찰은

이를 인정하지 않으면서 참고인 진술을 믿을 수 없다는 수사결과를 발표하였습니다.

그러나 2008. 2.경 피의자의 부탁을 받고 평소 알고 지내던 이지형을 통해 이상득 당시 국회부의장과 면담하면서, 세간의 소문 – 신성해운 세무조사 당시 피의자가 뇌물을 받았다는 의혹 – 은 사실이 아니며 국세청의 안정을 위해서는 피의자의 연임이 필요하다는 점을 설명하였다는 것은 참고인의 일관된 진술이고, 이것이 국회 방문기록에 의해 뒷받침되었음에도 불구하고, 단 한 차례의 참고인 조사도 없이 "적절한 방법으로 조사"하였다고만 하면서 이상득 의원의 말만 듣고 참고인 진술을 부인하는 것은, 너무나 일방적이고 형식적인 결론입니다. 또한 같은 해 4.~5.경 피의자가 당시 조사4국 과장이었던 이○○를 참고인의 사무실로 보내 "이상득 의원 아들 관련 세무조사를 하고 있는데, 청장님이 알고 계시니 걱정하지 말라고 전하라"는 지시를 했고, 위 이○○가 돌아가서 곧바로 다시 참고인에게 전화를 하여 이 의원에게 전화를 했느냐고 물으면서 "청장님이 직접 전할 테니 안 해도 된다"는 이야기를 한 사실이 있다는 점에 관해서도 참고인이 일관되게 진술을 하였고 실제 그 당시 이상득 의원 아들의 세무조사가 있었다는 점까지 확인되었음에도 불구하고 이 부분에 대한 조사가 더 이루어지지 않았다는 것도 이해하기 어렵습니다.

이와 관련하여 검찰은 기자와의 질의응답에서 "안원구는 피의자가 봐주었다고 하는데, 그런 정황이 없다"고 하면서 참고인의 신빙성을 폄훼하였으나, 참고인은 피의자가 구체적으로 그 세무조사에서 무슨 일을 했다고 주장한 것이 아니라 이상득 의원 아들과 친분이 있는 참고인을 통해서 "세무조사 사실을 알고 있다"고만 전하라고 한 점을 보아, 연임을 위한 로비 사실을 추정할 수 있다는 점을 지적하였을 뿐입니다.

5. 결론

위에서 본 바와 같이, 참고인이 그동안 제기해왔던 피의자의 위법행위 혐의들에 대한 검찰의 수사결과 발표는, 모두 지나치게 형식적인 태도와 잘못된 선입견으로 편향적이거나 터무니없이 부족한 조사로 사실을 왜곡한 것입니다. 무엇보다 본인에 대한 형사 사건 절차, 그것도 수사단계에서 소지하고 있던 메모에서부터 이 사건 참고인 조사에 이르기까지 변함없이 일관되고 객관적인 사실을 말해온 참고인의 진술에 대하여 "증언의 일관성 결여된다"거나 "신빙성이 떨어진다"고 하면서 일방적으로 피의자의 변명을 합리화하고 있는 발표의 방향과 그 내용은, 매우 부당할 뿐 아니라 참고인의 명예를 심각하게 훼손하고 있는 것입니다. 이에 참고인은 왜곡된 진실이 밝혀지고 공정한 법적용이 이루어질 수 있기를 간절히 바라면서 위와 같은 입장을 밝히는 바입니다.

이번 검찰의 수사와 결론은 앞에서 지적한 바와 같이 기본적인 원칙조차 지키지 못한 것으로서, 언젠가는 진실이 발견될 수 있도록 진정한 수사가 이루어질 것임을 확신합니다.

잃어버린 퍼즐

지은이 | 안원구

초판 1쇄 발행 | 2012년 8월 31일
초판 2쇄 인쇄 | 2012년 9월 12일

펴낸 곳 | 초이스북
펴낸 이 | 최혜정
디자인 | 디자인그룹 올, 서상희
주소 | 서울 마포구 도화동 창강빌딩 522
전화 | 02-6010-7779
팩스 | 02-6487-7778
이메일 | choisbook@gmail.com

등록번호 | 제307-2012-19호
등록일자 | 2009년 12월 9일

저작권자 ⓒ 2012 by 안원구
이 책의 저작권은 저자에게 있습니다. 저자와 출판사의 허락 없이 내용의 일부를 인용하거나 발췌하는 것을 금합니다.

ISBN 978-89-96914-73-0-03040

값은 뒤표지에 있습니다.